中國學術思想 研究輯刊

二九編
林慶彰 主編

第 9 冊

章學誠學術思想闡釋史研究（下）

何永生 著

花木蘭文化事業有限公司

國家圖書館出版品預行編目資料

章學誠學術思想闡釋史研究（下）／何永生　著 -- 初版 -- 新
北市：花木蘭文化事業有限公司，2019〔民 108〕
目 6+208 面：19×26 公分
（中國學術思想研究輯刊 二九編：第 9 冊）
ISBN 978-986-485-711-1（精裝）
1.（清）章學誠 2. 學術思想 3. 史學
030.8　　　　　　　　　　　　　　　　　　108001210

ISBN-978-986-485-711-1

中國學術思想研究輯刊
二九編　第 九 冊　　　　　　ISBN：978-986-485-711-1

章學誠學術思想闡釋史研究（下）

作　　　者	何永生
主　　編	林慶彰
總 編 輯	杜潔祥
副總編輯	楊嘉樂
編　　輯	許郁翎、王　筑　美術編輯　陳逸婷
出　　版	花木蘭文化事業有限公司
發 行 人	高小娟
聯絡地址	235 新北市中和區中安街七二號十三樓
	電話：02-2923-1455／傳眞：02-2923-1452
網　　址	http://www.huamulan.tw 信箱 hml810518@gmail.com
印　　刷	普羅文化出版廣告事業
封面設計	劉開工作室
初　　版	2019 年 3 月
全書字數	382574 字
定　　價	二九編 15 冊（精裝）新台幣 28,000 元

章學誠學術思想闡釋史研究（下）

何永生 著

目次

下　篇
章學誠學術思想主旨之爭訟與評說

　　關於章學誠及其學術思想「一個世紀以來已經被反覆討論過無數次了，想對他作一點新理解，並不是很容易的事」，不過「章氏思想中也有一些特殊的論點，因爲拜近幾十年來學術的新發展，可以得到另一個層次的瞭解。」〔註1〕這似乎意味著如下的悖論：一方面是隨著章氏學術思想被不斷的反覆闡釋，進行新闡釋的門檻提高了；另一方面，隨著「學術的新發展」，新的闡釋不但沒有停止，反而又在不斷增加。而所謂「學術的新發展」大概表現在這樣幾個方面。

　　首先是闡釋理論的發展。古典的闡釋學偏重本體，而現代的闡釋學偏向主體。即使是古典闡釋學主導下的闡釋活動，其實也是以闡釋活動的開放性爲前提的。否則，就不會有「知人論世，以意逆志」、「書不盡言，言不盡意」、「我注六經，六經注我」、「實事求是，六經皆史」、「返本開新，託古改制」〔註2〕等一套普適的闡釋學理論和與之相應的闡釋規則了。其次，是中國社會在遭遇西方文化衝擊過程中，持續的動蕩，使得整個社會的價值總是處於選擇的不確定狀態。多元化的闡釋理論和方法共時同現，關注於同一被闡釋的對象，自然會出現異彩紛呈的闡釋景象和結果。再次，是作爲被闡釋對

〔註1〕王汎森：《對〈文史通義言公〉的一個新認識》，見王汎森著《權力的毛細管作用：清代的思想、學術與心態》（修訂版），臺北：聯經出版事業股份有限公司，2014年，第503頁。

〔註2〕葛兆光：《經學史的研究方法》，見《中國典籍文化論叢》（第九輯），北京：北京大學出版社，2007年，第10頁。

象的章學誠學術思想的特殊性也於無形中增加了闡釋的可能性空間。這些特殊性已在本書的《序論》部分有相當詳細的交待，在此不述。

在上篇粗略梳理兩百年章學誠學術思想闡釋史的基礎上，下篇擬從章氏學術思想中的六個重要的命題展開探討。這些問題是中國傳統學術發展過程中，如何接納外來新的學術思想和能否實現傳統學術的現代性轉換不可迴避的問題。不僅如此，他以命題方式展現的學術表述，很容易被利用來作為闡述新的學術思想的工具。這一切都決定了其學術思想持久的生命力和進化價值，成為再生產學術和思想的酵母。它們是《文史通義》的主旨問題；《文史通義》之「文」與「史」論；「六經皆史」新探；從「心術」到「辨心術以議史德」考論；以史為則、以學為用、以用為體的方志理論。

第一章　《文史通義》主旨之論與辯

第一節　《文史通義》主旨辯

　　錢基博、蕭一山關於章學誠《文史通義》主旨乃「文史關係」說，余英時主張的「爭道統」論，雖說不無道理，然亦不無偏頗。歷史地考察章氏自述《文史通義》主旨之形成、發展、成熟過程，則《通義》主旨，既不盡爲文史計，亦非「爭勝氣」，其撰著主旨在於通過「六經皆史」論，「七略」「四庫」辨兩個核心論題的學術辯章，源流考鏡，闡論史學之所以經世，學術當「純古人之大體」，「於風俗人心不無小補」的思想。

一、「《文史通義》，不盡爲文史計」

　　錢氏以爲「章氏之於史學，蓋有天授；獨即性之所近而用力之能也，因以推見一切文之通於史，而著書闡明其義焉爾！故題目之曰《文史通義》也。」〔註1〕蕭氏認爲「《文史通義》爲（章氏）多年積存稿，非成於一時，書中兼論文學史學，故名。」〔註2〕比較錢氏、蕭氏兩說，前者論闡繁複，後者述評簡概，繁簡雖殊，然而都認爲章氏以「文史通義」題書，並非虛冠華蓋之飾，實有統率全著之意。於是著眼於章氏全書內容與書題之關係立論，

〔註 1〕錢基博：《〈文史通義〉題解及其讀法》，《國學要籍解題及其讀法》，上海：上海古籍出版社，2012 年，第 207～208 頁。

〔註 2〕蕭一山：《清代通史》二，北京：中華書局，第 663 頁。蕭一山在其《清代通史》中論及章學誠學績時有一語釋名曰：「章氏之著作以《文史通義》《校讎通義》及所作各地志最爲重要。《文史通義》爲多年積存稿，非成於一時，書中兼論文學史學，故名。」

成一家之言。章氏《文史通義》全篇之意究竟是什麼？是推闡「一切文之歸於史」嗎？是「兼論文學史學」嗎？筆者以爲，兩說均難成立。其理由如次：

錢氏「解題」之文，洋洋 3000 餘言，細考其說，不僅論及章氏所論文與史之關係，「推及一切文皆是史」一層，而且就「通」和「義」之意也有說文解字式的明解暗釋，且引章氏駁議朱筠之「通」釋〔註3〕不確以爲辯證，以爲「大抵學問文章，須成家數，博以聚之，約以收之，載籍浩博難窮，而吾力所能有限，非有專精致力，則如錢之散積於地，不可繩以貫也；惟即性之所近而用力之能勉者，因以推微而知著，會偏而得全，斯古人所以求通之方！」〔註4〕因以推論：「章氏之於史學，蓋有天授；獨即性之所近而用力之能勉，因以推見一切文之通於史，而著書闡明其義焉爾！故題目之曰《文史通義》也。」〔註5〕言下之意，章氏著《文史通義》是爲了闡明「一切文之通於史」的玄奧，推論文史之關係。這種見解在錢氏「解題」開篇即開宗明義：「《文史通義》何謂也？章氏著書以明『文史通』之義云爾。」〔註6〕依此解，則「義」者，「道理」也，即章氏著述《文史通義》是來闡明「文史通」的學術義理的。此解如果成立，則「義」者，亦可以「議」訓，則「文史通義」即爲「議文史通」，所謂「推見一切文之通於史」之道理的著作。

筆者以爲，錢氏將章氏論述學者爲，學當博約之方、近性求專、縱和橫通勿偏等具體治學體驗和方法的珠璣之言〔註7〕，以及述論文士之文與史筆之殊異的部分文字內容〔註8〕，當作整部《文史通義》宗旨的說法，不僅失之邏

〔註3〕 朱筠嘗襄助人言：「學者讀書求通，當如都市達路，四通八達，無施不可。非守偏隅一曲，便號通才。」

〔註4〕 錢基博：《〈文史通義〉解題及讀法》，《國學要籍解題及讀法》，上海：上海古籍出版社，2012 年，第 207 頁。

〔註5〕 錢基博：《〈文史通義〉解題及讀法》，《國學要籍解題及讀法》，上海：上海古籍出版社，2012 年，第 208 頁。

〔註6〕 錢基博：《〈文史通義〉解題及讀法》，《國學要籍解題及讀法》，上海：上海古籍出版社，2012 年，第 207 頁。

〔註7〕 這些論述分別見諸《章氏遺書》卷八《文史通義》外篇二《通說爲邱君題南樂官舍》，卷九《文史通義》外篇三《與林秀才書》。

〔註8〕 這些論述分別見諸《章氏遺書》卷九《文史通義》外三篇《報黃大俞先生》，《章氏遺書》卷八《文史通義》外篇二《韓柳二先生年譜書後》，《章氏遺書》卷十四《方志略例》——《與陳觀民工部論史學》《答朱少白書》《跋湖北通志檢存稿》《上朱大司馬論文》等。

輯上的以偏概全，而且窄化、矮化和低估了《文史通義》這部凝聚章氏畢生精力和心血，有著完整思想體系學著的價值，這也與錢氏在「題解」之後，自己所做「讀法」中陳羅章氏之書目及閱讀指引不無軒輊。不過，從錢氏所做的題解——「推及一切文皆是史」的說法看，他似乎已經意識到章氏以「文史通義」名書，是想言簡意賅地表達一種史觀，只是沒有很顯明地用「史觀」來綜括。考察這種見解，在錢氏發聲同一時期之先後，在研究章氏學術或受章氏史學思想影響而提出新史觀的部分學者那裡，似乎也可以發現某種相近的說法。在錢氏之前，有胡適之闡述章氏「六經皆史」乃「六經皆史料」的發明；在錢氏之後，有傅斯年的「史學就是史料學」的系統理論。這些說法之間是否受了彼此的啓發和影響以及成立與否，需要另文論證，但至少說明在上個世紀早期，章氏 120 餘年前關注的「文史」關係問題，著實啓發並困擾著一部分學人。

　　如果說錢氏之「題解」雖然失之於「義」，其論及「文史」之關係在於「通」及「通」之「義」也誠可商榷的話，那麼，蕭氏之題解，以「書中兼論文學史學，故名」一言以蔽，則更顯簡陋。按照這種理解，「通義」即當做「通議」論，書題表達的意思則當屬「文史概論」不錯。《文史通義》中有論史學之文，有論文學之文，然而，這兩者是有主從之別的。章氏論文學之文，是要闡明文士之文絕非史家之文。在《文史通義》的若干篇什中，章氏不斷反覆申論史文與文學之文殊異：「蓋論史而至於文辭，末也。然就文論文，則一切文士見解不可與論史文」，「非不精妙」，誠因「文士撰文，惟恐不自己出；史家之文，惟恐出之於己：其大本先不同矣」。「史體述而不造，史文而出於己，是謂言之無徵。」〔註9〕所以，將《文史通義》言表下論文論史兩個方面的內容做簡單機械相加，來求解「文史通義」之主旨是不可取的。此外，全書除了談文說史之外，還有論道、辨經、闡學及方志撰著實踐又當何解呢？〔註10〕

　　其實，關於《文史通義》「旨限文史」之論的精讀，不獨百多年後有此讀此

〔註 9〕　章學誠：《與陳觀民工部論〈史學〉》，《章學誠遺書》卷十四，北京：文物出版社，1985 年，第 125 頁。
〔註10〕　倉修良說：「《文史通義》的內容十分龐雜，它既不像《史通》專門論史，也不像《文心雕龍》論文那麼單一」，「因此，要嚴格劃分哪些是專門論文，哪些是專門論史，是比較困難的。」倉氏的說法是正確的，惜其《文史通義新編新注》並未對《文史通義》主旨做深入闡述。

解，章氏生前的好友知己即有持茲論者。對此，章氏駁議：「鄙著《通義》之書，諸知己者許其可與論文，不知中多有之言，不盡爲文史計者，關於身世有所根觸，發憤而筆於書﹝註11﹞。

章氏在不同時期，不同場合，針對不同的交流對象論及其撰著《通義》之旨凡幾。上述章氏自辯是嘉慶三年（1798）章氏死前三年與友人談及自撰《通義》遭遇誤讀而直言的撰著之旨。誠然，章氏並未完全否認其中有文史論者，所以說「不盡爲文史計」。「不盡爲文史計」又給人囿於「文史」的聯想，除了以「文史」冠題的首印印象外，不排除章氏學術的起點始於「文史」之辨，而讀者卻曉始而不知終，知此而不知彼，忽略了章氏學術思想發展過程，而以靜態的、平面的眼光視之的原因。當然也不排除其中有關於「文史計」的內容。事實上，章氏關於經之文、史之文及文之文都有相當精闢的闡論。而就「史學和文學」而論，「係屬兩事。文學係空想的，主於感情；史學係事實的，主於理智」，這是「在人類思想未甚進步，主客的分別不甚嚴密的時代，史學和文學的關係，總是很密切的，到客觀觀念漸次明瞭時，情形就不同了。」﹝註12﹞章氏處中國古代學術向近代學術轉型前夜，對於這樣一個「客觀觀念漸次明瞭」的時期，所做出的貢獻之一，正是在新史學觀念由西漸東來之前，已敏銳地提出了與西方新史學觀相契合的歷史哲學思想和史學獨立成一門科學所面臨的一系列具體問題。這其中當然也涉及了歷史表現與認識的主體性等問題，並試圖在理論上加以解決。這種努力的成績之顯著，以至於有學者認爲，在歷史學，特別是新史觀的奠定方面，「章學誠的意見，和現在的史家是無甚異同的」。呂思勉認爲：「他（章學誠）的意見，和現在的史學家只差得一步。倘使再進一步，就和現在的史家相同了」，「現在的史學的進步，可說所受的都是別種科學之賜」，「實得力於各種專門史的進步」，「而章學誠的時代則無有」﹝註13﹞。看來欲弄清「文史通義」之主旨，不僅要發微章氏自述《文史通義》撰著之微言，而且有推復章氏學術之由來及思想框架之必要。只有這樣，才能弄清《通義》在貌似支離的表象下，其內在的學術理路和一以貫之的學術思想，究竟呈現怎樣可能的情形。章氏有《文

﹝註11﹞ 章學誠：《佚篇·又與朱少白》，《章學誠遺書》，北京：文物出版社，1985年，第643頁。
﹝註12﹞ 呂思勉：《歷史研究法·史學進化的幾個階段》，《史學與史籍七種》，上海：上海古籍出版社，2009年，第16頁。
﹝註13﹞ 呂思勉：《歷史研究法》，見載《史學與史籍七種》，上海：上海古籍出版社，2009年，第15頁。

史通義》自刻本，也多有不同時期，針對不同對象闡述撰著《文史通義》宗旨之言述，其學理預設並非不可考之事。任何外在隨意的拆解，也許可以收穫零星的啟悟，但終難有整體的觀照，亦難有對《文史通義》書題意蘊做切合著作者命意的實解。

二、《通義》「但求古人之體」，「不爲爭勝氣」

　　余英時研究章學誠學術思想的貢獻之一——《補論：章學誠文史校讎考論》正是沿著上述思路展開的，他受學者張述祖推猜章氏「本意是要把他的一切文字，凡『足以入著述之林者』，都收集在《文史通義》總名下」的啟示，〔註 14〕得出「章氏『文史通義』一詞有廣狹兩種涵義：廣義的「文史通義」包括他的一切『著作』，狹義則指今本《文史通義》書」的結論。而狹義《文史通義》的意蘊在於章氏希望通過文史校讎之學以明道，「其中存在著與經學家（特別是戴震）『爭』道統的潛意識」〔註 15〕。

　　而關於「爭」的問題，章氏生前也多有闡論。其嘗於人則稱「杜子美曰『不薄今人愛古人』」，其於業則「不棄春華而秋實」〔註 16〕。其言爭於古人則曰：「鄙人所業，文史校讎，文史之爭義例，校讎之辨源流」；「御史者不能無彈劾，官弄曹者不能不執法」；「古人差謬，我輩既已明知，豈容爲諱？但期於明道，非爭勝氣也。」〔註 17〕言明辯別文字、評論是非是自己所事文史核讎之職司，「但明其理而不過責其人」，「更非爭勝氣也。」對於與戴氏之爭，章氏亦自有辯駁，對於其「近刻數篇呈誨，題似說經，而文實論史」之文，「議者頗譏小子攻史而強說經，以爲有意衡」。章氏以爲「此不足辨也，戴東原之經詁，可謂深矣。乃譏朱竹坨氏本非經學，而強爲《經義考》以爭名，使人啞然笑也。朱氏《經考》，乃史學之交流，劉、班《七略》《藝文》之義例也，何嘗有爭經學意哉！且古人之於經史，何嘗有彼疆此界，妄分孰輕孰生哉！」「《通義》所爭，但求古人大體，初不知有經史門戶之見也。」〔註 18〕章氏以嚴肅認真的學術態度來看待權威學人的學術交流與爭鳴，以懇誠之言表達學

〔註 14〕余英時：《論戴震與章學誠》，北京：三聯書店，2000 年，第 167 頁。

〔註 15〕余英時：《論戴震與章學誠》，北京：三聯書店，2000 年，第 180 頁。

〔註 16〕章學誠：《佚篇・與孫淵如觀察論學十規》，《章學誠遺書》，北京：文物出版社，1985 年，第 640 頁。

〔註 17〕章學誠：《佚篇・與孫淵如觀察論學十規》，《章學誠遺書》，北京：文物出版社，1985 年，第 639 頁。

〔註 18〕章學誠：《與上朱中堂世叔》，《章學誠遺書》，北京：文物出版社，1985 年，第 315 頁。

人近性而專,殊途同歸以「求古人大體」的衷曲。難道徒非虛言?然而誠如
章氏有論:「天下故有所行不逮其言者,必出遊士空談,不應名將終生用兵,
所言如出兩人。」〔註19〕

　　此外,言章氏不與戴氏爭,還有三個理由:第一,章氏生平最爲反感,譏
評最多者即爲學人趨時爭鋒、依門戶、使義氣,而置學術當經世大義於不顧,
此治章學者無有不知;第二,章氏是眞知戴氏之學之人。章氏評價戴氏之學:「凡
戴君所學,深通訓詁,究於名物、制度,而得其所以然,將以明道也。時人方
貴博雅考訂,見其訓詁、名物有合時好,以謂戴之絕詣在此。及戴著《論性》
《原善》諸篇,於天人理氣,實有發前人所未發者,時人則謂空說義理,可以
無作,是固不知戴學旨矣!」〔註20〕且「戴、章兩人的理論著述,在當時所遭
受的歧視,竟先後如出一轍」〔註21〕,至少同病相憐;第三,章氏平生論學,
素來強調學非校讎一途,「考核疏證之文,途轍雖異,作用頗同。」〔註22〕而對
於戴氏之欽佩亦溢於言表,不僅盛讚「戴君學問,深見古人大體,不愧一代巨
儒」〔註23〕。而且自省自己過去「年少氣銳」,「攻排訓詁,馳騖空虛」,「獨怪
休寧戴東原振臂而呼」,「重愧其言」〔註24〕闡言戴氏在其治學生涯中的警勵作
用,而自己不蹈戴氏之屨,非不爲也,實不能也,其所性近喜尚獨在文史校讎。
所以,「《通義》所爭,在古人大體」,非與某人爭道統。

　　余英時的這篇「補論」,是對章氏文史校讎學發生、發展所做的一個專題
性的研究。其研究方法以「內在理路」爲經,希望通過還原章氏治學的心理
動因,考察其學術思想的軌跡。余氏新的學術研究理路和所倚借的新材料,
爲理清章氏學術思想形成及發展提供了新的學術視野和借鑒,其學術貢獻和
偏頗已有學者提及〔註25〕。然而,正如余氏在 1996 年爲《論戴震與章學誠》

〔註19〕章學誠:《佚篇・與孫淵如觀察論學十規》,《章學誠遺書》,北京:文物出版
　　　　社,1985 年,第 639 頁。
〔註20〕章學誠:《書〈朱陸〉篇後》,《章學誠遺書》,北京:文物出版社,1985 年,
　　　　第 16 頁。
〔註21〕余英時:《論戴震與章學誠》,北京:三聯書店,2000 年,第 146 頁。
〔註22〕章學誠:《佚篇・與孫淵如觀察論學十規》,《章學誠遺書》,北京:文物出版
　　　　社,1985 年,第 637 頁。
〔註23〕章學誠:《書〈朱陸〉篇後》,《章學誠遺書》,北京:文物出版社,1985 年,
　　　　第 16 頁。
〔註24〕章學誠:《與族孫汝楠論學書》,《章學誠遺書》,北京:文物出版社,1985 年,
　　　　第 224 頁。
〔註25〕劉巍:《章學誠「六經皆史」說的發源與意蘊》,《歷史研究》,2007 年第 4
　　　　期。

所作的《增訂本自序》中所說：「『內在理路』不過是爲明清的思想轉變增加一個理解的層面而已」，「而且也可以與一切有效的外緣解釋互相支持、互相配合」的〔註26〕。

余氏提及的「外緣影響」即「清末以來的政治影響說──清代的文字獄」〔註27〕。而筆者以爲，文字獄這樣的外緣因素，對學術的影響是懲戒性的禁忌之令、防堵之策，除此之外，還另外一種柔性的、利導性的文化政策所導引而形成的趨利學風，對於學術的影響，或者說對於那些堅持學術創新和學術理想的學人所造成的負面影響雖是間接的、隱形的，但可能更爲有害。筆者以爲章學誠的學術工作正是既受這種文化政策之砥礪，又深受其害的產物。即這種學風和世風對於章氏的學術影響是雙面的：一方面是由其所引導而形成的主流學術思潮及風尚，使得章氏的學術追求被體制和整個士林不斷邊緣化，以致於難有必要的生存空間；另一方面，它使得章氏的學術言說始終有一個潛在的對話對象。這個潛在的對象往往是文化政策的制定者，（儘管章氏議論的具體問題和對象是針對某事某人）所以章氏特別是後期在談到自己所撰著《文史通義》的宗旨時，總是自詡「爲千古史學闢其蓁蕪」，「純古人之大體」，補「風俗人心」這樣高遠宏大的標的。如果說「開闢新論之端」還在學人術業範圍之內，而移風俗恐怕就非單個學人所能望塵矣。對此，章氏自己亦有深切的自覺：「嗟乎，學術豈易言哉！前後則有風氣循環，同時則有門戶角立，欲以一人一時之見，使人姑捨汝而從我，雖夫子之聖猶且難之，況學者乎？」〔註28〕

所以，一切求解《通義》主旨的努力，都不能不首先重溫章氏一次又一次地自述的《文史通義》撰著之旨，析釐其自述撰著之旨中明言和暗語提及的致時趨之學，浪奔潮湧的文化政策對其學術造成的巨大影響。

三、《通義》之爭，在於「道問學」與「道政學」

現在一般論及章氏學者多以余英時「尊德性」與「道問學」之競合，來解釋章氏學術思想的形成，以補充梁啓超等從政治、社會層面，章太炎從種族層面所做的因考學論。筆者以爲這固然不失爲章學形成的一種因考，但

〔註26〕余英時：《增訂本自序》，《論戴震與章學誠》，北京：三聯書店，2000年，第3頁。

〔註27〕余英時：《論戴震與章學誠》，北京：三聯書店，2000年，第3頁。

〔註28〕章學誠：《佚篇‧與孫淵如觀察論學十規》，《章學誠遺書》，北京：文物出版社，1985年，第640頁。

除此之外，章學形成之外緣因素尚有「道政學」一層不得不論。如果這樣來看，則章氏之「六經皆史」、「著錄部次」關乎「同文而治」之論則無疑具有「經學即理學」之同樣的學理價值及思想啓蒙意義。

學者及學著的價值取向，除了自身的性近喜尚而外，還取決於其身處之文化世運。乾隆五十四年（1789）章氏在與人論學中闡發了這一深刻的見解：「學業不得不隨一時盛衰而爲風氣」〔註29〕。斯論不僅自覺學風與世運之關聯，而且觸及學風形成的本質，坦言「夫文求是而思其所以然，人皆知之而罕能之」的原因，「非其才之罪也，直緣風氣錮其習而毀譽不能無動於中也」。而風氣之形成，除了政治、經濟、文化諸影響因素外，在文化專制的時代，很大程度上還賴於天子的學術喜尚及事功取向。爲了闡明這一點，章氏在闡論中對有清一朝從開國至於今之學風世運進行了一番回顧：

> 國初崇尚實學，特舉詞科，史館需人，待以不次，通儒碩彥，磊落相望，可謂一時盛矣。其後史事告成，館閣無事，自雍正初年到乾隆十許年，學士又以四書文義相矜尚。」而「今天子右文稽古，《三通》《四庫》諸館以次而開，詞臣多由編纂超遷，而寒士挾策依人，亦以精於校讎輒得優館，甚且資金以進身，……而風氣所開，進取之士，恥言舉業，……風氣所趨，何所不至哉！〔註30〕

時學之風氣所致，使得士人連科舉晉升這樣恒常的途徑都以爲恥，而改以經營經史考證。章氏在談及由此而致整個士林風起浪湧的情形時描述說：「於是四方才略之士挾策來京者，不斐然有天祿石渠句墳抉索之思，而投卷於公卿間者，多易其詩賦舉子藝業，而爲名物考訂與夫聲音文字之標，蓋駿駿移風俗矣。」〔註31〕而章氏畢生之學術撰著，不期然正是在這樣由國朝天主主導的學俗世風中踽踽行進的。他的不尚時趨，既磨礪了其堅毅的學術品格，也成爲他超越自我與超越時代的前提。所以，在《通義》中述及此事時，讀者看到的他所面對的，似乎是同儕士子的學術取尚，而對話的主體實則是國朝天主，所謂世風學俗這樣的無物之陣既眞切地存在於其生活中，又難以找到一個具體的敵手。

〔註29〕 章學誠：《答沈楓墀論學》，《章學誠遺書》，北京：文物出版社，1985年，第84頁。

〔註30〕 章學誠：《答沈楓墀論學》，《章學誠遺書》，北京：文物出版社，1985年，第85頁。

〔註31〕 章學誠：《周書昌別傳》，《章學誠遺書》，北京：文物出版社，1985年，第181頁。

　　值此之故，筆者以爲章氏以「文史通義」名其要籍，絕非苟擬，實蘊深意。除了意在表達其漫長而艱辛學術生涯，雖命運多舛，屢經中綴，仍孜孜以求，著述顯志的不懈追求之外，尚有申明其所著所述，雖乏鴻篇巨製，貌似支離，然視閾高闊，識見精深，推闡透闢，識斷獨見，自成一家，以期呼喚學人關注、客觀評價之意。此外，更有給《通義》閱讀者預設章氏「文史校讎」之學範，引導其深味「通義」之道渠，殊途然可同歸的學術理念；啓發學者當近性專攻，而不必沽名趨時，爲風氣所圍。爲此，章氏通過探明古代「學術之歧」因，指陳其所處時代學術取向之誤趨，闡述眞正的「文史校讎」之學，當「神明於古人之意」，使「《春秋》經世之學，可以昌明」的學術之旨。所以，《通義》之書名，「文史」不過其入學之端口，「校讎」是徑，「通義」方是主旨。《文史通義》意寓批判，而導致「文史校讎」之學失「義」的原因，在章氏看來，既有可以通過辨章學術而釐析的古之儒者的惑難，也有「甚於法令刑曹」的「時趨」之學駁雜幽謬，更有無以能御的由聖祖高宗倡引的「稽古右文」，以及之後傾舉國之力，依次開設的《三通》《四庫》館修之舉，而致學失其「義」的雷霆之勢。針對這些不同的評議對象，章氏言說的姿態呈現明顯的殊異。前者失其義，其禍雖烈，不過學術取徑的問題，對於致「學歧」之古儒，章氏正本清源，《文史通義》中舉凡辨章學術、考鏡源流，縷析宿儒出於私心惑亂聖經，辭鋒犀利，雄辯滔滔；指陳時學「瑣碎餖飣」之存小失大，善「聚銅」而不知「鑄斧」，娓娓不綴；對於相與共處之同儕時學，或指名道姓，直陳其學之鄙陋與偏失，或指桑罵槐批評其道德之缺損、學格之良莠，甚無保留；而對於致天下學人失噤，「駸駸乎移風俗」的「稽古祐文」之策和「館開」編修之舉，政學一體，上下相孚之勢的高宗，章氏每與師友專函討論《通義》撰著之旨，雖有明言之時，但容與再三、欲說還休之晦隱者多。以章氏思辯之才，以及敢於「乖時人好惡」、「逆於時趨」的學術勇氣，何以如此？非不能也，實有隱衷之難爲也。這讓細心的讀者發微《通義》之主旨時，難免心生章氏「別有幽怨暗恨」之感。

第二節　《文史通義》主旨論

　　章學誠撰著《文史通義》近30年，如果用歷史的方法來陳羅和分析，可以發現章氏《通義》之主旨，既有其一以貫之之追求，也體現了其學術理路

的內在發展邏輯。

　　大約在離世前三年的嘉慶三年（1798），章學誠與友人談及《文史通義》撰著之旨時說：「鄙著《通義》之書，多有爲之言，不盡爲文史計者，關於身世有所根觸，發憤而著於書。」〔註32〕這封頗有史遷《報任安書》之風的文獻，是章氏對《通義》撰著宗旨的終極自述，大概有兩層意思：其一，辯證關於《通義》只爲「文史計」的誤解；其二，申明撰旨爲「關於身世」、「根觸」的「有爲」之舉。章氏在《文史通義》中自述撰著之旨者凡幾，每次論述各各不一。這不僅說明《通義》在長達近 30 年的撰著中有一個發生、發展、成熟的過程，而且說明其主旨複雜。如果用歷史的方法來陳羅和分析，可以發現章氏《通義》主旨，總體上看，既有其一以貫之之追求，又體現了其學術理路的內在發展邏輯。具體而言，則表現爲撰著主旨形成的三個階段：即始於文史之思，中實校讎之功，終通「史學所以經世」，學術當「純古人之大體」，「於風俗人心不無小補」之大義。這三個階段貫穿「六經皆史」論、《七略》「四庫」之辯兩個核心的問題；這兩個核心問題的論述都存在一個潛在的對話主體，即清高宗。

一、三個階段：「文史計」、「校讎略」與「純大體」「補風俗」

　　通檢《文史通義》中章氏自述其撰著之旨的文字，幾乎全都出現在其與師友信函中。或告之撰著計劃，或申明撰著初衷，或辯議知己誤解。其中折衝是非，闡述主旨凡幾，而各各不一，其特點有二，一是自述時間相距較有規律：分別是乾隆二十八年、十九年（1763～1764）；乾隆三十七年、三十八年（1772～1773）；乾隆五十三年（1788）。每段時間相距大致是 10 年或 15年，前後約近 30 年，正好是章氏輾轉車馬塵土，艱難撰著《文史通義》的時期。二是三次集中自述撰著之旨的內容呈現明顯的差異性，但又正好體現於其撰著《通義》過程中，對撰著之主旨的初始設想，到中變而終至成熟的清晰過程。以下即依此歷時性概述。計日：1、乾隆二十八、九年：《通義》初衷「文史計」；2、乾隆三十七、八年：《通義》中實「文史校讎」；3、乾隆五十三年，《通義》「終旨」「純古人之大體」、「於風俗於小補」。

〔註32〕章學誠：《佚篇·又與朱少白》，《章學誠遺書》，北京：文物出版社，1985 年，第 643 頁。

1、乾隆二十八、九年：《通義》初衷「文史計」

章氏擬撰《文史通義》始於對文史關係的思考，是他與同在國子監受業的甄松年〔註33〕討論修志的幾封書信中發揮的關於文史的見解。時間大約是「乾隆二十八至二十九年之間（1763～1764）」章氏批評「今世之志藝者，多取長吏及邑紳所爲詩賦、記序雜文，依類相附，甚而風雲月露之無關懲創」。認爲這樣的文學文章，「即使文俱典則，詩必雅訓，而銓次類錄，諸體務臻，此亦選文之例，非復志乘之體矣」，〔註34〕違背了「文章史事，固相終始」的史纂原則〔註35〕。章氏以爲「既志藝文，當仿三通、《七略》之意，取是邦學士著撰書籍，分其部彙，首標目錄，次序顛末，刪蕪擷秀，撮取大旨，論其得失……安定往日認爲志乘體爾」〔註36〕所以，「今擬更定凡例，一仿班《志》，劉略」〔註37〕。可以明確的是，這些議論都在乾隆三十年之前。這說明而立之前的章學誠，關於文史關係的思考已形成了較爲成熟的思想。而其文史校讎的思想總的來說是仿「三通」和《七略》之意。

稍後的一次是在乾隆三十一年（1766），章氏「年未三十」，「憂老將至」，自述其擬撰《文史通義》動機：「嘗以二十一家義例不純，體要多舛，故欲遍察其中得失利病，約爲科律，作書數篇，討論筆削大旨。」〔註38〕討論筆削大旨」，「約爲科律」是其開始撰著《文史通義》的初衷。「筆削大旨」乃史著撰著之事，這說明三十歲以前章氏萌意撰著《文史通義》的想法是比較單純的，所要討論的問題也較爲單一，即關注史文撰述之「科律」。這個時期的章氏於文史的認識比較明確：「文章一道，體制初不相沿，而本各有所自」，然

〔註33〕甄松年（字青甫，1733～？），廣東新寧縣人。乾隆三十年（1765）舉人，乾隆五十四（1789）年進士。與章學誠同在國監，並「與學誠志義相得」。見章學誠：《甄鴻齋先生家傳》，《章學誠遺書》，北京：文物出版社，1985年，第164頁。

〔註34〕章學誠：《答甄秀才論修志第一書》，《章學誠遺書》，北京：文物出版社，1985年，第137頁。

〔註35〕章學誠：《駁〈文選〉義例書再答》，《章學誠遺書》，北京：文物出版社，1985年，第140頁。

〔註36〕章學誠：《答甄秀才論修志第一書》，《章學誠遺書》，北京：文物出版社，1985年，第137頁。

〔註37〕章學誠：《修志十議呈大門胡明府》，《章學誠遺書》，北京：文物出版社，1985年，第140頁。

〔註38〕章學誠：《與族孫汝楠論學書》，《章學誠遺書》，北京：文物出版社，1985年，第224頁。

而，「史體壞於六朝，自是風氣日下」〔註39〕。從這兩次早期的自述來看，章氏撰著《通義》確實始於「爲文史計」，目的是要反正壞於六朝之史體。

2、乾隆三十七、八年：《通義》中實「文史校讎」略

乾隆三十七年（1772），章氏給不同對象的三封書信都談到了其撰著《文史通義》的情況，也不乏撰著主旨之申，因而可以互相參看，有所發明。其一曰「斟酌藝林，作爲《文史通義》。書雖未成，大指已見辛楣先生候牘所錄內篇三首」。此書中雖未詳說撰著《通義》之宗旨，但通篇不乏不平之慨，且借劉知幾於「顛倒黑白」之世，「抑而行之」，「憤必狂」以明己志〔註40〕。著述之宗旨與身世時運之感溢於言表。同是這一年章氏在給錢大昕的一封長信中，很詳盡地縷述了自己撰著與編輯《文史通義》的計劃。他首先回顧了自己的學歷及學專：「學誠自幼讀書無他長，惟於古今著術淵源，文章流別，殫心者，蓋有日矣」，然後，申明自己撰著《文史通義》的目的是要「比者校讎其書，申明微旨，又取古今載籍，自六藝以降訖於近代作者之林，爲之商榷利病，討論得失」，即後來所明言的「純古人之大體」，並且就全書的編輯體例和撰著的情況作了通報：全書「分內外雜篇，成一家之言」，「草創未及什一」〔註41〕。

也在這一年，章氏給友人的信談及《文史通義》的撰著情況：「裒集所著《文史通義》，其已定者，得內篇五，外篇二十有二，文多不可致，謹錄三首求是正！」〔註42〕

乾隆三十八年（1773），章氏《與嚴冬友侍讀》書中言及自己的近況時說：「檢點前後，識力頗進」，「思斂精神，爲校讎之學，上探班、劉，溯源官禮；下該《雕龍》《史通》，甄別名實，品藻流別，爲《文史通義》一書」，雖然「草創未多」，然「頗用自賞」〔註43〕。

這些書函密集地與師友討論撰著計劃，隨著《通義》之大體已成，其旨

〔註39〕章學誠：《駁〈文選〉義例書再答》，《章學誠遺書》，北京：文物出版社，1985年，第140頁。

〔註40〕章學誠：《侯國子司業朱春浦先生書》，《章學誠遺書》，北京：文物出版社，1985年，第225頁。

〔註41〕章學誠：《上曉徵學士書》，倉修良編注《文史通義新編新注》，杭州：浙江古籍出版社，2005年，第648頁。

〔註42〕章學誠：《上慕堂光祿書》，倉修良編注《文史通義新編新注》，杭州：浙江古籍出版社，2005年，第660頁。

〔註43〕章學誠：《與嚴冬友侍讀》，《章學誠遺書》，北京：文物出版社，1985年，第333頁。

趣也漸明，當初的「文史計」少了，校讎通義之意盛，「純古人之體」之意已漸顯。

3、乾隆五十三年，《通義》「終旨」「純古人之大體」、「於風俗不無小補」

乾隆五十三年（1788），在《與孫淵如書》中，章學誠明確告之：「《文史通義》亦庶可藉是告成矣」〔註44〕。在另外一封《報孫淵如書》的信函中並且向「力於校讎」的孫請教，談及自己編輯《史籍考》的心得，出「駭俗下耳目」之論：「愚之所見，以為盈天地間，凡涉著作之林，皆是史學、六經特聖人取此六種之史以垂訓者耳。子集諸家，其源皆出於史，末流忘所自出，自生生分別，故於天地之間，別為一種不可收拾、不可部次之物，不得不分四種門戶矣。」〔註45〕這說明編輯《史籍考》對「文史校讎」的幫助，對《文史通義》撰著推進，也論闡了四庫部次之謬，的確駭世驚俗。

嘉慶元年（1796），在《與汪龍莊書》中，針對「近日學者風氣，徵實太多，發揮太少」的現實，坦言「拙撰《文史通義》，中間議論開闢，實為不得已而發揮，為千古史學闢其蓁蕪……亦開鑿新論之一端」〔註46〕。

嘉慶三年（1798年），亦即章氏離世前三年，還自述「諸知己」對其著《文史通義》的誤解，他說：「鄙著《通義》之書，諸知己者許其可與論文，不知中多有為之言，不盡為文史計者，關於身世有所根觸，發憤而筆於書。嘗謂百年而後，有能許《通義》文辭與老杜歌詩同其沉鬱，是僕身後之桓譚也。」〔註47〕這種「有為」亦非針對某單一之人事，而是關涉世風學俗，「蓋以頹風日甚，學者相與離跂攘臂於桎梏之間，紛爭門戶，勢將不可已也。」而章氏自信誠能「得吾之說而通之」，則將「或有以開其枳棘，清其噬毒，而由坦易以進窺天地之純古人之大體也；或於風俗人心不無小補歟！」〔註48〕

〔註44〕章學誠：《與孫淵如書》，《章學誠遺書》，北京：文物出版社，1985年，第335頁。

〔註45〕章學誠：《與孫淵如書》，《章學誠遺書》，北京：文物出版社，1985年，第335頁。

〔註46〕章學誠：《與汪龍莊書》，《章學誠遺書》，北京：文物出版社，1985年，第82頁。

〔註47〕章學誠：《佚篇‧又與朱少白》，《章學誠遺書》，北京：文物出版社，1985年，第643頁。

〔註48〕章學誠：《佚篇‧又與朱少白》，《章學誠遺書》，北京：文物出版社，1985年，第643頁。

　　由此看來，晚年章氏的《通義》之旨述，文史校讎不見了，「身世根觸」、「古人大體」、「風俗人心」突顯。

　　綜上所述，章氏從「年未三十」，到離世前三年，歷時三十餘年，其所撰著之《文史通義》，雖因種種原因，時綴時續，然終至於成。其間自述其撰著之始終、諮議探究、思慮復反與文字之折衝凡幾。其撰著《文史通義》過程，雖經歷了始而單純究之文史關係，繼而獨闢「文史校讎」通義之新徑，以激濁揚清時學風氣，終而意識到學術風氣與最高統治者文化好尚的關係之諱莫如深。然而，其對於學術真理的追求，則可謂一以貫之，孜孜不輟。所以，章氏在自述其撰著和自刻《文史通義》，「非飾文」，而是源於一種強烈的使命感和崇高感的激勵，即在「頹風日甚，學者相與離跂攘臂於桎梏之間，紛爭門戶，勢將不可已也」的時候，「得吾說而通之，或有以開其杌棘，靖其嘬毒，而由坦易以進窺天地之純古人之大體也，或於風俗人心不無小補歟！」〔註49〕學術的使命在於「純古人之大體」，補「風俗人心」。這也成了章氏《文史通義》的撰著宗旨。

二、兩個基本點：「六經皆史」論與《七略》「四庫」辯

　　清人入主中原，武功盡而文治興，由政治上的主導進而成為文化上的利導，自覺開啓「道學政」的統治時代，可謂代有建樹，而以高宗一朝為盛。高宗一朝，僅從最高統治者文化利導這一項來看，以天子喜尚而上升為國朝文化大政的大概有兩項：一是從提倡理學到崇獎經學；二是開「三通」「四庫」之館，編修《四庫全書》。這兩項文化政策對章氏《文史通義》思想的形成應該說都有直接和間接的影響。因為同是闡弘儒家思想，強調經世致用者必須與政治的外緣結緣才能發揮實際的作用。章氏建構三代政學一體、官師合一的理想，在某種意義上正是對現實中政學政師關係不盡美滿的一種變相的批評。換言之，章氏一生的學術思辨與撰述都不曾游離於這兩項由最高統治者倡導實施的文化政策，然而，其所思所撰卻又與這兩項朝廷事功捍格不入。於前者章氏提出「六經皆史」，於後者，章氏的認識過程有反覆。始則以為「七略」六類之部次優於「四庫」之整理，終以認識到「《七略》之流而為四部」不得不然。

〔註49〕章學誠：《佚篇・又與朱少白》，《章學誠遺書》，北京：文物出版社，1985 年，第 643 頁。

1、以「六經皆史」辨議高宗「研經」「實學」之倡

高宗初政，感慨士人「留意詞章之學者，尚不乏人，而究心理學者蓋鮮。」〔註50〕於是，經筵講學「以示崇儒重道」。有學者統計，從乾隆三年（1738）到乾隆六十年（1795）高宗親蒞的經筵講學凡 51 次。然而，這近 60 年的經筵講學，卻存在喜好的轉變。在乾隆二十一年（1756）以後的「三十二次經筵講學中，明顯地向朱子學提出質疑，竟達十七次之。」〔註51〕高宗的從推崇朱子學到疑朱的大轉變導致了士林以非朱爲能事。〔註52〕章氏在論及此一學風時說：「故趨其風者，未有不以攻朱爲能事也。非有惡於朱也，懼其不類於是人，即不得爲通人也。」〔註53〕高宗的從提倡理學到崇獎經學之變，不僅表現在經筵講學中，而且通過策試和重刻《十三經注疏》，以及撰序等方式明詔大號，倡導士人「篤志研經，敦崇實學」。所謂「五經具有成書，……《書》曰『學於古訓乃有獲』；《傳》曰「經籍者聖哲之能事，其教有適，其用無窮」，「繼自今津逮既正，於以窮道德之閫奧，嘉與海內學者，篤志研經，敦崇實學。庶幾經義明而儒術正，儒術正而人才昌。」〔註54〕

章氏首次論及對「六經」的認識，是乾隆二十九年（1764），時年 27 歲。他說：「經史子集，久列四庫，其原始亦非遠。試論六藝之初，則經目本無有也。大《易》非以聖人之書而尊之，一子書耳；《書》與《春秋》，兩史籍耳；《詩》三百篇，文集耳；《儀禮》《周官》，律令會典耳。」〔註55〕這樣的論述雖不及其後來在《易教》中明確的「六經皆史」，「六經皆先王之政典」擲地有聲，但其關於經本來無有，乃後天生成的思想則是一以貫之的。無論早期關於六經無非「子書」、「史籍」、「文集」、「會典」的見識，還是後來在「六經皆史」統率下的一系列經史學闡論，其與高宗明詔大號，曉論天下士人的「崇尚經術，良有關於世道人心」，「窮研經術，敦樸不嘉」，「潛心經學者，

〔註50〕《清高宗實錄》卷 128，乾隆五年十月己酉條。

〔註51〕陳祖武、朱彤窗：《乾嘉學派研究》，湖北人民出版社，2011 年，第 6 頁。

〔註52〕此說亦有異論，侯外廬在論及此一時期考據學之漸成學術主流思潮的原因時，認爲是士林與最高池局博弈的結果，高宗的轉變實屬妥協。本書上篇之《侯外廬：「文史」文化史，「校讎」學術史》有涉及。

〔註53〕章學誠《朱陸》，《章學誠遺書》，北京：文物出版社，1985 年，第 16 頁。

〔註54〕《清高宗實錄》卷 286，乾隆十二年三月丙申條。

〔註55〕章學誠：《駁〈文選〉義例書再答》，《章學誠遺書》，北京：文物出版社，1985 年，第 140 頁。

慎重遴訪」〔註56〕，以及「經術昌明，無過今日」〔註57〕都是捍格不入的。章氏晚年談及自著《文史通義》乃「有為」之作的學運，都無法不與高宗的經史喜尚之天之好而成的世運不發生關聯。因此，其「六經皆史」之論，「文史校讎」之徑，都不能不說有與「天」說經論道的意味。

現在一般章氏學術思想的研究者在涉及其「六經皆史」論的時候，都無法迴避這樣一個問題，即「六經皆史」非章氏首倡，二千多年來，從莊子到章學誠，倡說闡論者不下二十餘家，為什麼只有章氏的重倡論闡引起近現代文史學人的廣泛關注，其影響無人能及。筆者在拙著《古代聖學的終結與近現代歷史學的發軔——章學誠「六經皆史」新論》〔註58〕中有部分的回答。以為：章氏的「六經皆史」論除了拙文中提到的「終結與發軔」雙重的意義之外，如果將其置於18世紀中國文化思想特殊的語境下考察，以學術為畢生堅摯追求的學者與擁有至高無上威權的專制首領皇帝，在文化倡領與管制兩手皆硬的學術生態下，學術自由與文化專制之間微妙的互動似乎更耐人尋味。像章氏一類學者的學術勇氣與文化專制底線之間的博弈，究竟存在怎樣的可能性空間呢？這是否意味著傳統中國政治與學術之間，「以儒術潤飾治術」之利用與被利用，服務與被服務的傳統，在知識理性與政治倫理之間出現了某種新的變化。學術不僅是潤飾政治的工具，也有某種獨立於主流政治文化話語之外意識的萌生。而近現代學人們在崇揚章氏「六經皆史」論的時候，是否更多的是通過章氏思想闡釋，對其衝撞神聖教條的勇氣進行嘉勉而自勵，或借用其「六經皆史」的概念和思維範式來進行文化思想的反思和清理呢？無論是什麼樣的情形，不可否認的事實是，章氏的言意活動及其撰著結果都彰顯了他與國朝主導文化理念上的差異。這在他自身固然是備受壓抑的事，然而，從另外一個意義上講卻成了他實現自我超越和超越時代的動力。事實上，這也可能是章氏自我持信與自我得意的地方。其所言撰著《文史通義》，頗有史遷式之「關於身世有所根觸，發憤而筆於書」的傾訴，不應當只視之為個人生計困厄而生的感慨。儘管其《文史通義》撰著於車塵馬迹之間是顯明的事實，但誠如余英時所言：「我相信實齋所表現出來的被迫害感，其最深、最後的根源便在於他的學問成就始終未能獲

〔註56〕《清高宗實錄》卷352，乾隆十四年十一月乙酉條。

〔註57〕《清高宗實錄》卷388，乾隆十六年五月丙午條。

〔註58〕何曉明、何永生：《古代聖學的終結與近代歷史思想的發軔——「六經皆史」新論》，《華中師範大學學報（哲學社會科學版）》，2013年第5期。

得當時學術界的承認。因爲以實齋的價值系統而論，學問上的委屈是他在生命途程中所遭遇到的最大的挫折，在這一挫折的前面，其他一切委屈都是微不足道的」〔註 59〕。

2、以《七略》部次議欽定「四庫」之策

文獻整理，無論以「道政學」爲治統來進行文化控制的最高統治者，還是以「道問學」爲本位的學者都非小事。依章氏之校讎學理論，這至少關乎治道與學統兩個方面。於學統而言「校讎之學，與著錄相表裏，校讎類例不清，著錄終無原委」〔註 60〕；於治道而言，「部次之法」，「求能推究同文同治」〔註 61〕。

而始於乾隆三十八年（1773），歷時十餘年之久，傾舉國之力而爲之的「四庫」館閣編修，章氏的幾位好友都與有榮焉。章氏沒有參與這項曠世盛事，但又未置身事外。未能置身事外的原因是「四庫」部次的原則與其主張的校讎之義例發生了嚴重的衝突。這項浩大的文化工程本是源於章氏恩師安徽學政朱筠於乾隆三十七年（1772）《遵旨覆奏訪求遺書摺子》和《謹陳管見開館校書摺子》向朝廷提出的建議。胡適推測「此奏似實齋與邵晉涵都曾與聞。」〔註 62〕在第二封奏摺中，朱筠不僅提出了「著錄、校讎，當並重也」的主張，而且提出了「或依《七略》，或準四部」的部次建議。這些建議經軍機大臣議覆，高宗「裁定」，在提供的《七略》、「四部」供選方案中，高宗以「朕意從來四庫書目，以經、史、子、集爲綱領，襄輯分儲，實古今不易之法」一錘定音〔註 63〕。高宗的「從來四庫……古今不易之法」的政學之斷，既違校讎學史常識，也與章氏畢生所治之文史校讎學相衝突。然而，上有好者，下必甚焉，士林於是風從。章氏又一次成了疾風中的勁草。

章氏以爲，文獻整理，部次之法，茲事體大，是關係到能否「窺乎天地之純，識古人大體」的綱體之事。他說：「著錄部次之法」的產生，是「書既

〔註 59〕 余英時：《論戴震與章學誠》，北京：三聯書店，2010 年，第 147 頁。

〔註 60〕 章學誠：《論修史籍考要略》，《章學誠遺書》，北京：文物出版社，1985 年，第 116 頁。

〔註 61〕 章學誠：《〈和州志〉二·藝文》，《章學誠遺書》，北京：文物出版社，1985 年，第 556 頁。

〔註 62〕 胡適之著、姚名達訂補：《章實齋先生年譜》，《胡適文存》7，北京：北京大學出版社，1998 年，第 16 頁。

〔註 63〕 陳祖武、朱彤窗：《乾嘉學術編年》，武漢：湖北人民出版社，2005 年，第 224～225 頁。

散在天下，無所綜統」，而「勢之所不能容已」的結果，「然自有若錄以來，學者視為紀數薄籍，求能推究同文為治，而存六典識職之遺者，惟劉向、劉歆所為《七略》《別錄》之書而已」，「學者苟能循流而溯源，雖由藝小數，敲辭邪說，皆可返而通乎大道」。而「著錄之家」，之所以「好四部，而憚聞《七略》」，是因為「學者不先有以窺乎天地之純，識古人之大體，而遽欲部次群言，辨章流別，將有希幾於一言之是而不可得」〔註64〕，是疏義為學而又急功近利的結果。能夠紓解「四庫」「專陋」之弊的非劉歆《七略》而不可為。他說：「鴆之毒也，犀可解之；瘴之屬也，檳榔蘇之」，「漢儒傳經貴專門」，「其弊專己守殘而失之陋。劉歆《七略》，論次諸家流別而推官禮之遺焉，所以解專陋之瘴屬也。」〔註65〕

除此之外，擇《七略》而捨「四部」的另外一重原因，乃是因為「《七略》以部次治書籍」，而「『四部』以書籍亂部次」。之所以出現這樣的差別，是因為「劉氏之業，其部次之法本乎官禮，至若敘錄之文，則於太史列傳，微得其哉，蓋條別源流，治百家之紛紛，欲通之於大道，此本旨也。至於卷次部目，篇第甲乙，雖按部就班，秩然不亂，實通官聯事，交濟為功」。所以，「以謂《七略》之勢，不得不變而為四部，是又淺評論著隸之道矣」。「四部承《七略》之敝，而不知存《七略》之遺法」，是以「唐人四部之書」，「而天下學術益紛然而無復綱紀矣」〔註66〕。

章氏於《七略》部次法不僅在理論上多有闡述，而且在實踐中也身體力行。早在乾隆二十八年（1763），他在《答甄秀才論修志第一書》中，即提出「夫既志藝文，當仿三通、《七略》之意。取是邦學士著撰書籍，分其部彙，次序顛末，刪蕪擷秀，掇取大旨，論其得失，比類成書，乃使後人得以考據，或可為館閣讎校取材，斯不失為志乘體爾」〔註67〕。乾隆二十九年（1764），在《修志十議呈天門胡府》中，又明確提出「今擬更定凡例，一仿《班志》、劉《略》，標分部彙，刪蕪擷秀，跋其端委，自勒一考，可為他日館閣校讎取

〔註64〕 章學誠：《〈和州志〉二·藝文》，《章學誠遺書》，北京：文物出版社，1985年，第556頁。

〔註65〕 章學誠：《說林》，《章學誠遺書》，北京：文物出版社，1985年，第35頁。

〔註66〕 章學誠：《〈和州志〉二·藝文》，《章學誠遺書》，北京：文物出版社，1985年，第556頁。

〔註67〕 章學誠：《答甄秀才論修志第一書》，《章學誠遺書》，北京：文物出版社，1985年，第137頁。

材，斯則有裨文獻耳」〔註68〕。乾隆三十七年（1772）在《上曉徵文學士書》中，申論其撰著《文史通義》的目的就是欲「比者校讎其書，申明微旨，又取古今載籍，自六藝以降訖於近代作者之林，爲之商榷利病，討論得失」，重申對四庫部次的見解：「學術之歧，始於晉人文集，著錄之舛，始於梁代《七錄》，而唐人因之，千餘年來，奉爲科律，未覺其非者」，以至於「體裁訛濫，法度橫決」，「至近日而求能部次經史，……亦往往而失」，而這一切都是因爲「向、歆之業不傳」所致。他甚至謙恭地託請「精於校讎，而富以聞見之富，又專力整齊一代之書」，「足追古作者而信其成」的錢大昕「紹二劉之業而廣班氏之例」〔註69〕。乾隆三十八年（1773）章氏自道修志體會說：「向、歆盡條別之理，史家所謂規矩方圓之至也」，「誠得如劉知幾、曾鞏、鄭樵其人而與之，由識以進之學，由學而通乎法，庶幾神明古人之意焉。」〔註70〕嘉慶元年（1796）章氏自述「鄙著《文史通義》，有《繁稱》《匡謬》《文集》《文選》《韓柳》諸篇，專論編次文集目錄之事，深恨昔人編次集部目錄，不達古人立言宗旨」，而究其原因皆「後世編次文集，不知校讎之學，但奉蕭梁陋例」所致〔註71〕。

　　綜上，章學誠認爲部次之法《七略》優於「四庫」，與其浙東學派貴專家、尚家法的學術理念不無關係。而四部之法擾亂書籍部次，使古人家法晦而不明。然而，「當四部之法行之既久，人以爲便」〔註72〕之後，他也充分認識到「《七略》之流而爲四部，如篆隸之流而爲行楷，皆勢之所不容已者也」，並且總結了「四部不能返《七略》」的五個方面的原因〔註73〕。不能不說體現了

〔註68〕　章學誠：《修志十議呈天門胡明府》，《章學誠遺書》，北京：文物出版社，1985年，第 140 頁。

〔註69〕　章學誠：《上曉徵學士書》，倉修良編注《文史通義新編新注》，杭州：浙江古籍出版社，2005 年，第 648～649 頁。

〔註70〕　章學誠：《〈和州志·志隅〉自述》，《章學誠遺書》，北京：文物出版社，1985年，第 552 頁。

〔註71〕　章學誠：《與胡雒君論校〈胡稺威集〉二簡》，《章學誠遺書》，北京：文物出版社，1985 年，第 117 頁。

〔註72〕　余嘉錫：《目錄學發微》卷四，載《余嘉錫說文獻學》，上海：上海古籍出版社，2001 年。

〔註73〕　章學誠：《校讎通義·宗劉》：「《七略》之流而爲四部，如篆隸之流而爲行楷，皆勢之所不容已者也。史部日繁，不能悉隸以《春秋》家學，四部之不能返《七略》者一。名墨諸家，後世不復有其支別，四部之水能返《七略》者二。文集熾盛，不能定百九流之名目，四部不能返《七略》者三。鈔輯之體，既非叢書，又非類書，四部之水能返《七略》者四。評點詩文，亦有別似別集

一個學者實事求是的精神。

三、一個潛在的對話主體：清高宗

　　終章氏一生學術的成長和成熟時期，基本上與高宗一朝相終始。高宗的文治之功，除了血腥的文字獄懲創漢儒之外，更為重要的文化統治策略，是通過「學問政」的方式，來引導士大夫走上一條由其個人的文化喜尚而上升為國朝文化制度的事功中去。這種文化事功主要體現在「崇儒重經」和館修「四庫」，這使得整個士林的學風為之而變，在這樣一種學術氛圍中，章氏力倡重闡「六經皆史」論，和《七略》「四庫」部次之辨，在正俗這一點，通過章氏對戴震的批評似乎也可以間接獲證。但潛在的對話主體說是最高統治者高宗亦不為過。

　　章氏對戴震的三次批評，都不是針對其學術而言，而是針對其學格的。兩次批評其「非朱」，一次議其入館閣。無論「非朱」，還是作為館閣之臣，都有屈己仰尊意味。戴氏的所作所為雖為真正理解其學術造詣的章氏所譏，但正好從另外一個方面說明「學問政」的取向與堅持「道問學」的文化取向的不諧和。在《又與朱少白書》中（1797）章氏回顧戴學文源：「通經服古，由博反約，即是朱子之教，一傳……再傳……三傳……至國初而顧亭林、黃梨洲、閻百詩皆俎豆相承，甚於漢之經師譜系，戴氏亦從此數公入手，而痛斥朱學，此飲水而忘其源也。」〔註74〕同樣的指責在《朱陸》中早已出現「其人於朱子，蓋已飲水而忘源。」〔註75〕

　　這先後兩次相距十年，同樣的批評都是針對戴氏的斥朱之舉而言的。還有一次批評則是針對戴氏入館修書後在士林所起的榜樣作用而發聲的。章氏以為正是在戴震與周永年「二君者，皆以博洽貫通為時推許」，才致「四方才略之士挾嶽來京者莫不斐然有天祿石渠，句墳抉索之思」，以至於「駸駸乎移風俗矣。」〔註76〕這兩次都與高宗的文化喜尚相關聯。余英時對戴氏的「變

　　而實非別集，似總集而又非總集者，四部之不能返《七略》者五。凡一切古無今有、古有今無之書，其勢判如霄壤，又安得執《七略》之成法，以部次近日之文章乎？」

〔註74〕章學誠：《補遺‧又與朱少白書》，《章學誠遺書》，北京：文物出版社，1985年，第 611 頁。

〔註75〕章學誠：《朱陸》，《章學誠遺書》，北京：文物出版社，1985年，第 16 頁。

〔註76〕章學誠：《周書昌別傳》，《章學誠遺書》，北京：文物出版社，1985年，第 181頁。

通」有同情之理解，心爲形役，不得不然〔註77〕。然而，貌似「狐狸」實則「刺蝟」的戴氏還是招致了「刺蝟」章氏的人格之譏評。這也正好從反而說明了章學誠的學術勇氣及關注所在。

〔註77〕余英時：《論戴震與章學誠》，北京：三聯書店，2005年，第93～96頁。

第二章　《文史通義》之「文」論與「史義」論

第一節　《文史通義》之「文」論辨析

　　《文史通義》是研究章學誠學術思想的重要文獻，章氏以史學理論家爲後世所稱道，對其史學理論，學者之論闡已野無遺題，而對於其「文」論思想，雖不乏闡述，卻多囿於歷史表現論，或牽以文學表現批評而強說。筆者以爲，文史學界對於章氏《文史通義》之「文」論，無論歷史表現說，還是文學表現批評論，都失之偏頗，若或將這兩種闡釋拼加，亦難以切近章氏「文」論本質之說。章氏「文」論之旨在於闡述「文」之發生於周，「周文」集政典、禮秩和文章教化於一體，「文」的精神與形式也由此而奠定；在「文」的傳承過程中，「戰國之文」承上啓下，「文體備」而啓「道裂於術」之緒，由此而下，「文」開始了精神的失落與表現形式的豐富與變異之漸；秦因強力而行以吏爲師非周之「文德」所謂官師教化合一之道，漢「獨尊儒術」及隋唐始肇之科舉以「文」取士，在強化士人「文」之修養的同時，「古文」與「時文」的矛盾生焉，這種矛盾在章氏所處之清代中葉表現爲「學士之文」和「文士之文」高卑的紛爭，從本質上看是關於「文」的學統之爭。章氏論「文」之旨在於通過考鏡「文」之源流與統緒，批判歷史上及近世那些遺「周文」之神、崇「古文」之形的文論學說與著述實踐，主張恢復「周文」之精神與眞正的「古文」傳統，藉以闡明政學典要及文章教化之「文」當順人倫以究天道之大義。本人不揣淺陋，擬就此作條理之別，些微之掘，以求教方家。

一、學者釋章氏「文」論：歷史表現與文學批評

　　「文史通義」既是章氏治學的抱負，也是其學術思想的概括，章氏不只一次自述其撰著動機，然而卻並未就《文史通義》宗旨有集中的闡述。章氏論「文」旨趣的廣泛性、著述體例的開放性、諸多重要篇章撰著時間的模糊性、自刻本與他人輯本體例的複雜性給後來學人梳理其文論思想、探究其文論本質提供了不同的闡釋向度，加之「文史通義」表義的含混與神圓，更爲學者闡釋其「文」論思想提供了多樣的可能性空間。就筆者涉獵文史學者關於章氏「文」論思想的發掘與闡論來看，總體上大概表現在兩個方面：一是從史學的立場出發，以爲章氏文撰理論集中國古代史撰體例之大成，其品評古史文存之得失、折中史作眾體之是非，明「記注」與「撰著」之殊，論「方智」與「神圓」之旨，別「編年」、「紀傳」與「記事本末」之良莠、創「別錄」之議，發凡起例，開古人無有之先例，給中國近現代歷史表現理論和實踐以極大的啓示；一是牽以文學表現批評之強說。

　　何炳松是前者最主要的代表，他的貢獻在於不僅論闡較早、較深透、學理性強，而且影響大而深遠。何氏之章氏文論思想的闡釋著眼於其文論形而下之史撰論述，無疑達到了偏面的深刻，然而其可商榷之處在於僅從史學家的眼光，且是用西方史學的理論來透視章氏的文論思想，不僅沒有顧及章氏文論思想的全部，而且抽失了章氏論文植根中國古代政學典制、符號形式和文章教化三位一體的文化語境，有意無意中將章氏「文」論所涉「文」之精神與形式確立的闡釋、「文」的傳統在傳承過程中精神的失落與形式變異的形態與成因考察，以及面對「文斯亂矣」的歷史與現實返本開新的文化主張等豐富的內涵歸劃爲歷史編撰學一域是對章氏文論思想的簡化、窄化和矮化。何氏對自己的研究十分自信，曾宣稱在自己的章氏學術思想研究和其學術知己胡適的《章實齋先生年譜》之後，對章氏學術思想的研究「這樣的程度已經足夠了」，「我們似乎不應該過分的熱心」，否則「就有『腐化』的危險」〔註1〕。

　　在文史學人中從文學創作與批評角度來闡釋章氏《文史通義》之「文」者，更是大有人在了。錢基博（字子泉，1887～1957）以爲章氏議「文通於史」、「以史爲文」，「因以推見一切文之通於史，而著書闡明其義焉爾，故題目之曰『文

〔註 1〕 何炳松：《章實齋先生年譜・何序》，《胡適文集》7，北京：北京大學出版社，1998 年，第 18 頁。

史通義』也。」〔註2〕蕭一山（字一山，1902～1978）認爲：「《文史通義》爲
（章氏）多年積存稿，非成於一時，書中兼論文學史學，故名。」〔註3〕。龔
鵬程（字雲起，1956～）以爲：「章氏此書名爲《文史通義》，表明了他是要
溝通文學與史學的，其理論不只是爲史學，亦貫通爲文學，表現與他對文學
的見解。」〔註4〕其他以「『文史通義』爲『文心』與『史筆』，其意與現代學
科文學與史學相近，似稱實齋能兼文學與史學之才識。如喬衍琯所著《史筆與
文心：文史通義》《文史通義：史筆文心的交融》《文史通義快讀：史筆與文
心》，均解『文史』爲『文＋史』。此由不明經義之故。」〔註5〕上述種種章氏
「文」論的闡釋，或望文而義、或循章摘句、或斷章而取義雖不乏成言成理之
處，然而，終因缺乏對章氏文論的整體觀照而致議論於偏頗之失。章氏論文的
卓特之處是以文化的眼光，從學術史的角度著眼，考鏡「文」的源流以及演變
之勢態形質，批判其認爲種種不周之文論與文章實踐，從而闡述其關於「文」
的形而上之思想。所以，他論「文章之道」，以爲「凡爲古無而今有者，皆當
然也」，「文因乎事，事萬變而文亦萬變，事不變而文亦不變」〔註6〕，「《易》
爲王者改制之巨典，事與治曆明時相表裏」，所以，「隨時撰述以究大道」應
該成爲作文論文衡文之旨〔註7〕。「司馬遷述《尚書》《左》《國》之文……恢
恢而有餘，非特於才，抑亦拘於時也。」〔註8〕關於古代「文」的發展演變，
章氏有自己的見解，他說：「周衰文弊，六藝道息，而諸子爭鳴。蓋至戰國而文
章之變盡，至戰國而著述之事專，至戰國而後世之文體備；故論文於戰國，而
升降盛衰之故可知也。」〔註9〕戰國成爲中國古代之「文」興盛與革變之要樞，
往上溯有「周文」，所謂「戰國之文，其源皆出於六藝」〔註10〕，以降，則因

〔註 2〕 錢基博：《文史通義題解及其讀法》，上海：上海古籍出版社，2012 年，第 45、
　　　　47 頁。

〔註 3〕 蕭一山：《清代通史》卷二，北京：中華書局，1986 年，第 663 頁。

〔註 4〕 見龔鵬程《文史通義導讀》，（臺灣）宜蘭：佛光人文社會學院，2004，《編序》，
　　　　第 21 頁。

〔註 5〕 張京華：《古史辨派與中國現代學術走向》，廈門：廈門大學出版社，2009 年，
　　　　第 116 頁。

〔註 6〕 章學誠：《砭俗》，《章學誠遺書》，北京：文物出版社，1985 年，第 27 頁。

〔註 7〕 章學誠：《易教中》，《章學誠遺書》，北京：文物出版社，1985 年，第 1 頁。

〔註 8〕 章學誠：《說林》，《章學誠遺書》，北京：文物出版社，1985 年，第 32 頁。

〔註 9〕 章學誠：《詩教上》，《章學誠遺書》，北京：文物出版社，1985 年，第 5 頁。

〔註10〕 章學誠：《詩教上》，《章學誠遺書》，北京：文物出版社，1985 年，第 5 頁。

「戰國之文」「變盡」、「著述之事專」、「後世之文體備」而各有因承與損益，於是生諸子百家之文，及至漢建元五年（公元前 136 年），漢武帝設置「五經博士」，建立儒術獨尊體制，儒學不僅成為「潤飾吏治」的行政之學，而且成為士人的教養。士人的教養即表現為文的教養由於隋唐科舉取士而得以更加彰顯。自此以後，以文取士，於詩於文，歷朝歷代雖有彼此，然經典、策論和詩文則是永恒不變的科目，於是時文之重，士子之心，文統透迤，亦在其中。由此觀之，章氏說「文」，蓋有意焉。錢穆評價章氏之學，別開蹊徑，而從學術之源流。筆者以為學統之構、文緒之辨，亦在其中。所以，單純的史撰之論與文學表現批評說都是難以切近章氏文論之自我闡說的，章氏論文自有其內在邏輯機理。

二、「周文」與「戰國之文」

章氏以為「論文於戰國，而升降盛衰之故可知」，所以，其論文從周文開始。章氏認為，中國古代的政學，三代是值得效法的。政制禮秩同一，經史文器合一，官師教治相一。他說：「夫文章視諸政事而已矣。無三代之官守典籍，即無三代之文章；苟無三代之文章，雖有三代之事功，不能昭揭如日月也……未有捨是而別出者也。」〔註11〕然而，章氏稱說雖是三代，但究其實，其論所涉不過周，而夏、商之政制典章文教風化鮮有入議者。三代之政、三代之教、三代之文，周僅據其一，章氏論「文」為什麼從「周文」開始？

孔子之「信而好古」、「無信不徵」的學術觀對於後世影響大且深遠。這兩句話，前者是價值取向的表達，後者是兼思想方法論的表述，只有同時能滿足這兩者，所好之「古」和所徵之「信」才落到實處，產生焦點。孔子在整理古代典籍的艱難繁苦中，編定的「六藝」都是周代的歷史文獻，即「周文」。孔子說：「郁郁乎文哉，吾從周」。在「周文」之前的夏文、商文是怎樣一個狀態呢？它們與周文之間又存在怎樣的關係呢？章學誠《書教中》指出：「《書》無定體，故易失其傳；亦惟《書》無定體，故託之者眾」〔註12〕，他認為《三墳》《五典》都是託書，都不可信，「左氏所謂《三墳》《五典》，今不可知，未知即是其書否也。」〔註13〕在一個巫神和氏族領袖共管的時代，

〔註11〕章學誠：《州縣請立志科議》，《章學誠遺書》，北京：文物出版社，1985 年，第 124 頁。
〔註12〕章學誠：《書教中》，《章學誠遺書》，北京：文物出版社，1985 年，第 3 頁。
〔註13〕章學誠：《書教中》，《章學誠遺書》，北京：文物出版社，1985 年，第 3 頁。

其文獻也必然是神人並舉的。文獻的製作、使用和保存者非巫即史，「巫以記神事」，「史以記人事」，因此，雖然有「巫記」「史記」，然而「至於上古實狀，則荒漠不可靠」，即使「君長之名，且難審知」，「逮於虞夏，乃有箸於簡策之文傳於今。」〔註14〕然而，「傳於今」的只是其中很小的一部分，記載卦爻辭的《連山》《歸藏》即不傳之後世。所以，孔子說：「夏禮吾能言之，杞不足徵也；殷禮吾能言之，宋不足徵也；文獻不足故也。」（《論語・八佾》）夏並非沒有「文獻」，只是由於「文」不傳，「獻」不在，才使後來的學人「不足徵」，只能憑藉推理與推想。商「文」的情況略有不同，《史記・殷本紀》載：「帝盤庚之時，殷已都河北，盤庚渡河南，復居成湯之故居，迺五遷，無定處，殷民咨胥皆怨，不欲徙。盤庚乃告諭……盤庚崩，弟小辛立……殷復衰，百姓思盤庚，迺作盤庚三篇」，「周誥、殷盤，佶屈聱牙」（韓愈《進學解》）。《盤庚》因為通假和方言的原因，難讀，自然難以廣泛傳播。這樣的情形一直到上個世紀初河南安陽的甲骨大規模發現發掘之前都沒有什麼改觀，除了一部《商書》，殷商之文獻是較少的。這就讓後世的學人沒法去談了〔註15〕，是以，「清人論文，多以記言的《尚書》開篇。『五四』以後學術範式轉移的一個標誌，便是甲骨學的興起。隨之而來，談論文章起源，必追溯殷商的卜辭。」〔註16〕清季民初的文史學人較他們之前的學人幸運，一是時代風會，一是地下發掘，兩相輔成促成了他們學術重心的前移和學術範式的革變，而這些都是章氏之後百多年的事了。

在章氏看來，「周文」是後世之文的源頭，因為「後世文字，必溯於六藝。六藝非孔氏之書，乃《周官》之舊典也。……官守學業皆出於一，而天下以同文為治，故私門無著述文字。」〔註17〕章氏認為和戰國時代的「私門著述」相較，「周文」是公文，是官文，是史，也是經。這就在某種程度上解釋了章

〔註14〕 魯迅：《漢文學史綱》，《魯迅全集》第 9 卷，北京：人民文學出版社，2005年，第 355 頁。

〔註15〕 王國維說：「吾輩生於今日，幸於紙上之材料外，更得地下之新材料。由此種材料，我輩固得據以補正紙上之材料，亦得證明古書之某部分全為實錄，即百家不雅馴之言亦不無表示一面之事實。此二重證據法惟在今日始得為之。雖古書之未得證明者不能加以否定，而其已得證明者不能不加以肯定，可斷言也。」

〔註16〕 陳平原：《中國散文小說史》，北京：北京大學出版社，2010 年，第 21 頁。

〔註17〕 章學誠：《原道第一》，《章學誠遺書》，北京：文物出版社，1985 年，第 95頁。

學誠以「文史」名其書，開篇卻從「六藝」說起的原因。「六藝」是經孔子整理後的「周文」，是經，也是史，經史同源，表裏相濟，「文」在其中，「文」是兼具形式內容的「道」之載體，自然之道、人倫之理、政學教化的精神就蘊涵其間。所以，文不僅是「『統治階級的統治思想』的總稱」，而且還是「中國的『文化基礎』」，這種文化基礎在以「文「作為介質的傳播過程中，又形成了「文的傳統」〔註18〕。而奠定這一基礎和傳統的「周文」，正是章氏《文史通義》之《易教》（上、中、下）、《書教》（上、中、下）、《詩教》（上、下）、《禮》《經解》（上、中、下）、《原道》（上、中、下）、《原學》（上、中、下）等重點闡述的對象，章氏所論不僅就這些「文」的發生、性質、精神、功能和演變作了深入的學理闡釋，而且批判了後之學者對它們的誤解以及應該持有的原則及態度。

章氏認為，「周文」集典章制度、禮秩規則和文章教化於一體，是周人一體三維價值追求的集中體現。換言之，「文」乃周人立國之策、監國之方、教化之術三位一體價值追求的體現，是周之貴族制度、貴族文化和貴族文化符號系統之總稱，是人道對天道的最高體現，「故夫子之述六經，皆取先王典章」〔註19〕。「六經初不為尊稱，義取經綸為世法耳。六藝皆周公之政典，故立為經。」〔註20〕在章氏看來，周人計於生存，謀之長遠，順天道，依人倫，因時勢而進行的創制之舉和創制實績，足以垂範後世，於是焉他們的事迹成為歷史，而周人在特定環境下建章立制的精神原理足以垂範後世的智慧，就成為了經。

周人生於偏鄙，以邊鄙而入主中央，建章立制，以圖長治，加之殷人之鑒，歷歷在目，所以在「封土地，建諸侯」的大政格局下，採「制禮作樂」之「文德」為治的價值取向，既是主觀上的追求，也是客觀形勢使不得不然。周書載：

> 周公曰：「王肇稱殷禮，祀於新邑，咸秩無文。予齊百工，伻從王於周，予惟曰：『庶有事。』今王即命曰：『記功，宗以功記作元祀。』惟命曰：『汝受命篤弼，丕視功載，乃汝其悉自教工。』」

〔註18〕〔日〕三石善吉著、余項科譯：《中文版序》，見《傳統中國的內發性發展‧中文版序》，北京：中央編譯出版社，1999年，第1～2頁。
〔註19〕章學誠：《經解中》，《章學誠遺書》，北京：文物出版社，1985年，第8頁。
〔註20〕章學誠：《經解下》，《章學誠遺書》，北京：文物出版社，1985年，第9頁。

王若曰：「公！明保予沖子。公稱丕顯德，以予小子揚文武烈，
奉答天命，和恒四方民，居師；惇宗將禮，稱秩元祀，咸秩無文。
惟公德明光於上下，勤施四方，旁作穆穆，迓衡不迷。文武勤教，
予沖子，夙夜毖祀。」王曰：「公功棐迪篤，罔不若時。」（《洛誥》）

章氏評價周人創舉的論斷不乏辯證思維，他說：「周公以天縱生知之聖，
而適當積古留傳道法大備之時，是以經綸制作，集千古之大成，則亦時會
使然，非周公之聖智慧使之然也……譬如春夏秋冬各主一時，而冬令告一
歲之成，亦其時會使然，而非冬令勝於三時也。」〔註21〕章氏以為周公創制
是順應「時會」的「聖智」之舉，是人智順應天道是典範，後世歷朝歷代
「聖主」要效法周公的是周公之所以為法者。是以，「故創制顯庸之聖，千
古所同也。集大成者，周公所獨也。時會適當然而然，周公亦不自知其然
也。」〔註22〕

　　如果比較一下後來的文化學者在這方面的論述，那麼章氏之論的前瞻
性、探索性和持論的科學性會更加令人佩服。柳詒徵（字翼謀，1880～1956）
認為：「三教易改，至周而尚文。蓋文王、周公皆尚文德，故周之治以文為
主……其文教以禮樂為最重……其心蓋深知武備國防不可廢……不得已而
為折中之法，務以文化戢天下人之野心，其旨深矣！」〔註23〕勞思光（原名
勞榮瑋、號韋齋光，1927～2012）指出：「周初之封土建君，已使各地區政
權脫離原始自然狀態，再以立長立嫡之繼承法確定政權傳遞之軌道，初步之
政治秩序即已建立。另一面再制定種種郁郁乎周文之局面，即由此大定。」
〔註24〕總之，周初統治者在自省於內，外鑒於殷的基礎上，不失時機地確立
了以文為主導輔以武備的國家政治哲學，不僅穩定了周的統治，而且奠定了
後來國家政治哲學的標杆。周亡之後，雖然封建已廢，然而以德治國，以文
治國的行政哲學卻為歷代統治者所標榜。

　　這樣的立國治國之價值追求必然要求有與之相適應的整個社會的禮秩規

〔註21〕章學誠：《原道上》，《章學誠遺書》卷二，北京：文物出版社，1985年，第
　　　　10頁。
〔註22〕章學誠：《原道上》，《章學誠遺書》卷二，北京：文物出版社，1985年，第
　　　　10頁。
〔註23〕柳詒徵：《中國文化史》，上海：上海東方出版中心，1988年，第119～120
　　　　頁。
〔註24〕勞思光：《新編中國哲學史》第一卷，桂林：廣西師範大學出版社，2005年，
　　　　第55頁。

則。「『封土地，建諸侯』與『制禮作樂』，前者是最根本的政治經濟體制建設，後者是與政治經濟體制直接相配套的文化制度建設。『封建』的結果是建立起嚴密的貴族等級制政治形式；『制禮作樂』的結果是建立起整套的禮儀制度與意識形態，這就是『文』的系統。」〔註25〕

這套「文的系統」首先表現在要變貴族日常生活中的「咸秩無文」為「咸秩有文」，讓「君有君之威儀，其臣畏而愛之，則而象之」，「臣有臣之威儀，其下畏而愛之，故能守其官職，保族宜家」，「順是以下皆如是，是以上下能相固也。」確保「君子在位可畏，施捨可愛，進退可度，周旋可則，容止可觀，作事可法，德行可象，聲氣可樂，動作有文，言語有章」〔註26〕。而要實現這一切，自然有一套日常生活的繁文縟節（關於周禮應有專文探討，不在本文論域之中）。其次也表現在如何養成貴族修養氣質的教化之中，是以聖人以垂教，「六藝」之教各有所司：「詩教」欲使「溫柔敦厚」；「書教」欲人「疏通知遠」；「樂教」欲人「廣博易良」；「易教」欲人「絜靜精微」；「禮教」欲人「恭儉莊敬」；「春秋教」欲使「屬辭比事」。（《禮記・經解》）。章學誠在《文史通義》中開宗明義：「六經皆史也。古人不著書；古人未嘗離事而言理，《六經》皆先王之政典也。」〔註27〕這種「未嘗離事言理」承史載道之「文」，本質上並非為滿足後世學文者掠美之心而有所為，「絕無後世文人學士纖穠佻巧之態，而風骨格力，高視千古。……信文章之大觀也。」（屠隆《文論》）

總之，「周文」是政典，是典章制度之文本載體，因而是史，是公文。而「戰國之文」是文章，是出於王官之諸子，各執偏頗，學者自立言、自立說、自著述的文章，是私文。按章氏「盈天地間，一切文章都是史」之論說，戰國諸子之文自然也是史，然而，此史非彼史，前者是政典，是聖人和孔子以垂教後世之「經」。後者是學者私心所能，自著述之文，是史料。經與史既同疊又殊異：前者偏重價值，重在價值引領；後者側重事實，重在真實。然而，真實的歷史並不一定都涵蘊價值，而涵蘊價值的經一定是真歷史。在一切學術的工作非治經即治史的時代，一切的學術，無論是「述而不作」之治經，還是「通古今之變」之治史都必須致力於價值的發掘和意義的建構，是以，「文史」當「通義」，切人倫而順天道，這是古人之大體。這也是「周文」之真諦，

〔註25〕 李春青：《論「周文」——中國古代「文」的歷史之奠基》，《北京師範大學學報（社會科學版）》，2012 年第 5 期。
〔註26〕 《左傳・襄公三十一年》。
〔註27〕 章學誠：《易教上》，《章學誠遺書》，北京：文物出版社，1985 年，第 1 頁。

「周文」是德位兼濟之聖人「究天人之際」的歷史見證,是載道之器;良史的工作,就是要「通古今之變」,發現古代的政典是如何順天道以切人倫的。章氏由此一番辯證,不僅化解了經學領域由來已久的漢學宋學之考據與義理之爭,而且彌合了經史兩域之此疆彼界。至於如何能夠實現這樣一種免訴議、息訟爭的和諧呢?章氏以為,三代之治復,官師合一興。章氏之學術思想深受洋務殿軍、革新變政之集大成者張之洞欽佩,而以有學問的革命家名世的章太炎則因反滿大罵章學誠,因為太炎先生認為「官師合一」是為清人集權統治張本。

對於「戰國之文」,章氏從如下兩個方面進行論闡:一是從發生學的角度分析了其產生的歷史背景;二是論說了「戰國之文」的特質以及這種特質對後世之文的雙重影響。

章氏認為,「戰國之文」的體格文風是時勢與權宜使然。首先,隨著列國紛爭之世的到來、各國政治競爭的需要,促成了縱橫之學的產生。他說:「戰國者,縱橫之世也。縱橫之學,本於古者行人之官。觀春秋之辭命,列國大夫,聘問諸侯,出使專對,蓋欲文其言以達旨而已。至戰國而抵掌揣摩騰說以取富貴。其辭敷張而揚屬,變其本而加恢奇焉,不可謂非行人辭命之極也。孔子曰:誦詩三百,授之以政,不達;使於四方,不能專對,雖多奚為?是則比興之旨,諷諭之義,固行人之所肄也。縱橫者流,推而衍之,是以能委折而入情,微婉而善諷也。」〔註28〕再次,物質條件的變化使得傳播方式發生了變化,「三代盛時,各守人官物曲之世氏」「相傳以口耳」,「孔、孟以前,未嘗得見其書」。「著述始專於戰國」「出於事之不得不然」,因為「古初無著述,而戰國始以竹帛代口耳」,「著述之事專」〔註29〕。復次,由於社會政治制度的變化、物質條件的改善,學術主體和學術方式隨之也發生了很大的變化,「道不行而師儒立其教」,「通其學者述舊聞而著於竹帛焉」,文的內容和形式也隨之發生了變化:「子史衰而文集之體盛,著作衰而辭章之學興。」〔註30〕

在章氏看來,戰國時代兼縱橫、擅鋪張,輕道德、重奇言的「辭章之學」對後世的影響既是漸漸的,也是多方面的。始而「文集有經義」、「有傳記」、「有論辯」,「後世之文集,捨經義與傳記論辯之三體,其餘莫非文辭之屬也」〔註31〕。繼而「學者不知」,「甚以蕭梁《文選》舉為辭章之祖,其亦不知古

〔註28〕 章學誠:《詩教上》,《章學誠遺書》,北京:文物出版社,1985年,第5頁。
〔註29〕 章學誠:《詩教上》,《章學誠遺書》,北京:文物出版社,1985年,第6頁。
〔註30〕 章學誠:《詩教上》,《章學誠遺書》,北京:文物出版社,1985年,第5頁。
〔註31〕 章學誠:《詩教上》,《章學誠遺書》,北京:文物出版社,1985年,第5頁。

今流別之義。」〔註 32〕辭章之學，對後世產生的影響是多方面的，既豐富了文的內容和形式——「文章之變盡」、「後世之文體備」、「著述之事專」——又開啓了著述追求文辭之風，貽害無窮，「著述不能不衍爲文辭，而文辭不能不生其好尚。」〔註33〕他充分肯定「戰國之文體備」，肯定「戰國之文」的創制之功、垂教後世的典範價值和意義，指出「後世之文，其體皆備於戰國」，「知文體備於戰國，而始可與論後世之文。」〔註 34〕與此同時，旗幟鮮明地批判了其「裂於道」的負面影響。他認爲「戰國之文」異於「古之文質合一」「而各具之質」，「兼縱橫之辭以文之」的特質對後世的影響貽誤不窮。由此文由「文質合一」之公器，變成了士人謀生的私具。文「至戰國而抵掌揣摩，騰說以取富貴，其辭敷張而揚厲，變其本而加恢奇焉，不可謂非行人辭命之極也。」〔註 35〕而「後人無前人之不得已，而惟以好尚逐於文辭焉……是以戰國爲文章之盛，而衰端亦已兆於戰國。」〔註 36〕這種「衰端」而成恣意之勢，終致禮崩樂壞而致「斯文掃地」至秦之「焚坑」而極，然而，秦之以吏爲師非周之官師合一之道。漢之獨尊儒術及始自隋唐的科舉以文舉士，在強化士人「文」之修養的同時，也導致了文的分裂，古文與時文矛盾的出現成爲「文」的傳統因制度得以保全且弘揚的文化背景下「文」得以發展的主要動力，作爲理想之文的「古文」與作爲現實之文的「時文」的博弈在促進「文」發展的同時，調和兩者的矛盾也成爲歷朝歷代士人建構學統與追溯文統的一項重要的學術使命。

三、古文與時文

「古文」一詞隨採用者不同而所指也不同，有的時候是中古之人對上古之文的統稱，有的時候是近古之人對中古之文的統稱，有的時候是操白話者對文言的通稱。所以，「古文」在不同的文論家那裡所指是不一樣的，「清代文論以古文家爲中堅，而古文家之文論，又以『桐城派』爲中堅。」〔註 37〕

〔註32〕 章學誠：《詩教上》，《章學誠遺書》，北京：文物出版社，1985 年，第 5 頁。
〔註33〕 章學誠：《詩教上》，《章學誠遺書》，北京：文物出版社，1985 年，第 6 頁。
〔註34〕 章學誠：《詩教上》，《章學誠遺書》，北京：文物出版社，1985 年，第 5 頁。
〔註35〕 章學誠：《詩教上》，《章學誠遺書》，北京：文物出版社，1985 年，第 5 頁。
〔註36〕 章學誠：《詩教上》，《章學誠遺書》，北京：文物出版社，1985 年，第 6 頁。
〔註37〕 郭紹虞：《中國文學批評史》下冊，天津：百花文藝出版社，1999 年，第 310、316 頁。

桐城派創始者方苞（字靈皋，1668～1749）自陳其主張謂「文章介韓歐之間」〔註38〕，桐城集大成者姚鼐（字姬傳，1731～1815）自闡「天下文章」「出於桐城」〔註39〕，且甄輯《古文辭類纂》，於唐宋八大家之後，明錄歸有光，清錄方苞、劉大魁，目的在於顯明文統之緒，由桐城而之歸震川（字有光，1506～1571）而之韓（韓愈，768～824，字退之）、柳（柳宗元，字子厚，773～819）而辨之秦漢。章學誠生值桐城派如日中天之時，其古文之論所針尤以桐城派主張為的。

　　針對桐城派在文統闡述中所推崇之歸氏，章學誠對歸氏之文理與實踐不以為然：「以為先生之所以砥柱中流者，特以文從字順，不汩沒於流俗，而於古人所謂閎中肆外，言以聲其心之所得，則未之聞爾。」對歸氏評點《史記》用「五色標識，名為義例，不相混亂。若者為全篇結構，若者為逐段精彩，若者謂意度波瀾，若者謂精神氣魄，以例分類，便於拳服揣摩」之舉，章氏諷其「得力於從《史記》者，特其皮毛，而於古人深際，未之有見」〔註40〕。針對桐城派所宗之韓、歐等唐宋各大家，章氏也不無譏彈。他批評蘇軾（字子瞻，1037～1101）所謂「韓子文起八代之衰」只知其一，不知其二，針鋒相對提出「古文失傳亦始韓子」；批評韓愈不明經史之道，以為「韓子之學宗經而不宗史」，「未喻」「經之流變必入於史」〔註41〕之理，所以，「其敘事之文亦出辭章之善，而非有比事屬辭心知其意之遺法」〔註42〕；批評歐陽修雖「手修《唐書》與《五代史》，其實不脫學究《春秋》與《文選》史論習氣。而於《春秋》馬、班諸家相傳所謂比事屬辭宗旨，則概未所聞也。」〔註43〕八大家之文尚且如此，何況那些不如八大家的近世古文家呢？

　　章氏除了不待見桐城派所景仰所宗崇之古文大家外，對桐城派的古文之

〔註38〕　方苞：《古文約選序例》，見賈文昭編著《桐城派文論選》，北京：中華書局，2008 年，第 49 頁。

〔註39〕　《劉海峰先生八十壽序》，周中明選注《姚鼐文選》，蘇州：蘇州大學出版社，2001 年，第 55 頁。

〔註40〕　章學誠：《文理》，《章學誠遺書》，北京：文物出版社，1985 年，第 17 頁。

〔註41〕　章學誠：《與汪龍莊書》，《章學誠遺書》，北京：文物出版社，1985 年，第 82 頁。

〔註42〕　章學誠：《補遺·上朱大司馬論文》，《章學誠遺書》，北京：文物出版社，1985 年，第 612 頁。

〔註43〕　章學誠：《與汪龍莊書》，《章學誠遺書》，北京：文物出版社，1985 年，第 82 頁。

統緒闡述也不以爲然，因爲這不合於章氏自己的「古文」及其統緒見解。據他考察，「『古文』之目，始見司馬遷……古者稱字爲文，稱文爲辭；辭之美者可加以文，言語成章亦謂之辭；口耳竹帛，初無殊別。」又「文緣質而得名，古以時而殊號。自六代以前，辭有華樸，體有奇偶，統命爲文，無分古今。自制有科目之別，士有應舉之文，制必隨時，體須合格……『古文』之目，異於古所云矣。」〔註44〕按照章學誠的考察，司馬遷的「古文」之名「託於《尙書》，義取於科斗」，「六代以前」本來「無分古今」，是制有科目而有「古文」，然而是名也「異於古所云」。依章氏之見，「凡著述當稱文辭，不當稱古文；然以時文相形，不妨因時稱之。」〔註45〕而說到文之統緒，在他看來古文之統緒如若有之，當宗歸「六藝」、《春秋》《左》《史》、班、陳。他認爲：「六經皆史」，「盈天地間，凡涉著作之林，皆是史學……子集諸家，其源皆出於史。」〔註46〕且「古人之言……志期於道，言以明志」，「文與道爲一貫，言與事爲同條」〔註47〕所以，古史的傳統就是古文的統緒。「古人著述必以史學爲歸，蓋文辭以敘事爲難……古文必推敘事，敘事實出史學。其源本於《春秋》比事屬辭，《左》《史》、班、陳家學淵源，甚於漢廷經師之授受。」〔註48〕這樣看來，「桐城派」的所見重唐宋韓、歐不過近世儒者之「時文」模範而已。所謂「時文結習，深錮腸腑，進窺一切古書古文，皆時文見解」，「桐城派」的文統之緒論與編創努力，不過溝通「古文」與「時文」而已，《四庫全書總目》（卷一八九）對《唐宋八大家文鈔》的評價與章學誠在《文理》中對同爲「桐城派」所推崇之歸震川取《史記》之文五色標識以顯古文難喻之古文法度的評價大致是一致的〔註49〕。

「時文」作爲制藝之文被古今學者譏爲「三不足」之文：「其經不足爲經學」，「其史不足爲史學」（《四庫全書總目》，《御選唐宋文醇》），「其文不足爲文學」〔註50〕。其實，依章氏之見，「古文」還包括「近世之人」的「擬古

〔註44〕章學誠：《雜說下》，《章學誠遺書》，北京：文物出版社，1985年，第94頁。
〔註45〕章學誠：《雜說下》，《章學誠遺書》，北京：文物出版社，1985年，第94頁。
〔註46〕章學誠：《報孫淵如書》，《章學誠遺書》，北京：文物出版社，1985年，第86頁。
〔註47〕章學誠：《言公上》，《章學誠遺書》，北京：文物出版社，1985年，第29頁。
〔註48〕章學誠：《補遺‧上朱大司馬論文》，《章學誠遺書》，北京：文物出版社，1985年，第612頁。
〔註49〕章學誠：《文理》，《章學誠遺書》，北京：文物出版社，1985年，第17頁。
〔註50〕陳平原：《中國散文小説史》，北京：北京大學出版社，2010年，第167頁。

文」。「古文」與「時文」，前者是理想之文，後者是歷代士人的應景之制和晉升之階具，是現實之文，兩者的博弈表現爲以功利爲價值取向的時文不斷挑戰以順人倫、究天道因事求義的古文原則。理想和現實的矛盾總是存在的，於是彌合兩者之間的矛盾成爲桐城派諸公的努力目標之一，在戴名世、方苞以及姚鼐看來，時文因爲可通古文，因之亦可價值永垂〔註51〕。章氏主張「隨時撰述以究大道」，所以，並不反對「時文」，他以「古文」標題的《古文公式》與《古文十弊》所論其實都是針對近世之人作「時文」而模擬「古文」時存在的通弊有感而發的。《古文公式》論奏議之文的寫作原則，「第文辭可以點竄，而制度則必從時」。換言之，文章從古，制度從時，文章從古就是要明瞭「古文體制源流」，這是「初學入門」者「首當辨」的〔註52〕。而制度從時，即立制者當因時勢順人倫而循天道，這是周公立制之則。所以，這裡的「古文」實指官司之文。其《古文十弊》專門批判「近世」擬古行文者表現出的十個方面的「文人之通弊」〔註53〕。這種文人通弊一個總的特點就是在形式上模擬古文辭，在精神上背棄古人的行文之旨：要麼罔顧「時勢」、「時會」向心造文「不達時勢」，要麼「削足適履」、「井底天文」、「畫蛇添足」爲時造文。在章學誠看來，上述無論哪一種傾向都是背「信」棄「義」之舉。因爲它們都違背了古聖往賢立言的宗旨。

　　章氏指出「文人通弊」並非一時所成，而是經歷了一個發展累積過程的。他認爲「文章一道，自元以前，衰而且病，尚未亡也。明人初承宋、元之遺，粗存規矩，至嘉靖、隆慶之間……文幾絕矣。」〔註54〕「文幾絕矣」，其中原因，不同時代自有不同，但就砥柱中流之士個體來講，帶有普通性的困擾不外三項：生計、時業和時學。即以章氏自身而論，個人及家庭生計、科舉時業和考據時學都成爲他治學爲文時時遭遇的麻煩。

　　所以，科舉以「時文」取士，在強化士人某種特定的「文之教養」的同時，也背離了「文」的精神，形成了「古人學徵於文，而後人即文爲學」的局面，章學誠分析其成因說：「後世科舉取士，固欲征人之學，顧學得於心，

〔註51〕 見戴名世《答張氏二書生》、方苞《儲禮執文稿序》、姚鼐《陶山四書義序》。
〔註52〕 章學誠：《古文公式》，《章學誠遺書》，北京：文物出版社，1985 年，第 18頁。
〔註53〕 章學誠《古文十弊》指陳「古文十弊」依次爲：妄加雕飾、八面求圓、削足適履、私署頭銜、不達時勢、同里銘旌、畫蛇添足、優伶演劇、井底天文、誤學邯鄲。
〔註54〕 章學誠：《文理》，《章學誠遺書》，北京：文物出版社，1985 年，第 17 頁。

而無可顯明，乃以有所得而不能已於辭說者，咸使可觀於文，於是定爲制度，命爲題目，示之以趨向，繩之以法度，而天下於是靡然向風。漢之制策，唐之詩賦，宋、元經解，明人制義，皆是選也。第其始也，即文徵學，殆其究也，士子捨學而襲於文，利祿之途，習而忘返，父師之所以教，子弟之所以習，不復求古人之所謂有得而不能已於辭者而兢兢焉。惟以若何而合於時好，若何而合於程式，相與講習規勉，以爲習業固當如是。」〔註55〕他自陳雖志不在此，但在一個視舉業爲人生正途，捨此別無晉身之道的時代，「又不能不學」，「余不解爲舉業文藝，畏其困人，法律若牛毛然。」〔註56〕又說「家貧親老，勉爲浮薄時文，妄想干祿……牽以時文，迫以生徒課業。」〔註57〕而治學崇尚義理卻爲世人所譏。「吾之所爲，則舉世所不爲者也……故吾最爲一時通人所棄置而弗道。」〔註58〕章氏晚年總結自己一生：「三十年來，苦饑謀食，輒藉筆墨營生，往往爲人撰述傳志譜牒，輒歎寒女代人作嫁衣裳，而己身不獲一試時服。」〔註59〕又說：「閒思讀書劄記，貴在積久貫通，近復時作時輟嘗以二十一家義例不純，體要多舛，故欲遍察其中得失利病，約爲科律，作書數篇，討論筆削大旨，而聞見寥寥，邈然無成書之期。況又牽以時文，迫以生徒課業，未識竟得償志否也？」〔註60〕正是有此切身之苦痛，所以，章氏在衡論「古文」「時文」時，一方面堅守學術的原則，另一方面又持「恕」「敬」之心。他說：「時文當知法度，古文亦當知法度。時文法度顯而易，古文法度隱而難喻，能熟於古文，當自得之。」〔註61〕「凡爲古文辭者，必敬以恕。臨文必敬」，「論古必恕」：「主敬則心平而氣有所攝，自能變化從容以合度」；所謂恕者「論古必先設身」〔註62〕。前者論作文，後者論評文。

〔註55〕章學誠：《〈文學〉敘例》，《章學誠遺書》，北京：文物出版社，1985年，第205頁。

〔註56〕章學誠：《陳伯思別傳》，《章學誠遺書》，北京：文物出版社，1985年，第180頁。

〔註57〕章學誠：《與族孫汝楠論學書》，《章學誠遺書》，北京：文物出版社，1985年，第224頁。

〔註58〕章學誠：《家書二》，《章學誠遺書》，北京：文物出版社，1985年，第92頁。

〔註59〕章學誠：《與宗族論撰節愍公家傳書》，《章學誠遺書》，北京：文物出版社，第337頁。

〔註60〕章學誠：《與族孫汝楠論學書》，《章學誠遺書》，北京：文物出版社，第224頁。

〔註61〕章學誠：《文理》，《章學誠遺書》，北京：文物出版社，1985年，第17頁。

〔註62〕章學誠：《文德》，《章學誠遺書》，北京：文物出版社，1985年，第17頁。

誠然，如果以今天的眼光，從文的源流來看「古文」與「時文」的關係，不難發現「古文」是傳統的載體，「時文」是傳統的轉化，「古文」是理想的過去之文，「時文」是體現發展的現實之文，實事求是而論，科舉考試從科目到內容形式，並非僅限於古代聖賢，也包括了現實的問題，特別是策論一項。所以，古文與時文總是在博弈中調和，在調和中延續「文」的傳統。在科舉制度化之後，以「文」為重的選舉制度和文化，使得應舉的「時文」在「文」的傳承中起著舉足輕重的作用，成為文化傳承的重要紐帶。這是繼西漢建元五年（公元前 136 年）武帝設置「五經博士」之後，影響文傳的最重要的舉措。學問不僅通往權力，而且本身就是權力。「有文者，士之也，統治者之謂。無文者，庶之也，統治之對象是也，非人也。士人懷著要做有如孔孟般聖人的律己主義和能做聖人的樂觀主義態度孜孜不倦地鑽研儒學經典。」〔註 63〕在一個承平時代，士人捨此道焉能有他途？科舉是士人改變自己命運的唯一途徑。明清兩代，八股制藝是決定知識分子能否進入體制內的一道坎。章學誠為之苦惱過，應試七次方才獲得一個出身，儘管獲得這個出身之後，他棄之如弊履。戴震七次入闈，終未遂意，儘管後來成為乾嘉時代學術界一個代表人物，想必當時之痛，傷之何如。被毛澤東頌為睜眼看世界的先驅嚴復，當年不也是為伊消得人憔悴，衣帶漸寬終不得，一生慚疚。後來拜經學大師吳汝綸為師，研習「時文」之法，並自以為「時文之學」為士人之必修課。所以，「時文」非小學，研習「時文」，製作「時文」亦非小事，實為不可等閒視之事。即便是那些痛詆時文的文化大家，學術巨擘，不論他們後來做出什麼樣的成績，也不敢輕視斯事，也並非完全負面的評價。他們的態度更多的是負責任地探討「限制與超越」的論說。時文與士人、時文與國運、時文與民命之關係可謂大矣。章氏之論「時文」與論「古文」的價值標準、實事求是的態度和中肯的結論對於我們今天論古衡文都有借鑒意義。

四、學者之文與文士之文

古代中國有輕賤文士的傳統，揚雄本以辭賦名世，卻視為辭作賦為「雕蟲小技」，中年以後棄賦志於學；顏之推誨子「但成學士，自足為人」；劉知幾「幼喜詩賦」，壯年以後則「恥以文士得名，期以述者自命」。司馬光編《資

〔註63〕〔日〕三石善吉著、余項科譯：《傳統中國的內發性發展‧中文版序》，北京：中央編譯出版社，1999 年，第 13 頁。

治通鑑》竟不給文士一席之地〔註64〕。這種傳統沿延到清代，一度發展爲「文」與「學」的衝突。有學者指出：「清代文章的演變，不妨從『文』、『學』的會通與衝突這個特定角度來把握。」〔註65〕這樣一個論「文」角度的選擇，究其實亦不出章學誠論文之「求自得於學問，固爲文之根本；求無病於文章，亦爲學之發揮。」〔註66〕章氏以爲文章大要析分爲二，即「文人之文」與「著述之文」，且認爲「文人之文與著述之文不可同日而語也。」〔註67〕文人之文主於辭，著述之文主於學。又說：「文之與學，非二事也……學立而文以生……是文者，因學而不得已焉者也。是則古人學徵於文，而後人即文爲學，其意已大謬矣」〔註68〕，所以，「夫文非學不立，學非文不行，二者相須若左右手，自古難兼，則才固有以自限，而有所重者意亦有所忽也。」〔註69〕章學誠從史家的立場作文論文衡文，強調「立言之要，在於有物」，又說「學問爲立言之主」，「文章爲明道之具」〔註70〕。「學者有事於文辭，毋論辭之如何，其持之必有故而初非徒爲文具者」，「《易》曰修辭立其誠」，此之謂也。「文，虛器也；道，實指也」，「無其實而其文，即六藝之辭猶無所取，而況其他哉！」〔註71〕章氏平生最推崇司馬遷，因爲司馬遷既是史學家，又是文學家。魯迅譽《史記》「史家之絕唱，無韻之離騷」，可謂深契章氏同鄉之論。後世學者從史籍考察也可以獲例佐以闡述章氏之旨。「《史記》《漢書》所以不列《文苑傳》，是由於西漢一代沒有不學之文人，也沒有無文之學者。當時的學與文是統一的，發展是全面的。從東漢以下，文與學才開始分離，所以《後漢書》在《儒林傳》之外，還增設《文苑傳》，說明當時已有不學的文人了」〔註72〕。

　　章學誠晚年撰《浙東學術》，自我定位係黃宗羲所開創之浙東學派的後繼者，學術史家也以浙東史學殿軍視之。浙東學術「其所以卓也」「言性命者必

〔註64〕 張舜徽：《認庵學術講論集》，武漢：華中師範大學出版社，2008 年，第 85 頁。

〔註65〕 陳平原：《中國散文小說史》，北京：北京大學出版社，2010 年，第 158 頁。

〔註66〕 章學誠：《文理》，《章學誠遺書》，北京：文物出版社，1985 年，第 17 頁。

〔註67〕 章學誠：《答問》，《章學誠遺書》，北京：文物出版社，1985 年，第 50 頁。

〔註68〕 章學誠：《〈文學〉敘例》，《章學誠遺書》，北京：文物出版社，1985 年，第 205 頁。

〔註69〕 章學誠：《答沈楓墀論學》，《章學誠遺書》，北京：文物出版社，1985 年，第 85 頁。

〔註70〕 章學誠：《文理》，《章學誠遺書》，北京：文物出版社，1985 年，第 17 頁。

〔註71〕 章學誠：《言公中》，《章學誠遺書》，北京：文物出版社，1985 年，第 31 頁。

〔註72〕 張舜徽：《初庵學術講論集》，武漢：華中師範大學出版社，2004 年，第 3 頁。

究於史」〔註73〕，「以文而論之，則皆有史漢精神，包舉其內。」〔註74〕章氏認爲，史漢之文貴在「清眞」。「清眞」之「清」者，文章體制與義例之謂也；「清眞」之「眞」者，思想與文理之謂也。關於「清眞」章氏曾反覆闡論：「餘論文之要，必以清眞爲主。眞則不求文，求於爲文之旨，所謂言之有物，非苟爲文是也。清則主於文之氣體，所謂讀《易》如無書，讀《書》如無《詩》。一例之言，不可有所夾雜是也。」〔註75〕又說：「清之爲言不雜也，眞之爲言實有所得而著於言也；清則就文而論，眞則未論文而先言學問也。」〔註76〕又說：文章如果做到「清氣不雜」、「眞理無支」，那麼，又豈患「辭何至於不潔？」〔註77〕

　　章氏推崇史家之文，對於「文士之文」也並非一概反對，他只是反對「辭人點竄，略仿史刪」〔註78〕，文士作史傳之文，或以文士之文的方式而強行史傳之文。理由是「史筆與文士異趣：文士務去陳言，而史筆點竄塗改，全貴陶鑄群言，不可私矜一家機巧也。」〔註79〕「文士撰文，惟恐不自己出；史家之文，惟恐出之於己：其大本先不同矣。史體述而不造，史文而出於己，是爲言之無徵。無徵，且不信於後也。」〔註80〕他還說：「夫文章視諸政事而已矣」，然而，「令史案牘，文學之儒，不屑道也」〔註81〕，即如「歐、蘇文名最盛，然於史裁無所解也」〔註82〕，除了「於史裁無所解」，還在於「史文」

〔註73〕　章學誠：《浙東學術》，《章學誠遺書》，北京：文物出版社，1985 年，第 15頁。

〔註74〕　黃宗羲：《沈昭子耿岩草序》，《黃宗羲全集》第十冊，杭州：古籍出版社，2012年，第 59 頁。

〔註75〕　章學誠：《乙卯劄記》，《章學誠遺書》，北京：文物出版社，1985 年，第 377頁。

〔註76〕　章學誠：《信摭》，《章學誠遺書》，北京：文物出版社，1985 年，第 369 頁。

〔註77〕　章學誠：《與邵二雲》，《章學誠遺書》，北京：文物出版社，1985 年，第 81頁。

〔註78〕　章學誠：《言公下》，《章學誠遺書》，北京：文物出版社，1985 年，第 32 頁。

〔註79〕　章學誠：《跋〈湖北通志〉檢存稿》，《章學誠遺書》，北京：文物出版社，1985年，第 611 頁。

〔註80〕　章學誠：《與陳觀民工部論史學》，《章學誠遺書》，北京：文物出版社，1985年，第 125 頁。

〔註81〕　章學誠：《州縣請立志科議》，《章學誠遺書》，北京：文物出版社，1985 年，第 124 頁。

〔註82〕　章學誠：《家譜雜議》，《章學誠遺書》，北京：文物出版社，1985 年，第 237頁。

「不以文辭相矜私」,「又不可以憑虛而別構」〔註83〕,而「文士爲文,不知事之起訖,而以私意雕琢其間,往往文雖可觀而事則全非,或事本可觀而文乃不稱其事。」〔註84〕所以,「經世之業,不可以爲涉世之文。」〔註85〕「知此意者」,方「可以襲用成文而不必己出者矣」,「可以以我用文而不致以文役我者矣」,「可以同文異取,同取異用而不滯其迹者矣」,「可以不執一成之說矣」,「可以斟酌風尚而立言矣」,「可以拯弊而處中矣。」〔註86〕而文士作史之文「內不本於學問,外不關於世教,已失爲文之質。」〔註87〕而章氏認爲:「文生於質」〔註88〕,所以,文之何如當「視其質之如何而施吾文焉」〔註89〕,「離質言文,史事所以難言也。」〔註90〕需要說明的是,即使是從史家衡文的立場出發,章氏也沒有忘記提醒爲文者「言之不文,行之不遠,聚公私之記載,參百家之短長,不能自具心裁,而斤斤焉徒爲文案之孔目,何以使觀者興起而遽欲刊垂不朽耶!」即使爲「文」起見,也不能僅限於「聚公私之記載,參百家之短長」,不能「斤斤焉徒爲文案之孔目」,而要「自具心裁」,「以使觀者興起」,要有「刊垂不朽」的抱負〔註91〕。

總之,站在學者和史家的立場上觀文論文衡文,章氏都主張「文從學出」,針對文士之文,辭有餘而學識不足,情盛而義疏的情狀,他不僅發現了病理,而且還開出了「讀書服古」的藥方。他說:「夫學有天性焉,讀書服古之中,有入識最初而終身不可變易者是也。學又有至情焉,讀書服古之中,有欣慨會心而忽焉不知歌泣何從者是也。功力有餘而性情不足,未可謂學也。」〔註92〕「學」不僅要有「天性」之適,而且要有「至情」和「性情」修爲的景願。不然,很可能的是會造成相當於我們今之所說有知識沒有文

〔註83〕 章學誠:《點陋》,《章學誠遺書》,北京:文物出版社,1985年,第25頁。
〔註84〕 章學誠:《庚辛之間亡友列傳》,《章學誠遺書》,北京:文物出版社,1985年,第189頁。
〔註85〕 章學誠:《俗嫌》,《章學誠遺書》,北京:文物出版社,1985年,第26頁。
〔註86〕 章學誠:《說林》,《章學誠遺書》,北京:文物出版社,1985年,第33頁。
〔註87〕 章學誠:《俗嫌》,《章學誠遺書》,北京:文物出版社,1985年,第26頁。
〔註88〕 章學誠:《砭俗》,《章學誠遺書》,北京:文物出版社,1985年,第27頁。
〔註89〕 章學誠:《砭俗》,《章學誠遺書》,北京:文物出版社,1985年,第28頁。
〔註90〕 章學誠:《州縣請立志科議》,《章學誠遺書》,北京:文物出版社,1985年,第124頁。
〔註91〕 章學誠:《〈和州志·列傳〉總論》,《章學誠遺書》,北京:文物出版社,1985年,第563頁。
〔註92〕 章學誠:《博約中》,《章學誠遺書》,北京:文物出版社,1985年,第14頁。

化，有技術沒有教養，有學歷而沒能力的情形。「學」不能做到「入乎耳，著乎心，布乎四體，形乎動靜」，就沒有轉化爲「養」——士所必備之學養、教養，於「情」和「性」都沒有助益。章學誠不僅爲士人「學文」懸設了一個目標，而且爲實現這樣的目標，提供了具體可行的路徑。他說：「學文之要，在乎養氣，養氣之功，不外集義，中有所主而不能暢然於手與心，則博稽廣覽，多識前言所行，使義理充積於中，然後發而爲文，浩乎其沛然矣。」〔註93〕如何養氣呢？他說：「讀書廣識，乃使義理充積於中，久之又久，使其胸次自有倫類，則心有主，心有主，則筆之於書，乃如火泉達之不可已，此古人之所爲養氣也。」〔註94〕「養氣之功，在於集義，讀書服古，時有會心，方臆測而未及爲文件，即箚記所見，以存於錄，日有所積，月有彙焉，久之又久，充滿流動，然後發爲文辭，浩乎沛然，將有不自識所以者矣。」〔註95〕

　　章學誠不僅是古代中國少有的史學理論大家，而且是深知「文章流別」的文論大家。其治學眼光的卓特之處在於博通守約，所以講史學卻非全然站在史學立場上來講史學，論文也並不是站在單純文的立場上來就文論文，而是站在一個更大的學術立場——文化的立場來觀照文的生成、發展與演變。他的文論思想也將這種卓特之處表現得淋漓盡致，他以一種學術史的眼光來考鏡「文」之源流，又以超越單純學術史的視野，將「文」的生成、發展與演變投射在中華文化發生與發展的大背景上來進行考察，闡述「文「的本質精神與表現形式，以及在發展過程中遭遇的曲折和呈現的衍生狀態，在致力於捍衛「文」之傳統的同時又以開放的胸懷致力於開闢「文」的新章。這樣的學術眼光、學術胸懷、學術見識和學術勇氣不僅啓發我們從更高的學術思想視界來認識章學誠「文史通義」之「文」，而且爲我們認識中華文化傳統的傳承與創新之途開啓了新的視點。這一新的視點啓示我們：傳統中國的「文」作爲一種精神的體現，一方面是受自然（「道」）支配的，另一方面，這種人化了的精神體現（「文」）又必須回到自然（「道」）。「文」在保持、鞏固和豐

〔註93〕章學誠：《答陳鑑亭》，倉修良編注《文史通義新編新注》，浙江古籍出版社，2005年，第720頁。

〔註94〕章學誠：《徐尚之古文跋》，《章學誠遺書》，北京：文物出版社，1985年，第324頁。

〔註95〕章學誠：《跋香泉讀書記》，《章學誠遺書》，北京：文物出版社，1985年，第322頁。

富人們生產、生活和思維實踐成果的同時，也有可能固化、簡化、教條化
「文」的傳統。正確處理好「文」的傳承性與開放性也是「究天人之際，通
古今之變」的重要內容。順著章學誠爲我們考辨的文統之緒，則不難發現
「周文」在奠定「文」的精神的時候，既爲後來奠定了作爲人的主體精神必
須遵循的原則，「六經」就是這樣的原則之體現，同時它也昭示了現實的、實
踐的意義總是決定事物發展主導因素的思想，「文」的生命力不僅在於它是因
運而生的，同時它也應應時而撰，章氏正是以這樣的眼光來透視「戰國之文」
的產生和發展的，肯定它在傳承「文」的精神過程中，雖各述其道而分條五
經，然亦不失學。而儒學在制度化的保障下強勢復興之日，亦即戰國諸子之
文被邊緣化之時，「文」的精神和知識分子「文」的教養由是也開始走上了片
面化發展的歧途。科舉的以文取士，在某種意義上開創文官制度的同時，也
開啓了形式主義、教條主義、官僚主義之漸。由於「文」成爲權力合法性取
得的主要的途徑，所以，對於「文」的形式的鑽研和內容要求的猜測成爲一
個國家知識分子人生全部，作文之人的主體精神、獨立意識、創新訴求遭遇
到難以逾越的體制障礙，「古文」與「時文」的博弈與調和的結果出現了如下
的悖謬：桐城派雖稱「周末諸子精深宏博」，然而其《古文約選》一如《文選》
於「老、莊之作、管、孟之流」「概弗採用」。而文士之文以文而文，非學而
文，非思想而文，成爲主張文主於學、主於智之士批判靶子。文當主於智，
還是當主於情，也由不同學術主體理論預設和學科規範的形而下之爭而上升
爲人的主體性與這個世界如何發生關係、發生怎樣的關係、產生何種結果的
價值之爭。而章學誠之眞正的政治家和學問家都應該通過自覺地探索「文」
「道」轉換的潛規玄律，順人倫以盡天道，有抱負的學士與文士應當將「文
史通義」視爲自己眞正的使命的文論思想也同他的學術思想一樣具有鮮明的
經世特點。

第二節　《文史通義》之「史義」論

　　章學誠生乎乾嘉間，然而其史學之不類於乾嘉史學者，乾嘉治史者唯考
據是務，章氏以爲治史當以史義爲貴，此其卓也。是以，有學者名章氏史學
爲「尚意史學」〔註96〕。綜考章氏「史義」說，其精深透闢者如是：闡揚事、

〔註96〕廖曉晴：《史林巨匠：章學誠與史著》，瀋陽：遼海出版社，1997年，第156
　　～161頁。

文、義在史學中之功能，事爲史具、文爲史憑，而義乃史宗；辨議「史法」「史識」與「史義」，自異前賢，鑄創新論；析別史學之異於史纂、史考、史例、史選及史評者賴其具「義」；闡釋「史義」爲「史學經世」的種種具體表現；高倡「史德」，議立《史官傳》期以從業德和業功兩個方面來確保史家昌明「史義」。這是搏籌傳統經驗進而鑄成系統理論的史學理論建構。

一、「史事」「史文」與「史義」議

　　「史事」「史文」與「史義」乃史學三元，其中關係猶事之表裏。一般史家囿於認識事物乃由表而及裏、由形而及神、由實而及虛、由簡而及繁諸多陳窠。崇「史事」之考索，重「史文」之經營，而不知「史義」乃史學之魂。章學誠標榜史義，以爲「史所貴者，義也；而所具者，事也；所憑者，文也。」〔註97〕又說：「國史方志，皆《春秋》之流別也。譬之人身，事者其骨，文者其膚，義者其精神者也。」〔註98〕還說：「載筆之士，有志《春秋》之業，固將惟義之求，其事與文，所以藉爲存義之資也。」〔註99〕求「義」乃「史氏之宗旨也」是章氏不厭其煩，反覆申明的。他說：

　　　　志者，志也。其事、其文之外，必有義焉，史家著作之微旨也。〔註100〕

　　　　作史貴知其意，非同於掌故，僅求事、文之末也。……苟足取其義而明其志，而事次文篇，未嘗分居立言之功也。〔註101〕

　　又說：

　　　　譬之人身，事者其骨，文者其膚，義者其精神也。斷之以義，而書始成家，而後有典有法，可誦可識，乃能傳世而行遠。〔註102〕

　　一言以蔽：

　　　　史所貴者，義也；而所具者，事也；所憑者，文也。〔註103〕

〔註97〕章學誠：《史德》，《章學誠遺書》，北京：文物出版社，1985年，第40頁。
〔註98〕章學誠：《方志立三書議》，《章學誠遺書》，北京：文物出版社，1985年，第123頁。
〔註99〕章學誠：《言公上》，《章學誠遺書》，北京：文物出版社，1985年，第29頁。
〔註100〕章學誠：《爲張吉甫司馬撰大名縣志序》，《章學誠遺書》，北京：文物出版社，1985年，第129頁。
〔註101〕章學誠：《言公上》，《章學誠遺書》，北京：文物出版社，1985年，第29頁。
〔註102〕章學誠：《方志立三書議》，《章學誠遺書》，北京：文物出版社，1985年，第123頁。
〔註103〕章學誠：《史德》，《章學誠遺書》，北京：文物出版社，1985年，第40頁。

這種對「史事」、「史文」與「史義」關係的闡述，不只是對以孔子爲代表的「古代」史家在修學治史過程中關注「史義」的一般性總結，而是對於傳統史學精神的深入闡揚和理論昇華。

他說：「孔子作《春秋》，蓋曰其事則齊恒、晉文，其文則史，其義則孔子自謂有取乎爾。夫事，即後世考據家之所尙也；文，即後世詞章家之所重也。然夫子所取，不在彼而在此，則史家著述之道，豈可不求義意所歸乎！」〔註104〕從語義學的角度來說，「意」和「義」是存在意義差別的。一般而言，「意」是事物客觀存在的理具，是歷史眞實的情形和狀態，而「義」是被賦予的客觀存在，是主體對客觀的認識，是史家對眞實歷史「別識獨裁」的追求。在章氏的反覆強調和闡釋中，沒有對「史意」和「史義」作嚴格的分辨，兩個語詞是作爲同一概念混用的。有的時候用「意」，有的時候用「義」，甚至在同一篇章中，兩詞並用。學者咸以爲章氏於「意」與「義」通用，並無歧說。他說：

> 志者，志也，其事其文之外，蓋有義焉，史家著作之微旨也。以夫子義則竊取之旨觀之，固將綱紀天人，推明大道，所以通古今之變而成一家之言者」，「史家著述之道，豈可不求義意所歸乎？〔註105〕
>
> 作史貴知其意，非同於掌故，僅求事文之末。〔註106〕
>
> 史所貴者義也。〔註107〕
>
> 夫子之作《春秋》……蓋其義寓於其事其文。〔註108〕
>
> 載筆之士，有志《春秋》之業，固將惟義求之，其事與文，所以藉爲存義之資也。〔註109〕
>
> 史之爲道也，文士雅言，與胥吏簿牘，皆不可用。然捨是二者，則無以爲史矣。孟子曰：其事、其文、其義，《春秋》之所取也。即簿牘之事，而潤以爾雅之文，而斷之以義，國史、方志，皆《春秋》之流別也。譬之人身，事者其骨，文者其膚，義者其精神也。斷之

〔註104〕章學誠：《申鄭》，《章學誠遺書》，北京：文物出版社，1985年，第37頁。
〔註105〕章學誠：《答客問上》，《章學誠遺書》，北京：文物出版社，1985年，第37頁。
〔註106〕章學誠：《言公上》，《章學誠遺書》，北京：文物出版社，1985年，第29頁。
〔註107〕章學誠：《史德》，《章學誠遺書》，北京：文物出版社，1985年，第40頁。
〔註108〕章學誠：《經解下》，《章學誠遺書》，北京：文物出版社，1985年，第9頁。
〔註109〕章學誠：《言公上》，《章學誠遺書》，北京：文物出版社，1985年，第29頁。

以義，而書始成家，書必成家，而後有典有法，可誦可識，乃能傳

世而行遠。〔註110〕

　　章氏所論「史義」不惟上述區區，從時域上來說，貫穿他對史學問題思辨的始終，從場域而言，橫越其史義專論、同儕通信、義例說明、史評史論等文字間。他自述其「文史」之論，就是爲了「通義」，其「校讎」之議，也是爲了「通義」，其諸多縣志、府志和省志等方志之著，是爲了樹史之義例。他卑論王充（字仲任，27～約 97 年）〔註111〕，俯視劉知幾（字子玄，661～721 年）〔註112〕傲視同儕〔註113〕，實事求是而言，非人擅己者少，而學理爭鳴者多。章氏對古今史家論衡的一個重要標準就是「史義」。他反覆強調自著《文史通義》的目的就是爲了申明「史義」〔註114〕。所謂「鄭樵有史識而未有史學，曾鞏具史學而不具史法，劉知幾得史法而且不得史意，此予《文史通義》所爲作也」〔註115〕，以及「近日學者風氣，徵實太多，發揮太少，如有桑蠶食葉，而不能抽絲」〔註116〕，皆此之論也。

二、「史法」「史識」與「史義」辨

　　任何創新，包括理論上的創新，都不可能是無本之源的，相反總是在總結前人基礎上的進步，這種總結前人基礎上的進步，表現在學理上，常常是對前人的成果進行反思，通過判斷、比較、質疑與批判，來建構屬於自己的理論的。章氏「史義」說的產生，也無異於常例之外，也是站在前人基礎上鑄創的新論。

　　他認爲自唐代館閣官修始，古史廢絕矣。

　　　　獲麟而後，遷、固極著作之能，向、歆盡條別之理，史家所謂

　　規矩方圓之至也。魏晉、六朝，時得時失，至唐而史學絕矣。

　　然而，

〔註110〕章學誠：《方志立三書議》，《章學誠遺書》，北京：文物出版社，1985 年，第123 頁。

〔註111〕章學誠：《家書二》，《章學誠遺書》，北京：文物出版社，1985 年，第 92 頁。

〔註112〕章學誠：《史德》，《章學誠遺書》，北京：文物出版社，1985 年，第 40 頁。

〔註113〕章學誠：《朱陸》，《章學誠遺書》，北京：文物出版社，1985 年，第 15 頁。

〔註114〕參見本書《〈文史通義〉宗旨辨》《〈文史通義〉宗旨論》。

〔註115〕章學誠：《和州志‧志隅自敘》，《章學誠遺書》，北京：文物出版社，1985 年，第 552 頁。

〔註116〕章學誠：《與江龍莊書》，《章學誠遺書》，北京：文物出版社，1985 年，第 82 頁。

> 劉知幾、曾鞏、鄭樵皆良史才，生史學廢絕之後，能推古人大
> 體，非六朝、唐、宋諸儒所能測識，餘子則有似於史而非史，有似
> 於學而非學爾。然鄭樵有史識而未有史學，曾鞏具史學而不具史法，
> 劉知幾得史法而不得史意，此予《文史通義》所為也。〔註117〕

劉知幾、曾鞏、鄭樵諸良史雖然能在古史絕廢之後猶能推闡古人之大體，已屬不易，然而，在章氏看來，亦不過分別在史識、史法各有闡揚，而未能關注古人大體之「史意」，不能不說是他們的遺憾。他說：

> 孔子作《春秋》，蓋曰其事則齊桓、晉文，其文則史，其義則孔
> 子自謂有取乎爾。夫事即後世考據家之所尚也，文即後世詞章家之
> 所重也，然夫子所取，不在彼而在此，則史家著述之道，豈可不求
> 義所歸乎？〔註118〕

孔子重視「史義」勝過「事」和「文」，關於這一點孟子早已有論，史遷通過其煌煌巨著也早已垂範。然而，後之史家除廬陵（歐陽修）、晦庵（朱熹）偶提外，餘皆默默。所以，章氏方自認為闡發「史義」是一件發凡起例的大事。在他青年時代於史學理論略有思考，稍露頭角的時候，人以劉知幾譽之。他非且不以為譽，反而認為論者不知他與劉氏在史學見識上真正的分別。他說：

> 吾於史學，蓋有天授，自信發凡起例，多為後世開山，而人乃
> 擬吾於劉知幾。不知劉言史法，吾言史意；劉議館局纂修，吾議一
> 家著述，截然兩途，不相入也。〔註119〕

此說並非認為史法不重要，而是可以理解為劉知幾已經於此有過系統而精深之創，《史通》在中國史學批評史上已然矗立，蔚然高峰。而後來的學者要創建新的史學理論，當不可因襲前賢，所以章氏強調的是自己和劉氏史學理論的殊別，而非兩者的差別。

章氏特別強調史意（義）的原因除了歷來史家多有忽怠外，更在於乾嘉時期考據作為時學過盛，已經走入歧途，錯置修學治史之手段為目的。嚴重脫離了社會政治、民生和人常人倫之大義，而津津樂於「飣餖」「補苴」。章氏說：「史學所以經世，固非空言著述也。且如六經，同出於孔子，先儒以為

〔註117〕章學誠：《和州志·志隅自敘》，《章學誠遺書》，北京：文物出版社，1985年，第552頁。

〔註118〕章學誠：《申鄭》，《章學誠遺書》，北京：文物出版社，1985年，第37頁。

〔註119〕章學誠：《家書三》，《章學誠遺書》，北京：文物出版社，1985年，第92頁。

其功莫大於《春秋》，正以切合當時人事耳。後之言著述者，捨今而求古，舍人事而言性天，則吾不得而知之矣。學者不知斯義，不足言史學也。」〔註120〕他認爲，考據固然重要，但獨斷之學更爲重要，考史不能代替獨斷之學，因爲前者是史學的基本問題，後者才是關係史之宗旨的根本問題。前後存在手段與目的的關係。正所謂：

> 高明者多獨斷之學，沉潛者尚考索之功，天下學術，不能不具
> 兩途。譬猶日晝而月夜，暑夏而寒冬，以之推代而歲功，則有相需
> 之益；以之自封而立畛域，則有兩傷之弊。〔註121〕

章氏對不同學術類型之間的輔承關係的認識可謂綱舉目張，較之同時代之獨擅考據而視義理爲空疏之學的學術思想更貼近學術的本質。實屬中公之論。

章氏重闡史意的學術背景，那就是考據時學既賴朝廷獎掖，又依學人唱和，蔚爲大觀。章氏提倡有補前學之失，又糾時學之偏。既申古人之旨，又曉學術之義。

> 義者，《春秋》凡例。〔註122〕

金毓黻說：「《史記》所謂制義法，後人或談史法，或明史義與史意，皆即今人所謂史學也。」並且認爲「孔子之前，典籍守於史官，大事書之於策，小事記之於簡牘，只可謂爲記載之法，而不得謂之有史學」，而史法與史意之殊別在於史法「所謂繫日月以爲次，列時歲以相續」，史意「所謂微而顯，志而晦，婉而成章，盡而不污，懲惡而勸善」，這一思想正是金氏比較劉知幾和章學誠學術思想比較之後所得，也是對章氏劉氏言史法，而不得史意，而吾言史義之說的確證。〔註123〕

三、史學之貴在「史義」

何謂史學之「義」？六經所存之「道」與《春秋》「筆削」之「義」是也。

〔註120〕章學誠：《浙東學術》，《章學誠遺書》，北京：文物出版社，1985 年，第 15頁。

〔註121〕章學誠：《答客問中》，《章學誠遺書》，北京：文物出版社，1985 年，第 38頁。

〔註122〕章太炎：《檢論》，《〈春秋〉故言》：「義者，《春秋》凡例，掌在史官，而仲尼以退史私受其法，似若盜取，又亦疑於侵官。」此爲章太炎釋《孟子‧離婁下》之〈《春秋》〉「其事齊桓、晉文，其文則史，其義則夫子竊取之也」之「其義則夫子竊取之」時所謂，第 54 頁。

〔註123〕金毓黻：《中國史學史》，石家莊：河北教育出版社，2002 年，第 38、53 頁。

史學所以別於史纂、史考、史例及史評者，賴其「義」者也。

章氏以爲：「六經皆史」，六經乃先王之政典，聖人取以垂訓者，後世載筆之士藉以求義之資也。而「世士以博稽言史，則史考也；以文筆言史，則史選也；以故實言史，則史纂也；以議論言史，則史評也；以體裁言史，則史例也。」〔註124〕史考、史選、史纂、史評和史例都不是史學，「史所貴者義也」〔註125〕，必須「別出心裁」，「成一家之言」，「切日常人倫」，「推明」能夠「綱紀天人」的「大道」，就像「古人」那樣，「古人不著述，古人未嘗離事而言理，六經皆先王之政典也」〔註126〕，「以先王政教典章綱維天下」。

按照這樣的標準來衡準唐宋以來的史著，無一可以稱得上史學者。章氏評論說：「唐、宋至今，積學之士，不過史纂、史考、史例；能文之士，不過史選、史評；古人所謂史學，則未之聞矣。」〔註127〕章氏認爲：古人史學本乎《春秋》，《春秋》之義，昭乎筆削。他說：

> 史之大原本乎《春秋》；《春秋》之義昭乎筆削。筆削之義，不僅事具始末、文成規矩已也；以夫子『義則竊取』之旨觀之，固將綱紀天人，推明大道，所以通古今之變而成一家之言者，必有詳人之所略，異人之所同，重人之所輕，而忽人之所謹，繩墨之所不可得而拘，類例之所不可得而泥，而後微茫杪忽之際，有以獨斷於一心。及其書之成也，自然可以參（天）地而質鬼神，契前修而俟後聖。此家學之所以可貴也。〔註128〕

「筆削之意」，「不僅……已也……固……」的論述邏輯，將史家之「筆削」由一般以爲的擇詞用語而顯微言大義的筆削之術，已經擴大到治史的全部領域，史家撰述活動的一切，無論是詳略、異同、輕重、忽謹之慮，還是繩墨、義例之求，都必須以史家「獨斷於一心」的「史義」爲務，或者反過

〔註124〕章學誠：《〈亳州志・掌故〉例議》中，《章學誠遺書》，北京：文物出版社，1985年，第136頁。

〔註125〕章學誠：《〈亳州志・掌故〉例議》中，《章學誠遺書》，北京：文物出版社，1985年，第136頁。

〔註126〕章學誠：《易教》上，《章學誠遺書》，北京：文物出版社，1985年，第1頁。

〔註127〕章學誠：《上朱大司馬論文》，《章學誠遺書》，北京：文物出版社，1985年，第612頁。

〔註128〕章學誠：《答客問》上，《章學誠遺書》，北京：文物出版社，1985年，第38頁。

來說，「史義」是綜統這一切的靈魂。只有在「史義」統率下的史撰、史述、史修、史著，方可以「參（天）地而質鬼神，契前修而俟後聖」。白壽彝說：「章學誠的書取名《文史通義》表明他研究的對象不是史事，而是史文之義。這就是說，他通過史文的研究而達到知義的目的。用現在的話來說，他的研究不在於歷史本身，而在於史學。」〔註129〕史學的全部意義就在於求義。

四、「史義」在「史學經世」中的表現

強調「史學經世」是章氏不同於同時代史家最顯著的特徵之一，然而，史學如何經世呢？章氏以爲史學之於世務貴在能「相弊而求其偏」。如何「相弊」，又如何「救偏」，要在推闡「史義」而明「大道」。他說：「立言亦期有補於世，否則古人著述已厭其多，豈容更益簡編制，撐床疊架爲哉？」〔註130〕又說：「人生不饑，則五穀可以不藝也；天下無疾，則藥石可以不聚也。學問所以經世，而文章期於明道，非爲士人樹名地也。」

至於如何推闡「史義」，章氏總結歷代「良史」所爲，也有一套較爲完整的理論。以爲堅守「史德」，注重古代「政典制度」，「詳近略遠」和「史論結合」，「筆削」等乃其大端。

第一，筆削。通過「筆削」來體現「史義」是傳統史學的精髓之一。此法在歷來史評中皆歸功於孔子刪《春秋》，所以，又稱爲「春秋之法」或「春秋之義」。章學誠特別推崇這種體現「史義的方法」，通過比較構成史學諸多元素的方式來加以突出。

第二，史論結合，是史義最集中最直接的表達形式。古代史論結合的語用形式豐富多彩，自《左傳》「君子曰」、《史記》「太史公曰」之後，贊、論、序、詮、評、議、述、譔、奏等等，不一而足，此外尚有史官自顯其名，自列所號者。然「其名萬殊，其義一揆。必取便於時者，則總歸論贊焉。」〔註131〕除了這些顯性的表達史家思想的史體史例之外，章學誠認爲像《太史公自敘》這樣的文字更是集中表現史家史義的帶有總論性質的史論。他說：「太史敘例之作，其自注之權輿乎？明述作之本旨，見去取之從來，已似恐後人不知其所云而特筆以標之，所謂『不離古文』及『考信六藝』云云者，皆百

〔註129〕白壽彝：《說六通》，《史學史研究》，1983年第4期。

〔註130〕章學誠：《與史餘村》，《章學誠遺書》，北京：文物出版社，1985年，第643頁。

〔註131〕劉知幾：《史通·論贊》。

三十篇宗旨，或殿卷末，或冠篇端，未嘗不反覆自明也。」〔註132〕這說明章氏對於史撰中表達史義形式的關注更客觀、更本質。

第三，詳近略遠，直面社會現實問題。章氏以爲此乃中國史學的優良傳統。他說：「史家詳近略遠，自古以然。即如《左傳》一書，莊閔以前與僖文而後，不可一概爲例；涑水庭身生宋世，其所閱涉，自詳於唐而略於漢、魏以上，亦其理也。」〔註133〕「歷觀前史記載，每詳近而略於遠事，劉知幾所謂班書倍增於馬，勢使然也。」是以，「史部之書，詳近略遠，諸家類然……太史公書詳於漢制，其述虞、夏、商、周，顯與《六藝》背者亦頗有之，然《六藝》具在，人可憑證史遷之失，則遷書雖誤，猶無傷也。秦楚之際，下逮天漢，百餘年間，人將一惟遷書是憑，遷於此而不詳，後世何由考其事邪？」〔註134〕章氏所論我們只需從史書所記年代跨度與記載各個年代卷冊分配比例這一基本的事實，就可以獲證。司馬遷的《史記》從傳說中的黃帝一直到其生乎其間的武帝。然而，夏（約前2070～前1600年）、商（約前1600～前1046年）、周（約前1046～前256年）三代各居時數百年，凡1814年，每代各成1卷，僅3卷而已，至於秦代則不僅有《秦本紀》，而且有《始皇本紀》，至於漢代，自高祖至於武帝每位皇帝各自一紀，武帝尚有《今上本紀》。在十表中，三代存《世表》十二諸侯存《年表》，秦楚之際則存《月表》。《史記》全書凡130篇，僅專記漢代的就有62篇，百餘年歷史記載的總量遠遠超過了過去幾個世代。於此班固論贊道：「司馬遷據《左傳》《國語》，採《世本》《戰國策》，述《楚漢春秋》，接其後，訖於天漢，其言秦漢，詳矣。」〔註135〕這種「自古以然」的傳統，經司馬遷傳承，深深影響了後世史家，特別是鴻篇巨製的通史長卷。以司馬光之《資治通鑑》爲例，全書記載，上起周威烈王二十三年（前403年），下訖五代後周世宗顯德六年（959年），時跨1362年，歷16朝，凡294卷。而戰國秦漢622年，凡68卷，僅占全書23%；魏晉南北朝369年，凡108卷，約占全書37%；隋唐五代371年，凡118卷，約占全書40%。史家越是關注近現代之事，越需要膽識和勇

〔註132〕章學誠：《史注》，《章學誠遺書》，北京：文物出版社，1985年，第42頁。

〔註133〕章學誠：《爲畢制軍與錢辛楣宮詹論續鑒書》，《章學誠遺書》，北京：文物出版社，1985年，第79～80頁。

〔註134〕章學誠：《記與戴東原論修志》，《章學誠遺書》，北京：文物出版社，1985年，第128頁。

〔註135〕《漢書·司馬遷傳》。

氣，越需要有正確的史觀，越能顯示其史義之拙卓，所以，詳近略遠，不僅是一種書寫策略，而且是史家才、識、學、德最集中的體現。

第四，傳信存疑，既是史家對待歷史的態度，也是傳達史義的一種方式。所謂傳信存疑，即史家對於並不十分不清楚的歷史事實，抱著寧可存疑，留待後人，也不草率下結論的審慎態度。孔子之「君子於其所不知，蓋闕如也」〔註136〕「多聞闕如，慎言其餘」〔註137〕和「知之為知之，不知為不知，是知也」〔註138〕以及「文獻不足」則不徵，「足，則吾能征之」〔註139〕的「實錄」精神足為後世良史楷模，也奠定了「傳信存疑」的傳統。章學誠不僅在其方志撰述實踐中設立《闕訪列傳》，而且在其編修的《和州志》和《永清縣志》中作有《和州志闕訪列傳序例》和《永清縣志闕訪列傳序例》。

第五，注重古今政典和制度。章學誠反覆申明古人「未嘗離事言理」，「君子苟有志於學，則必求當代典章以切合人倫日用，必求官司掌而通於經術精微，則學為實事而文非空言，所謂有體必有用也。」〔註140〕雖說無論古代還是當代的政典制度，於「史義」之求而言，皆「器」而非「道」，但皮之不存，毛將焉附，沒有「器」，「道」就無以附麗。並且對於典章制度的關注不是為了因襲，而是為了考求政典和制度產生的「所以然」。

五、倡「史德」、立《史官傳》昌明「史義」

章氏以為，史家在著述實踐中要實現「史義」，除了具備必要的史撰專業素養外，還必須具備「史德」修養。修「史德」乃明「史義」之前提和保證。他認為「史德」是史家治史不失「史義」的前提和保證。他說：「記誦以為學也，辭采以為才也，擊斷以為識也，非良史之才、學、識也。雖劉氏之所謂才、學、識，猶未足以盡其理也。」〔註141〕在章氏看來，記誦之學、辭采之才、擊斷之識非所謂良史之才、學、識也，不僅如此，即使是劉知幾所論史家之才、學、識，也還未能「盡其理」——尚未完全達到「史義」的要求，

〔註136〕《論語・為政》。
〔註137〕《論語・為政》。
〔註138〕《論語・八佾》。
〔註139〕章學誠：《史釋》，《章學誠遺書》，北京：文物出版社，1985年，第41頁。
〔註140〕章學誠：《史釋》，《章學誠遺書》，北京：文物出版社，1985年，第41頁。
〔註141〕章學誠：《史德》，《章學誠遺書》，北京：文物出版社，1985年，第40頁。

還必須以「史德」作爲前提和保證。「史德者何？謂著書者之心術也」〔註142〕，爲什麼心術不具或心術不正就無以致「史義」呢？因爲「史之義出於天，而史之文，不能不藉人力以求之。人有陰陽之患，而史文忤大道之公，其所感召者微也。」〔註143〕所以，「蓋欲爲良史者，當慎辨於天人之際，盡其天不益以人，雖未能至，苟允知之，亦足以稱著述者之心術矣。而文史之儒，競言才、學、識，而不知辨心術以議史德，嗚呼可哉？」〔註144〕「文史之儒」之所以不得爲良史，並不是他們不具學、才、識，而是因爲他們只言學、才、識，而不具史德，其所著「史文忤大道之公」，所以，「其所感召者也微」。在章氏看來，史德之不修者，其史學無乃「文辭之末者」，而史學之大義「難與溺文辭之末者言也。」此外，保證史家「史德」修養的自覺性，增立《史官傳》設想是章氏的又一創造性的貢獻。他說：「墳籍具存，而作者之旨，不可不辨也。古者史官各有成法，辭文旨遠，存乎其人。孟子所謂其文則史，孔子以謂義則竊取，明乎史官法度不可易，而義意爲聖人所獨裁。」正因爲「史官各有成法，辭文旨遠，存乎其人」，所以要在史書中立《史官傳》以進一步昌明「史義」。如果史爲史官立傳，「則《春秋》經世，雖謂至今存焉可也」，反之，「乃使《春秋》家學，塞絕梯航，史氏師傳，茫如河漢」。由此可見，章氏倡立《史官傳》用心良苦，一傳之立，一石三鳥：既可提高史官地位，要以史官道德，助使珍惜名節；也可以爲後世史家考察史學流派，研究其發生發展，相生相抗，互補互助提供憑藉；更有助激勵史家繼承和發揚由孔子所奠定的注重史義的史家精神和史學傳統。

是以，章氏「史義」論對史學的貢獻，不僅是通過系統的學術梳理，明確了「古代」史學尙「義」的傳統，而且通過概念辨析、學理闡述，確立了「史義」在史學中的核心的地位；陳析了史家實現「史義」的具體形式，還通過史家道德修養和史例創設的史學理論和制度建設，來確保史學對「史義」的追求，不只是那些具有獨斷專識的中家自發的著撰行爲，而應該成爲所有史家普遍的自覺的追求。

〔註142〕章學誠：《史德》，《章學誠遺書》，北京：文物出版社，1985 年，第 40 頁。
〔註143〕章學誠：《史德》，《章學誠遺書》，北京：文物出版社，1985 年，第 40 頁。
〔註144〕章學誠：《史德》，《章學誠遺書》，北京：文物出版社，1985 年，第 40 頁。

第三章　「六經皆史」新論

第一節　古代聖學的終結

　　章學誠復倡重闡「六經皆史」論，在經學方面的意義在於，通過詳考「六經」之源，以去「六經」之魅；明辨載道之器與載道之書，解構「六經」教條化之理術；強調學貴「知類」，「一以貫之」，批評儒者各偏所能「私心據之」「以相病」；辯證「一代之實錄」與「萬世之常法」經史同異觀，去經聖學之僞，復經學經世之眞。其於史學的意義在於，考辨舊史，詮釋史學，發新史學思想之微；執兩論中，學以求道，爲後之學人據學議政、學以資政樹立了榜樣；章氏在利用傳統「六經皆史」展開自己學術思想，建立自己學術權威的同時，其思想結構和概念工具也被後來的學者充分利用；其神圓方智之史學思想與世界近現代眾多史學思想家之思想多有契合，使其具有了世界範圍內的普適意義。正是這些特徵使其「六經皆史」論具有中國近現代歷史思想的發軔之功。

　　關於章學誠「六經皆史」論的學術貢獻，前人之述備矣。筆者以爲，如果能將它的發生還原於中國社會由前近代向近代轉型前夜，以及由社會轉型而引發的學術轉型這一深廣的社會歷史和學術背景來考量，則章氏經史之論之影響，客觀上不僅具有在理論上終結中國古代經聖學、恢復經學本來面目的價值，而且具有開啓中國近現代歷史思想的意義。章氏經史論對中國傳統學術領域中的經史關聯的系統思辯和闡述，達到了中國古代學者對經學認識所能達到的最具科學性的理解，對經聖學在近現代的解體具有思想啓蒙作

用。他對史學的理解、建構和某些學術範式上的構想於中國近現代歷史思想的發生亦具發軔之功。是故，其言雖舊，其意維新。

一、古代經學的雙重特性：官學聖性與學術理性

中國古代經學並非鐵板一塊，不同時代、不同背景的學人在不同語境下的經言經論也是各有別殊的。自漢武以降，如果以朝野來劃分，則表現爲官方主導之經學的神聖性和體制外學人思辨的學術理性。兩者的博弈貫穿經學發展的始終。從某種意義上講，正是這兩者相互矛盾所形成的張力，成爲中國古代經學發展的動力。

「經」不是從來就有的，「經學」也不是從來就存在的，歷時性考察「經」的發展，總體上經歷了從無到有、由元典到聖典的神聖化過程。始而「聖如夫子而不必爲經，諸子有經以貫其傳，其義各有攸當也。後世著錄之家，因文字之繁多，不盡關於綱紀，於是取先聖之微言與群經之羽翼皆稱爲經」〔註1〕。「經固爲尊稱」，「而儒者著書，始嚴經名，不敢觸犯，則尊聖教而愼避嫌名，蓋猶三代以後非人主不得稱我爲朕也」〔註2〕。其結果自然是「不必著書者之果爲聖人，而習是術者奉爲依歸，則亦不得不尊以爲經言者也」〔註3〕。那些後來被視爲神聖不可更易的經學典籍，最初不過是三代王官的歷史文獻。「從西漢統治者把《詩》《書》《禮》《易》《春秋》五種儒家著作，當作孔子的經書，治國的法典，立爲官學那時起，它們就逐漸變成了僵死的東西。『經』的名目愈增愈多，由漢朝的『五經』，到南朝的『七經』，唐朝的『九經』，再到宋朝便擴充爲『十三經』」了〔註4〕。在這一神聖化的過程中，經的數量也因爲不斷擴容由最原始的「六經」而增至群經。到章學誠生活的清乾嘉時代，僅四庫全書經部所收經書即達「1773」部，合2000427卷。所謂「僵死」就是指被官方學說之後被教條化、神聖化了後的「東西」。因爲創制權、解釋權一併屬於官方，學者只有服從、遵守和服務它的義務。否則，就會致非聖之彌天大罪。

儒家學說被聖化，作爲官方哲學延傳二千餘年，經歷了不斷的學政磨合和學門紛爭。「三代」之後，諸子學興，隨著秦的統一，多民族統一國家的形

〔註1〕 章學誠：《經解上》，《章學誠遺書》，北京：文物出版社，1985年，第8頁。

〔註2〕 章學誠：《經解上》，《章學誠遺書》，北京：文物出版社，1985年，第8頁。

〔註3〕 章學誠：《經解中》，《章學誠遺書》，北京：文物出版社，1985年，第9頁。

〔註4〕 朱維錚：《中國經學史講義·序》，上海：上海文藝出版社，1999年，第9頁。

成，出於意識形態高度集中需要的「焚書坑儒」，是大一統國家企圖恢復「政教合一」、「治學合一」、「官師合一」的一次官方努力，專制政權希望將法家定於一尊的文化國策使儒學遭受重創。聖學體制的形成始於西漢武帝時代。漢武帝大興經學，立五經博士以爲學官，經學地位扶搖而上，後經唐韓愈高倡〔註5〕，宋儒有力發揮，明清二代科舉強固。由於歷來統治者的文化政策主導，官方學人的積極配合，在政治與學術的互動中，慢慢形成並固化爲一種服務政治專制和文化專制的學術體制和學術範式。經學作爲統治階級的御用政治學說，被改造成爲禁錮思想、愚弄黔首的政治教化術。章學誠就曾直接批判過因爲這一學術體制，知識分子只能也只有「訓詁注疏，所以釋經，俗師反溺訓詁注疏而晦經旨也。」〔註6〕

伴隨經的脫史入聖，歷代學者也不乏理性的學術思考和抗辯。歷時性羅陳，則有老莊對語言傳眞的懷疑，進而質疑「六經」的眞理性；王充從唯物論立場出發質疑「六經」眞理的永恒性；朱熹從哲學與經學的矛盾切入，開啓對經今古文學的全面懷疑。以上三者都不乏哲學思辨的色彩。此外，尚有由司馬遷始倡行踐，歷朝歷代史家承繼的「以經爲史」，通「事」「道」之隘，泯「經」「史」之際，和平瓦解經聖獨尊局面的歷史主義；還有由劉知幾發其端緒，啖助、趙匡、陸淳、柳宗元等繼而交相攻詰的「疑古」「惑經」思潮，以及作爲一種思潮，唐緒宋承，「不論古文今文都提出各種疑問」的思想解放運動，更有明王守仁的「事即道，道即事」、「事同」「道同」，「五經皆史」論，以及李贄的「經史互爲表裏」說，而章學誠是「將經書由『聖』還『俗』的最力者」〔註7〕。其卓越的思想貢獻表現在從學術史的角度系統考論經史源流，以科學理性的態度袪經聖學之魅，復經學經世之眞淳，平準史學之位。

總之，「中國經典的本質，不僅是學術的，而且是宗教的，尤其是政治的。明顯地說，中國的經典，不僅可以當作學術的材料去研究；從兩漢以來，它發揮了宗教的作用；而且從兩漢以來，它儘量發揮了政治的作用。更明顯地說，中國的經典被君主和一班出賣靈魂的士大夫們當作政治的枷煉或鞭子，恣意地殘酷地來蹂躪在他們肢下的大眾！」〔註8〕章氏「六經皆史」論

〔註5〕韓愈《寄盧仝》：「春秋三傳束高閣，獨抱遺經究終始」。
〔註6〕章學誠：《書教 下》，《章學誠遺書》，北京：文物出版社，1985 年，第 4 頁。
〔註7〕馮天瑜：《經史異同論》，《中國社會科學》，1993 年第 3 期。
〔註8〕陳壁生：《國學與近代經學的解體》，見周予同《治經與治史》，南寧：廣西師範大學出版社，2010 年，第 46 頁。

下的「經解」「經釋」，雖然不可能有如此勇氣突破其所生存時代的制度頂層設計，然而作爲一個學者，基於其生活時代的政治與學術現實，以「辨章學術，考鏡源流」的學術工作，以科學的態度去偽存眞精神和所取得的實績，無疑是令人尊敬的。

二、實齋經史學論：祛聖學之偽，復經學之眞

章學誠「六經皆史」論對前賢思想的超越，主要表現在如下四個方面：

1、古有「六藝」，後謂「六經」，詳考「六經」之源以去「六經」之魅

章學誠在「六經皆史」這一鏗鏘之論下，對古代「經」的演變進行了學術的歷史還原和學理的深刻思辨，還「六經」實「六藝」之本來面目，凸現後儒第一宗錯。章氏指出，在孔子之前及孔子之世，並無「六經」之說，「六經之名，起於孔門弟子」。

> 然夫子之時，猶不名經也。逮夫子既歿，微言絕而大義將乖，於是弟子門人各以所見所聞所傳聞者，或取簡畢，或授口耳，錄其文而起義。左氏春秋、子夏喪服諸篇，皆名爲傳，……則因傳而有經之名。至於官師既分，處士橫議，諸子紛紛，著書立說，而文字始有私家之言，不盡出於典章政教也。儒家者流，乃尊六藝而奉以爲經，則又不獨對傳爲名也。……六經之名，起於孔門弟子亦明矣。〔註9〕

「經之名」「因傳而有」，是出於「傳」存在的需要而產生的。而「傳」則是「弟子門人各以所見所聞所傳聞者，或取簡畢，或授口耳，錄其文而起義」的。然而無論是傳聞之言，還是所錄之文，都是不可靠的，言文都是虛妄的，至於人更是「不可測度的」。「不可測度」之人「著書立說」何如？「儒家者流，乃尊六藝而奉以爲經」其對後世學人之誤亦明矣。章學誠「六經皆史」說不乏對語言與人性複雜性深刻的警惕。他說：

> 人藏其心，不可測度也。言者心之聲，善觀人者，觀其所言而已矣。人不必皆善，而所言未有不託於善也。善觀人者，察其言善之故而矣。……夫言不由衷，如無情之訟，辭窮而情易見，非君子之所患也。學術之患，莫患乎同一君子之言，同一有爲言之也，求

〔註 9〕章學誠：《經解上》，《章學誠遺書》，北京：文物出版社，1985 年，第 8 頁。

其所以爲言者，咫尺之間而有霄壤之判焉，似之而非也。〔註10〕

這種對「學術之患」的憂心之論直接針對的也許是章氏置身的時學氛圍，但我們卻不能將其僅僅看作是一個唯一的事功目的。因爲它是以傳統學術思想中深刻的心——意——言哲學關係爲理論基礎的。所以，除了對建立在脆弱的文本考證基礎上考據時學的否定，更有對整個以文本爲中心的經學學統的懷疑。言之可信與否是以不同的語言哲學立場爲依託的。一個是語言的實在論，以爲文本的意義是單向線性的，一個是言意悖謬的言語觀。章氏除有對語言傳真的警惕外，還有其對人性複雜性的認識，所謂君子「恐其所言不出於意之所謂誠然也」，「夫言不由衷」，「同一君子之言，同一有爲之言也」。面對這樣複雜的言意環境，人們怎麼能輕易地相信呢？所以，面對無論經傳釋解，還是校勘文本，作爲主體的人都存在一個怎麼看的問題，要「求其所以爲言者」，而非盲從輕信。

比較羅陳章氏「六藝」之本說與章氏擬後儒「六經」之稱的立論，可能會更清楚明瞭章氏以對照立言方式闡述經之僞魅的立場。他在論及「六藝」時說：

「六藝並立，樂亡而入於詩禮，書亡而入於春秋」。「不能究六藝之深耳，未有不得其遺意者也」。〔註11〕

「周衰文弊，六藝道息，而諸子爭鳴」。「戰國之文，奇邪錯出而裂於道」。「其源皆出於六藝」。「諸家本於六藝」。「戰國之文，其源皆出於六藝」。「道體無所不該，六藝足以盡之」。「所謂一端者，無非六藝之所該」。「六藝存周公之舊典」。「三代以後，六藝惟詩教爲至廣也」。「禮樂之分可以明，六藝之教可以別」。〔註12〕

「儒家者流，乃尊六藝而奉以爲經」，「服膺六藝，亦出尊王制之一端也」。「異學稱經以抗六藝，愚也。儒者僭經以擬六藝，妄也。

六經初不爲尊稱，義取經綸爲世法耳，六藝皆周公之政典」。〔註13〕

章學誠反覆強調在孔子之世以及三代之前無「六經」之稱，只有「六藝」謂，「六藝」既是後儒所稱的「六經」，又不是後儒認爲的「六經」，所謂「經

〔註10〕章學誠：《辨似》，《章學誠遺書》，北京：文物出版社，1985年，第21頁。
〔註11〕章學誠：《書教下》，《章學誠遺書》，北京：文物出版社，1985年，第4頁。
〔註12〕章學誠：《詩教上》，《章學誠遺書》，北京：文物出版社，1985年，第5頁。
〔註13〕章學誠：《經解上》，《章學誠遺書》，北京：文物出版社，1985年，第8頁。

其所經，非吾所謂經乎！」〔註14〕「六藝」不過「周公之舊典」，「文字之權輿」，「而儒家者流」，「異學稱經以抗六藝」，「僭經以擬六藝」，非「愚」，則「妄」。至於「諸子爭鳴」和「戰國之文」不僅「其源皆出於六藝」，而且「奇邪錯出而裂於道」。

三代及孔子之世既然沒有「六經」之名，那麼後儒之所謂「六經」所指又是什麼呢？是「六藝」，「六藝」和「六經」一字之殊而致誤之始也。它不僅導致對於「六藝」或後儒之所謂「六經」之所指什物的遮蔽，而且導致了對其載道之器本質的誤解。更爲甚者，它顛覆了「經」的原初之意：

> 六經初不爲尊稱，義取經綸爲世法耳，六藝皆周公之政典，故
> 立爲經。

> 《易》曰：「上古結繩而治，後世聖人易之以書契，百官以治，
> 萬民以察」。夫爲治爲察，所以宣幽隱而達形名，布政教而齊法度也，
> 未有以文字爲一家私言者也。《易》曰：「雲雷屯，君子以經綸」。
> 「經綸」之言，綱紀世宙之謂也。鄭氏注：經紀云爾，未嘗明指詩
> 書六藝爲經也。〔註15〕

經既爲「經綸」、「綱紀世宙之謂」，「非聖人有意作爲文字以傳後世也」，「古人未嘗離事而言理也」。後世之儒正是因爲昧於此，才致糟粕而棄精良，名爲崇聖尊孔，而實相悖離。這也是章氏要不斷反覆言說「六經」究竟的原因。他說：

> 「六經皆史也」，「六經皆先王之政典也」，「若夫六經，皆先王
> 得位行道，經緯世宙之迹」，是以「六經不可擬也」。〔註16〕

綜上所述，不難發現，章氏從「六經」源出於「六藝」的辯考，闡述了「六藝」與「六經」之別，指出「六藝」變「六經」是「儒家者流」「異學以抗六藝」，「僭經以擬六藝」的「愚」「妄」之始，也後儒之尊經的第一步。

2、載道之器與載道之書，「書」「器」之辨，解構儒致「六經」教條化之理術

章學誠批判後儒的第二宗錯是掩「六經」實器之質，而誤視「六經」皆書，由此將「六經」教條化，並通過傳、注等方式在尊聖的幌子下，自爲說、

〔註14〕章學誠：《經解上》，《章學誠遺書》，北京：文物出版社，1985 年，第 9 頁。
〔註15〕章學誠：《經解上》，《章學誠遺書》，北京：文物出版社，1985 年，第 8 頁。
〔註16〕章學誠：《易教上》，《章學誠遺書》，北京：文物出版社，1985 年，第 1 頁。

自著書、自立說，實質上是對「六經」的窄化和矮化，是「離器言道」的僞聖化。於是高倡「六經皆器」，而非書。器者，載道之具；書者，言傳枯迹。章氏道：

> 《易》曰：「形而上者謂之道，形而下者謂之器」。道不離器，猶影不離形。後世服夫子之教者，自六經以謂六經載道之書也，而不知六經皆器也。

> 三代以前，詩書六藝未嘗不以教人，不如後世尊奉六經別爲儒學一門，而專稱爲載道之書者。蓋以學者所習，不出官司典守國家政教，而其爲用，亦不出於人倫日用之常，……未嘗別見所載之道也。

> 夫子述六經以訓後世，亦謂先聖先王之道不可見，六經即其器之可見者也。後人不見先王，當據可守之器而思不可見之道。故表彰先王政教，與夫官司典守以示人，而不自著爲說，以致離器言道也。

> 儒家者流，守其六籍，以謂是特載道之書耳。夫天下豈有離器言道離形存影者哉。彼捨天下事物人倫日用而守六籍以言道，則固不可與言夫道矣。〔註17〕

「六經」非「服夫子之教者」所「自六經以謂」的「載道之書」，「古人不著書」，「六經皆器也」。書與器之別甚大：書是言語轉化而來的文字的東西，器是先王經緯世宙的史迹。器包涵書，書包涵於器，將「六經」視爲「六籍」而以固守，猶如「離器言道離形存影」，無疑抱殘守缺，無異於買櫝還珠。如是，則後之學者欲求先王之道，僅抱持「六籍」而苦讀，是又遺夫子之教，舍本而逐末也。所以，章氏批評這種求道之法說：「彼捨天下事物人倫日用而守六籍以言道，則固不可與言夫道矣」。孔子之後儒者由於只重書本和教條，拘泥文字，於是致經學的發展呈現出花開兩朵，各表一枝的偏僻：要麼斤斤於小學章句，溺於考經考古；要麼空言義理，「離器言道」。章氏認爲這兩和治經的取向於「六經」和孔子而言，都是明崇而實悖的僞聖之舉。

在章氏看來：「夫子明教於萬世，夫子未嘗自爲說也。表章六籍，存周公之舊典，故曰述而不作，信而好古。」〔註18〕在怎樣對待「六經」的問題上孔子是最好的榜樣。在孔子那裡，「六經」既是先王的載道之器，也是後學者

〔註17〕 章學誠：《原道中》，《章學誠遺書》，北京：文物出版社，1985 年，第 11 頁。
〔註18〕 章學誠：《原道中》，《章學誠遺書》，北京：文物出版社，1985 年，第 11 頁。

求道、悟道、明道的必由之器，「六經」是今古交通的橋梁，是後學者與先王先聖對話的信道。而後儒們的立言、著書都只會使本來已有的傳真信道（「六經」）因為損益而發生變異。所以，學者的本份是要「信而好古」，「述而不作」。只有這樣，才能明人道、參天道。有學者們闡說章氏泯漢宋之爭訟，息經今古文之閧學。其實，章氏無論對於漢宋之學，還是經今古文之爭，都是站在文化發源地的原點上，來是其是，非其非的。在章氏看來：

> 學問之途，有流有別，尚考證者薄詞章，索義理者略徵實，隨其性之所近，而各標獨得，則服鄭訓詁，韓、歐文章，程朱語錄，固已角犄鼎峙，而不能相下。必欲各分門戶，交相譏議，則義理入於虛無，考證徒為糟粕，文章只為玩物，漢、唐以來，楚失齊得，至今囂囂，有未易臨決者。惟自通人論之則不然，考證即以實此義理，而文章乃所以達之之具。〔註19〕

為什麼古代沒有出現這樣的紛爭，後來卻爭訟不斷呢？他說：

> 古者道寓於器，官師合一，學者所肄，非國家之典章，即有司之故事，耳目習而無事深求，故其得之易也。後儒即器求道，有師無官，事出傳聞，而非目見，文須訓詁而非質言，是以得之難也。〔註20〕

所謂「後世文字，必溯源於六藝。六藝非孔氏之書，乃周官之舊典也。《易》掌太卜，《書》藏外史，《禮》在宗伯，《樂》隸司樂，《詩》領於太師，《春秋》存乎國史。夫子自謂『述而不作』，明乎官司失守，而師弟子之傳業，於是判焉」。所以，「古人不著書，古人未嘗離事言理，六經皆先王之政典也。」

由此看來，如何看待「六經」，是視之器，還是視之文，就是一個非可小視的問題。這也許就是章氏在「經史」問題意識下，與友朋的通信中不斷有分說細論「六經皆器」、「六藝為官禮之遺」〔註21〕，「六經皆周官掌故」〔註22〕、「六經皆古史之遺」〔註23〕的原因。這些申說，都可以看作章氏對

〔註19〕 章學誠：《與族孫汝楠論學書》，《章學誠遺書》，北京：文物出版社，1985年，第224頁。

〔註20〕 章學誠：《原道下》，《章學誠遺書》，北京：文物出版社，1985年，第12頁。

〔註21〕 章學誠：《詩教下》，《章學誠遺書》，北京：文物出版社，1985年，第6頁。

〔註22〕 章學誠：《六藝類凡十八家》，《章學誠遺書》，北京：文物出版社，1985年，第558頁。

〔註23〕 章學誠：《丙辰箚記》，《章學誠遺書》，北京：文物出版社，1985年，第388頁。

「六經」皆文的一種警惕和辯證。

3、學貴「知類」，「一以貫之斯可」：批評儒者各偏所能「私心據之」「以相病」

如果說章氏「六經皆史」思想從發源、漸至明晰到完竣，最後有一個總的宗旨的話，筆者以爲應該是通古今之變，究學治之際。通古今之變體現其歷史學家的識斷、胸懷與抱負，同時也是其探究學治之際的學術基礎與前提；究學治之際是其作爲歷史思想家主體意識和卑位之士責任感的體現。這也是所有學者治學的要義和責任。即以治經史而論，儘管在具體的職司方面存在「五史」論其道，「府史」守其法，「書吏」存掌故的分工，但同共的追求則是不因職司之異有殊別的，那就是通古今，「一以貫之」，際學治，「文史通義」。否者，則無論漢宋之訟，經今古之爭，義理、考據、辭章之別，皆爲儒者各偏所能「私心據之」「以相病」。

章氏說：「君子學以致其道，將盡人以達於天也」〔註24〕。如何「致其道」「以達於天」呢？他說「君子之於六藝，一以貫之斯可矣。物相雜而爲之文，事得比而有其類，⋯⋯非文不足以達之，非類不足以通之，六藝之文可以一言盡也。⋯⋯其辭可謂文矣，其理則不過曰通於類也。故學者之要貴乎知類」〔註25〕。這是批評後之學者未能正確地看待「六經」的經典價值。這種價值不是簡單地「異代可同調」的機械的師古和借鑒，也不是盲目復古的保守主義，而是推陳出新的創新主張。他說，師古「非謂古之必勝於今也，正以今不殊古，而於因革異同求其折衷也。古之糟魄（粕），可以爲今之精華，非貴糟魄而直以爲精華也，因糟魄之存而可以想見精華之所以出也；古之疵病，可以爲後世之典型，非取疵病而直以之爲典型也，因疵病之存而想見典型之所在也。」〔註26〕師古是師其意，「夫師古而得其意，固勝乎泥古而被其毒也」〔註27〕，又說「夫文章視諸政事而已矣。三代以後之文章，可無三代之遺制；三代以後之政事，不能不師三代之遺意也」〔註28〕。所以，「經不可學而能，意固可師而仿也。」〔註29〕

〔註24〕 章學誠：《說林》，《章學誠遺書》，北京：文物出版社，1985年，第32頁。

〔註25〕 章學誠：《易教下》，《章學誠遺書》，北京：文物出版社，1985年，第2頁。

〔註26〕 章學誠：《說林》，《章學誠遺書》，北京：文物出版社，1985年，第33頁。

〔註27〕 章學誠：《同居》，《章學誠遺書》，北京：文物出版社，1985年，第53頁。

〔註28〕 章學誠：《州縣請立志科議》，《章學誠遺書》，北京：文物出版社，1985年，第124頁。

〔註29〕 章學誠：《書教下》，《章學誠遺書》，北京：文物出版社，1985年，第4頁。

　　由此知之，「六經」是供學人「知類」的「史」，是供批判與借鑒的三代之史實、史事、史迹，和史著，而非頂禮膜拜的神器，更不是專爲用來傳、注和考信的文章，而是即器達道的中橋。「六經皆史也」，作爲事，其要在於寓於義理，存於道，作爲文則在於「志識」。「文辭」乃末，「志識」方才是本。所謂「文辭，猶三軍也，志識，其將帥也」，「文辭，猶舟車也，志識，其乘者也」；「文辭，猶品物也，志識，其工師也」；「文辭，猶金石也；志識，其爐錘也」；「文辭，猶則貨也；志識也，其良賈也」；「文辭，猶毒藥也，志識，其醫工也」是也〔註30〕。

　　而後「儒者流誤欲法六經而師孔子」，不僅如此，而且罔顧「人之有能與不能者，無論凡庶聖賢有所不免者也。以其所能而易其所不能，則所求者可以無弗得也」的學術實際，各據所能，「私心據之」。「主義理者拙於辭章，能文辭者疏於徵實，三者交譏而未有已也。義理存乎識，辭章存乎才，徵實存乎學，……一人不能兼而咨訪以爲功，未見古人絕業不可復紹也。私心據之，惟恐名之不自我擅焉，則三者不相爲功而且以相病矣」〔註31〕。所以，章氏所要申明者即「古人之於經史，何嘗有彼疆此界，妄分孰輕孰重哉」的歷史認識；章氏「不避狂簡」所要批判者，「妄謂史學不明，經師即伏、孔、賈、鄭、，只是得半之道」的學術偏巧；「《通義》所爭，但求古人大體，初不知有門戶之見也」〔註32〕。

　　章氏對後儒批判的可貴之處，表現在不只是對儒這一群體集體私心的批判，而且對造成和支持這一現象的社會基礎和制度也有相應的指涉。在他的論述中已有經學的制度化、功利化是其走向聖學的關鍵之舉這樣的認識。他說：「後王以謂儒術不可廢，故立博士，置弟子，而設科取士」，「蓋其始也，以利祿勸儒術，而其究也，以儒術徇利祿」，後王與後儒，互相利用，各取所需。章氏以爲，這種制度設計「固不足言也」〔註33〕。因爲在這種制度下，「鶩於博者，終身敝精勞神以徇之，不思博之何所取也？」；「而擅文者，終身苦心焦思以構之，不知文之何所用也」；「言義理者似能思之，而不知義理虛懸而無薄，則義理也

〔註30〕章學誠：《說林》，《章學誠遺書》，北京：文物出版社，1985年，第33頁。
〔註31〕章學誠：《說林》，《章學誠遺書》，北京：文物出版社，1985年，第33頁。
〔註32〕章學誠：《上朱中堂世叔》，《章學誠遺書》，北京：文物出版社，1985年，第315頁。
〔註33〕章學誠：《上畢撫臺書》，《章學誠遺書》，北京：文物出版社，1985年，第225頁。

無亦無當於道」。如此上下相孚，則「風氣之成也，必有所敝」〔註34〕。

因此，有學者說：「『六經皆史』是他在精神本質上融通經史，衝破長期以來經與史、事與道相互隔離的學術局面而做的全新嘗試，其命題的用意，與前人的『六經皆史』說有很大的差異」〔註35〕。這種差異，突出的表現的方式之一就是通過對學人的批判以及相關制度的評議，提醒所有為學治之人對中華文化基本價值的回歸與堅守，而不要讓道裂於術。

4、「一代之實錄」與「萬世之常法」：章氏經史同異辯證論

經史之論，古來有之。就其屬性之說，蘇洵之論最為明晰。針對蘇氏的「經非一代之實錄，史非萬世之常法」論，章氏提出了六經既是「一代之實錄」，又是「萬世之常法」的經史觀。既申明了其「一以貫之」的經史同源同體，道器一體兩面，官師合一，學治相濟的思想，又闡述了其各自不同的社會功能。以今人的價值標準考察，官師合一之說未免不合社會發展，職司分化的實際，然而，其經史異同之論則不能不說是較為科學的學術見解。在古代經學獨尊的制度背景下，也是不乏思想啟蒙意義的。

蘇洵在其《史論》中說：「大凡文之用四：事以實之，詞以章之，道以通之，法以檢之。此經、史所兼而有之者也。雖然，經以道勝、法勝，史以事勝、詞勝。經不得史，無以證其褒貶；史不得經，無以酌其輕重。經非一代之實錄，史非萬世之常法，體不相沿，而用實相資焉」。對此，章學誠不以為然，以為「六經皆史，則非蘇氏所可喻矣」。他說：

> 六藝皆古史之遺，後人不盡得其淵源，故覺經異於史耳。其云經文簡約，以道、法勝，文史詳盡，以事、辭勝，尤為冒昧。古今時異，故文字繁簡不同。六經不以事、辭為主，聖人豈以空言欺世者耶？後史不能盡聖人之道、法，自是作者學力未至，豈有截分道法與事辭為二事哉？孟子言《春秋》之作，則云「其事齊桓、晉文，其文則史，孔子曰：其義則某竊取之。」然則事辭猶骸體也，道法猶精神也，苟不以骸體為生人之質，則精神於何附乎？此亦止就《春秋》而言，為蘇氏之所論及者耳。六經皆史，則非蘇氏所喻矣。〔註36〕

〔註34〕 章學誠：《原學下》，《章學誠遺書》，北京：文物出版社，1985年，第13頁。

〔註35〕 章學誠：《書教下》，《章學誠遺書》，北京：文物出版社，1985年，第4頁。

〔註36〕 章學誠：《丙辰劄記》，《章學誠遺書》，北京：文物出版社，1985年，第387～388頁。

面對蘇氏的經史「道、法」「事、辭」殊別之論，章學誠斬截詰質「六經不以事、辭為主，聖人豈以空言欺世者耶？」「後史不能盡聖人之道、法，自是作者學力未至，豈有截分道法與事辭為二事哉？」堅持經史同源，道器同體之論。而經史關係既有前述淵源之論，甚矣詳備。然而，後之視經史當何如方才真正貼近古代的經史之實呢？章氏以為六經既是「一代之實錄」，又是「萬世之常法」。「一代之實錄」並非全錄，「愚之所見，以為盈天地間，凡著作之林，皆是史學，六經特聖人取此六種之史以垂訓耳」〔註37〕。「六經」是孔子「處衰周不可為之世」「不得已」而「垂其教」，所特取的六種史，目的是要通過載道之器的「六經」而師法其精神——先聖「切人倫日常事物」以為治者。「六經固如日月，雖高不可逾，而無日不與人相切近」〔註38〕。而「道備於六經，義蘊匿於前者，章句訓詁足以發明之。事變之出於後者，六經不能言，固貴約六經之旨而隨時撰述以究大道也」〔註39〕。細考章氏的這些論述，他雖不同意蘇氏的經史「道、法」「事、辭」論，但對於經是建立在史的基礎上的具有超越性的性質實際上還是認同的。這也正章氏以學術為基來論經史，實事求是的可貴之處。

由此，則無論經學家，還是史學家在對待六經的問題上，既必須堅持具體歷史事迹不走樣的求真求實之歷史主義，也沒有必要死守陳規和拘泥具體的事件而忘記了「六經」的大義在於志於識、求諸道。要緊的是師法「六經」的精神，應時而變，這才是「以究大道」的根本。如此，方可以「究天人之際，通古今之變」，經史互濟，生生不息。章氏在某種意義上已經意識到孔子整理三代之史以成「六經」垂教後世的動機在於行道救世，為後世學治樹立儀法；「六經」的本質是義法，是價值生成與價值昭示，同時也是後世之學治的行為準則和道德規範。六經的不朽性在於其超越性，其真理性在於其歷史性。章氏「六經皆史」說，其思想當不在於否定經學，而是在將經學學術化的論述中突出經學別於史學的特殊性，不是要否定經學，而是在去經聖化的同時，恢復其真正的致用的功能價值。

〔註37〕 章學誠：《報孫淵如書》，《章學誠遺書》，北京：文物出版社，1985年，第86頁。

〔註38〕 章學誠：《清漳院書留別條訓》，《章學誠遺書》，北京：文物出版社，1985年，第666頁。

〔註39〕 章學誠：《原道下》，《章學誠遺書》，北京：文物出版社，1985年，第12頁。

綜上所述，章氏之「六經皆史」論，既非陳言，亦並逆經叛道的不經之言。其要旨不是非經，而是對聖化經的後之儒者學術精神失落、學術行爲失範，以及造成這種情形的後王之制度設計的否定，也是對其所處時代知識分子對唯經是從、考經是務，而不知經在經世的學風的「持世救偏」，是對既往及當下錯誤經學觀的審思，對經學要干時勢、觀世運、切人事，恢復經之活力的一種呼喊，是提倡正確發揮經之經世功能的舊瓶新酒，舊語新意。

隨著 1905 年科舉制度的廢除，傳統知識分子賴以安身立命的平臺徹底崩塌，經聖學再也無法成爲他們施展政治抱負和成就個人理想的舞臺，而章氏之「六經皆史」論愈益突顯其文化批判的預言的價值。於是章氏經史之論成爲學者人言言殊，卻又眾口一詞的奇特學術現象。中國現代學人們在他們欲借西方思想之火燎原中土大地的時候，他們也和其前輩學人一樣，從前近代的思想庫中尋找孕誕新思想產床的時候，章氏「六經皆史」論又一次交上了好運，在被梁啓超、錢穆、胡適、顧頡剛等近現代學人或正解、或誤讀的接受中再一次發出璀璨的光芒，其作爲中國近代歷史思想啓蒙的歷史思想家的側面得到持續的關注。

第二節　近代歷史思想的發軔

考察中國前近代任何一種歷史理論是否具有近現代歷史思想的意義，換言之，一個人的學術工作，他的學術行爲和思想要成爲供同時代或後來的人們去學習、效法、研究的對象，成爲他們談論某一問題的話題源頭，一般說來是有標準的。要麼是思想上的革命，要麼是研究範式的革命，而嚴格意義上講，深刻的思想革命必然帶來研究範式的革命，而研究範式的革命又必然帶來思想的深刻變化，兩者相輔相承。所以，「學術史上每當發生革命性的變化時，總會出現新的『典範』。在任何一門學術中建立新『典範』的人都具有兩個特徵：一是在具體研究方面他的空前的成就對以後的學者起示範的作用；一是他在該學術領域之內留下無數的工作讓後人接著做下去，這樣便逐漸形成了一個新的研究傳統。」〔註 40〕章學誠的史學思想在這些方面都進行了相當程度可言說的地方。

〔註40〕余英時：《清代思想史的一個新詮釋》，《中國思想傳統的現代詮釋》，南京：江蘇人民出版社，1989 年，第 227 頁。

一、考辨舊史，詮釋史學，開新史學思想之功

　　章氏「六經皆史」論下的歷史思想具有新史學思想的開啓之功。「中國史學最遲至春秋末期已經正式出現。發展到唐代中葉，已歷時一千年以上，適時有劉知幾出」，「自劉知幾以後，再歷千年，而有章學誠」，「他是一位史學思想家，開創了中國的新史學」〔註41〕。這種開創之功表現在兩個方面：一是思想上突破了舊史學的窠舊。關於中國古代的史學，梁啓超有過極其精闢的論述，從某種意義上說，而 150 多年前的章學誠已經意識到中國史學的過於單純。在他看來，史有四：「有天下之史，有一國之史，有一家之史，有一人之史」，並就各種史的存在樣態進行了描述：「傳狀志述，一人之史也；家乘譜牘，一家之史；部府縣志，一國之史也，綜紀一朝，天下之史也。」且各史之間的關係，皆由下而上，層層相因。所謂「比人而有家，比家而有國，比國而有天下，惟分者極其詳，然後合者能擇善而無憾也」〔註42〕。這在某種意義上已經突破了二十四史乃二十四家史的思想，已經具備了從個人史、家庭史、民間史、地方史、社會歷史與天下史關係的視角來觀照歷史的思維了，與舊史之單純的「資治」、「通典」、「通祐」、「通鑒」一個向度的帝王術史有了更寬廣的史學視野和獨特的歷史視角了。

　　二是通過對以往史學的考辨，對史學做了新的詮釋，將史學與史考、史選、史纂、史評、史例作了嚴格的區分。他說：「史考」「以博稽言史」；「史選」「以文筆言史」；「史纂」「以故實言史」；「史評」「以議論言史」；「史例」「以體裁言史」。「唐宋至今，積學之士，不過史纂、史考、史例；能文之士，不過史選、史評。古人所謂史學未之嘗聞矣。」〔註43〕不僅上述種種不能算做史學，「馬端臨氏之所爲整齊類比」、「王伯厚氏之所爲考逸搜遺」亦不過史纂、史考，而非史學。眞正的史學是要「以切合當時人事」的，「且如六經，同出於孔子，先儒以爲其功莫大於《春秋》」，「後之言著述者，捨今而求古，舍人事而言性天，則吾不得而知之矣。學者不知斯斯義，不足言史學也。」〔註44〕不僅如此，對於歷史表現中「記注」與「撰述」的劃分、方志學的建

〔註41〕杜維運：《中國史學史》（第三冊），北京：商務印書館，2010 年，第 864～865 頁。

〔註42〕章學誠：《州縣請立志科議》，《章學誠遺書》，北京：文物出版社，1985 年，第 124 頁。

〔註43〕章學誠：《上朱大司馬論文》，《章學誠遺書》，北京：文物出版社，1985 年，第 612 頁。

〔註44〕章學誠：《浙東學術》，《章學誠遺書》，北京：文物出版社，1985 年，第 15 頁。

立、寫史方法論的建構都是其建立新史學思想體系的努力和嘗試。梁啓超在評價 20 世紀初年的中國史學生態時說：「近今史學之進步有兩特徵，其一，爲客觀的資料的整理。疇昔不認爲史迹者，今則認之；疇昔認爲史迹者，今或不認。其二，爲主觀的觀念之革新」〔註 45〕。我想這兩點進步，在其論之前的一個半世紀的章學誠史學思想中已現端倪了。

二、明「撰著」「記述」，論「神圓」「方智」，構建「新通史」

章氏史學思想，在建立新的歷史書寫範式和構建「新通史」這一理想的史學巨著方面的努力也爲後之史家稱道。章氏在探索史學演變和辨析史著體例的基礎上，主張「師尚書之意，參本末之法，仍遷史之體，通左氏之裁」〔註 46〕明「撰述」與「記注」，論「神圓」與「方智」之殊〔註 47〕，提出了「仍紀傳之體而參本末之法」的改革史書編撰的思想。並且在這一總的編撰原則下，還設想了二種具體的方法：一種是分門別類而設「傳」而「以記人記事」，以替書志；一種是編著「別錄」，「別錄區人與事」，「是當摘取篇名，別爲凡目，自成一類，殿於諸類之後，以見本末兼該之旨也」〔註 48〕。以這樣一種綜合雜取的方式糾治了紀傳、編年二體記言、記事兩分，人事兩立之弊。這樣的編史設想眾體皆備，互爲補濟，既保留了紀傳體的人事眾多，涉事廣泛的特點，又發揮了紀事本末，以事明體，主線明確，隨事而記，變化自如的便捷。就此現代治史學史者評價說：「章學誠的見解，很符合近代史家探索的需要：既要求史書反映歷史的主線清楚，又使它能囊括豐富的內容」，「是在史學史上打開了一條新路」〔註 49〕。這條新路，使「善爲史者之馭事實也，橫的方面最注意於其背景民其交光，然後甲事實與乙事實之關係明，而整個的不至爲碎件。縱的方面最注意於其來因與其去果，然後前事實與後事實之關係明，而成套的不至變爲斷幅」，如此，則「所敘事項雖千差萬別而各有其湊筍之處，書雖累百萬言而筋搖脈注，如一結構精悍之短箚也」。〔註 50〕20

〔註 45〕梁啓超：《中國歷史研究法・自序》，上海：華東師範大學出版社，1995 年。
〔註 46〕陳其泰：《史學與中國文化傳統》，北京：書目出版社，1992 年，第 891 頁。
〔註 47〕章學誠：《書教下》，《章學誠遺書》，北京：文物出版社，1985 年，第 4 頁。
〔註 48〕章學誠：《史篇別錄例議》，《章學誠遺書》，北京：文物出版社，1985 年，第 66 頁。
〔註 49〕陳其泰：《史學與中國文化傳統》，北京：書目出版社，1992 年，第 289 頁。
〔註 50〕梁啓超：《中國歷史研究法》，上海：華東師範大學出版社，1995 年，第 49 頁。

世紀初章炳麟打算撰寫《中國通史》的時候，最費斟酌的體例問題即是受章學誠的啟發而獲解的，這種體例便於其解說歷史的進化，以鼓舞民氣和鬥志〔註51〕。所以有治史者評價說：「此誠中國史學體例上的一大革命，亦與西方流行的史學體例，甚相吻合」〔註52〕。

在遍考《通志》《通典》《通鑒》《通選》的基礎上，章學誠提出了理想中之通史巨著應備的原則，即擅「六利」，兼「二長」，避「三弊」〔註53〕。如此方可統一史例，免除改朝換代之際之人事交雜重迭；物以類聚，人因群別，無古今之殊；林林總總的史籍亦可剪裁自如；一家之言方可一以貫之，筆削之義亦可終始平允；異族之史亦可隨之而遷變；無關宏旨之支局末節則可避免賓奪。這是章氏有別於古之遷史的「新通史」。

三、執兩論中，學以求道，章氏學術取向及後來學者之借鑒

章學誠執兩論中、縱橫捭闔的學治一體思想與論學議政特點與晚近學人託古言今，假學議政力倡學問經世的思想合節，與近現代知識分子在反思歷史基礎上的論學議政，在批判傳統的過程中建立起自己時代的新學術和樹立自己的新權威時代思潮合拍。

章學誠的經史之論，可謂執兩論中：一端是想像中的「唐虞三代」，一端是「當今之世」。其論則徑由「辨章學術，考鏡源流」的學術路向，打通古今。由於中國文化特殊的知識價值構成形態，經史之論成為其說展開的最佳切入點。誠然，選擇這樣一個切入點，做為展開其全部學術思想的端緒，在具體的成學過程中也是經歷了與時學同儕的砥礪，反覆搖擺後方始為犖犖大端的。章氏構建起來的官師合一、學治合一、道器合一的價值體系和學政關係，不僅是對傳統經史知識體系與學治關係的哲學思辨，而且也是對其所處時代學治關係的深刻檢討與批判。正是在這種反思與批判中，章氏建立了自己的不同於時代潮流的學術思想，也樹立了自己後來的學術權威。章氏這種經由學術而展開的文化反思與批判的理路與精神，與晚近學人以及近現代知識分子的精神氣質具有一致性，或者說後者正是從前者身上發現了諸多他們可以借鑒的可貴的東西方才不斷地解讀與詮釋其學術思想。這種姿態與精神可以

〔註51〕章炳麟：《哀清史》五十九附《中國通史略例》，見《訄書》（重訂本）。
〔註52〕杜維運：《中國史學史》（第三冊），北京：商務印書館，2010年，第891頁。
〔註53〕章學誠：《釋通》，《章學誠遺書》，北京：文物出版社，1985年，第36頁。

簡要概括為：不隨流俗，不趨風尚，特立獨行的治學品格；學問必須經世的
責任感、經由學術理性的批判與建設的治學取向；文化批判必須回到歷史源
頭的歷史意識，和史學重在志識的主體精神等等。

　　除了上述精神與風格影響後來學人之外，章氏立足當下，學術古今，將
問題放在長時段中考察的治學方法，以及由此而產生的學術影響，也為中外
史家審思中國古代史學思想提供重要思想資源。日本歷史學家內藤湖南的《中
國史學史》是較早也是很有影響的著述，谷川道雄在《中文版序》中介紹其
全書的思想和結構的時候說：「由於內藤湖南與章學誠『六經皆史』說有著強
烈的共鳴，所以在第四章《史書的淵源》中，他闡述了史官這種政府記錄官
所司掌的記錄，從六經至諸子、詩賦、兵、術數、方技、再至《漢書藝文志》
所載六略諸書的發展過程」。美籍華裔學者余英時在談及自己的學術工作的一
部分時也說：「章實齋在清代學者中最以辨別古今學術源流見長，因此，他對
清代儒學的歷史淵源有非常深刻的觀察。我個人重新整理清代思想史，主要
也還是靠實齋現身說法時提供的線索。」〔註54〕

四、利用與被利用：作為近現代學人思想產床與概念工具的經史論

　　章氏在形成自己歷史思想和建立學術思想的過程中，自覺利用了自古以
來「六經皆史」的經史辯式模式來切入和展開自己的論述，並且形成了新的
權威，其影響還表現在，為晚近學人直接承繼其思想，而現代知識分子亦不
乏利用其「六經皆史」之論作為反思中國傳統文化，形成新文化觀念的思想
產床和概念工具。晚清學人與後來以西方知識背景來觀照中國學術、思想、
文化問題的現代知識分子雖然他們與章氏思想都有關聯，但是在關聯度和產
生關聯的方式上還是存在很大的區別的。前者可以說和章氏同多異少。比如
說處於共同的知識背景、同樣的學術話語系統和同樣的政治頂層設計體系
中，所以，他們在與章氏發生思想揚棄關聯的時候，除了時代的因素的差
異，更多是直接的承繼和闡述。後者更多是將其作為新思想的產床和利用其
可資利用的概念工具闡述自己的新思想，是一種自覺的文化利用，雖然這種
利用是在闡述章氏學術思想意義的學術活動中展開的，但作為在闡述章氏學
說表象下的自話自說，而生成的章氏思想衍生說的學術思想與真正的章氏學

術思想則可能不可以道里計。關於這一點也有學者從「晚近學人對章學誠『六經皆史』說的接受與再詮釋爲視角」進行考論的。〔註55〕但不論是因章氏「六經皆史」說思想產生的影響，還是出於後來學人自覺不自覺的文化利用需要而而致章氏思想產生的影響。也從另外一個側面間接回答了本文入題所提出的問題。

五、一與多的對應：章氏史學思想的神圓方智與衆多世界史家思想的呼應

章氏史學思想具有與世界近現代史學思想等量齊觀的普適價值。若論章學誠「六經皆史」論下之史學思想的近代性和普適價值，中外學人的評價基本上都是從西方近現代歷史科學的視角來置論的。迄今爲止，凡對其感興趣的學者，無論來自東方的日本國，還是歐美的漢學家，儘管他們接觸章氏史學思想的時間有早晚之分，認識的角度和學術的理路有別，但在肯定章氏史學思想的世界意義和前瞻性方面都是持積極肯定意見的。中國學者關於這一點的繁多論述姑且不論，僅外國治中國史學之史家，也不乏其議。

日本學者內藤湖南認爲章學誠「標榜史學對一切學問從方法論原理上的研究，無疑是獨一無二的卓越見解」〔註56〕。日本學者島田虔次說：「『六經皆史』是貫穿其主要著作《文史通義》的命題，也是概括其全部史學思想的命題」，其「全部史學理論的構造」，「即一、史本來是怎樣的？二、史後來是怎樣變化的？三、眞正的史及史學應該是怎樣的？」這正是近代歷史哲學關於歷史本體問題的思考。這位學者還對章氏「六經皆史」中之「史」在不同語境中的意義進行了闡論，而每一種不同的理解都關係到對其整個思想的認識，只有全面的文本和時序還原，加以綜合的理解才能理解其眞正的思想價值。日本學者山口久和認爲：「章學誠所瞄準的知識方向不只是局限於否定經書（bibie）權威的歷史主義，而是覆蓋了更廣泛的知識領域。」〔註57〕

法國著名漢學家戴密微（Paul Demieville, 1894～1979）認爲章氏爲中國第一流史學天才，可與阿拉伯史學家伊本凱爾東（1332～1406）並駕齊驅；

〔註55〕劉巍：《經典的沒落與章學誠「六經皆史」說的提升》，《近代史研究》，2008年第 2 期。

〔註56〕〔日〕内藤湖南：《中國史學史》，上海：上海古籍出版社，2008 年，第 371頁。

〔註57〕〔日〕山口久和：《章學誠的知識論——以考證學批判爲中心》，王標譯，上海：上海古籍出版社，2006 年，第 311 頁。

或歐洲最偉大的史學家並駕齊驅。戴密微對於章學誠及其他乾嘉時期中國學人的關注，不是出於對這一時期特殊時期中國思想界發生的變化特別的興趣而做的專門的研究，而是在考察中國三千年哲學思想發展變化時，一種源流至此，自當有徑，而理當有論的自然而然的態度來觀照的。在這樣一個中時段的歷史時限，和中國哲學思想的演變框架中來考察一個人和一代人的思想與一種對某一時期某一人出於特別的興趣做專題的研究所得出的結論應該是有區別的。由於參照更宏闊，焦聚更適當，成像更精準，結論更允公。事實上，戴密微對乾嘉時的學人，無論是章學誠、戴震，還是顏元及其顏李學派，他們在學術的貢獻，和彼此之間的學術關聯的判斷，在我看來，也確實更接近實際的情況。

余英時在《章學誠與柯靈烏之比較》中說：「中國儘管缺乏嚴格意義上的歷史哲學」，但並非沒有「零零碎碎的思想」，只是「直到章學誠時才獲得有意識的檢討與系統化罷了！就這個意義說，章氏歷史哲學的重要性不僅在於它表現了章氏個人思想的天才卓越，而尤在於它彙集了以往許多零星的歷史觀念，因而構成了一套較有系統的中國歷史哲學」，而這樣一套歷史哲學與眞正能夠代表西方近代歷史哲學的柯林武德的歷史哲學相比，「這兩人的相似之處可以說是十分驚人的」。

此外，還有中國學者在進行了章學誠與維柯的比較研究之後認爲：「章學誠和維柯皆是中西歷史上重要的歷史哲學家」，「他們對於歷史所做的整體的思考」對於「消解理性二元論所導致的僵化的差別」，「彌補理性主義的不足」，「具有重要借鑒意義。」〔註58〕

中國較早關注章氏史學思想研究的學者何炳松曾經嘗試從歷史縱向的學術發展內在理路與橫向共時的世界學術思想比較這樣一個複合的角度來考察其思想意義，結論是：

> 迨明代末年，浙東紹興又有劉宗周其人者出。「左袒非朱，右袒非陸」，其學說一以慎獨爲宗，實遠紹程氏之?妄，遂開浙東史學中興之新局。故劉宗周在吾國史學史上之地位實與程頤同爲由經入史之開山。其門人黃宗羲承其衣缽而加以發揮，遂蔚成清代寧波萬斯同、全望祖及紹興邵廷采、章學誠等之兩大史學系；前者有學術史

〔註58〕陳銳：《章學誠與維柯歷史哲學之比較》，《杭州師範學院學報》，1999 年第 5 期。

之創作，後者有新通史之主張，其態度之謹嚴與立論之精當，方之
現代西洋析史學家之識解，實足競爽。〔註59〕

這也是章氏生前寂寥的原因之一，因為他的理論迴異於那個時代的學術思潮，是未來人們所需要的。在機械唯物主義的眼光，在一個非近代意義上的國家，是不可能產生近代意義上的史學及史學思想的。如果出現了這種不平衡，比如說在政治和經濟都相當落後的地區和社會出現了思想文化的超過前性，一是證明了政治、經濟、文化之間關係的某種特性。這種特性馬克思在其《政治經濟學批判導言》中以物質生產和藝術生產發展不平衡為例闡述過〔註60〕。在丹尼爾的《資本主義文化的矛盾》中這已然不再是什麼特殊的現象，政治的保守性，市場的掠奪性和文化的創新性正是其各自的特性。這並不是資本主義的什麼特殊規律，而是人類社會的一般規律。在中國中世紀的晚期政治專制與文化創新的博弈始終沒有停止過，乾嘉時期的時代氛圍是一個很典型的例子。二是說明在一個落後政治和經濟體已經醞釀了變革的思想力量，儘管這在當時還十分的微弱。章學誠的經史之論在某這種意義上具有了終結和開啟的雙重意義。

綜上所述，章氏「六經皆史」論，不僅是一種認識論，而且是一種方法論。認識論為其確立論述的對象並保證其足以挈領其經學思想和史學思想一以貫之，方法論又保證其在具體的論述中把握認識對象的深刻性並貫穿始終。這種一體兩面的論題，無論其作為思想結構，還是工具概念都給後之學者以極大的啟示。

〔註59〕 何炳松：《浙東學派溯源·自序》，長沙：嶽麓書社，2011年，第4頁。
〔註60〕 《馬克思恩格斯選集》，北京：人民出版社，1972年，第115頁。

第四章　「心術」與「史德」考論

第一節　「心術」說的道德訴求

　　「心術」作爲史學概念非章學誠始肇，然而，自章氏提出「辨心術以議史德」之後，「心術」與「史德」即成爲章氏史學理論對中國傳統史學思想的重要貢獻之一，而爲後來研究章氏史學思想者屢闡不絕，何也？由「心術」而至「史德」之漸的考察，可以從某一側面發現「心術」由政治問題向學術問題轉移的某種軌轍，如果以這種軌轍爲背景來考察章氏「辨心術以議史德」之論，則不難發現其在中國傳統史學向現代史學轉型過程中所具有的深刻意義。

　　綜觀中國古代學術思想發展，先秦諸子在王道式微，天下大亂這樣一個特定的社會背景下〔註1〕，出於對君道王政普遍的焦慮，爭相競鳴統治學以資主政者，奔走競售「南面術」以謀輔政者，「心術」成爲一個被反覆闡說的核心概念。養「心術」成爲諸子對主政者一種單純而普遍的「道德」訴求；待漢初秦政殆廢，及之後諸子爭息，儒學獨尊，究「心術」不僅成爲政治上君臣互相考察以決定彼此政治態度和行政修爲的主要考量，而且成爲史家考察主輔政治之君臣對江山社稷、黎民百姓、君臣自立及君臣互待是否誠心正義的重要「懸衡」。

〔註1〕 司馬遷《史記自序》道：「春秋之中，弑君三十六，亡國五十二，諸侯奔走不得保其社稷者，不可勝數。」君王之術，成爲較爲弱勢的局面。

一、養「心術」：諸子「道德」論的重要內容

「春秋戰國之際，百家爭鳴，那樣多的學說蓬勃興起」，「雖然各有一套議論主張，彼此有同有異，但他們的任務和目的，從總的方面來看，卻是統一的」，即「都離不了爲當時的政治服務」〔註2〕。司史遷說：「仲尼干七十餘君無所遇」〔註3〕，又說：「自鄒衍與齊之稷下先生如淳于髠、愼到、環淵、接子、田駢、騶奭之徒，各著書言治亂之事以干世主。」〔註4〕這些「干求」時君世主，服務當時政治的學術思想如果總冠其名的話，可一言以蔽之「道德論」〔註5〕。而在這紛繁的「道德論」中，養（治）「心術」作爲一種普遍的訴求，無疑是先秦政治思想與學術思想的核心。

在古代漢語中，「心術」最初其實是兩個詞。「心」被認爲是人的思維器官。所謂「心之官則思」〔註6〕，「夫民慮之於心，而宣之於口」〔註7〕也。由此而引申作人的思想、意志、感情。《易》言：「二人同心，其利斷金」〔註8〕，《詩》語：「他人有心，予忖度之」〔註9〕，都是從這個意義講的。「術」本義指道路，後引申爲方法、思想和學說。比如史遷曾言：「竇太后好黃帝、老子言，帝及太子、諸竇不得不讀《黃帝》《老子》，尊其術」〔註10〕。作爲單音詞，兩字在古今漢語語用中一直存在。

「心術」作爲一個詞並用，從《禮記》和《史記・樂書》所徵來觀，最早可能出自早已失傳的《樂經》。兩書所引皆從發生學角度推釋「心術」之何由而何指。所謂「夫人有血氣心知其性，而無哀樂喜怒之常，應感起物而動，然後心術形焉。」〔註11〕「形」是外化之後所能看得見的相；「術」，鄭玄注曰「所由生也」。「心術」既然是人之思想情感對外物感應的反應和表現，那麼，考察「心術」就能發現人之內在的最本質東西了。所以，《荀子》說：「相

〔註2〕 張舜徽：《周秦道論發微・敘錄》，《張舜徽集》，武漢：華中師範大學出版社，2005年，第7頁。

〔註3〕 《史記・儒林列傳》。

〔註4〕 《史記・孟子荀卿列傳》。

〔註5〕 參見張舜徽：《道論通說》，《張舜徽集》，武漢：華中師範大學出版社，2005年，第29～82頁。

〔註6〕 《孟子・告子上》。

〔註7〕 《國語・周語上》。

〔註8〕 《易・繫辭上》。

〔註9〕 《詩・小雅・巧言》。

〔註10〕 《史記・外戚世家》。

〔註11〕 《史記・樂書》。

形不如論心，論心不如擇術。形不勝心，心不勝術。術正心順，則相形雖惡而心術善，無害爲君子也。形相雖善而心術惡，無害爲小人也。」〔註12〕「心術」乃人之本，決定人之善惡。因此，養「心術」即養本。《管子》曰：「平正擅匈，論治在心，以此長壽。」〔註13〕張舜徽先生疏此言曰：「謂人秉天地之中以生，必治心以和，乃能長壽。」〔註14〕又說：「心安，是國安也。心治，是國治也。治也者，心也。安也者，心也。」〔註15〕而「天子之怒，伏屍百萬，流血千里。」〔註16〕這樣，心術由生理而生，延至養生及治國的邏輯就形成了，強調的是統治者的「心術」與國運民命的關係，在人治社會裏，作爲帝王之師的學者特別強調統治者養心術。

由是則無論是《禮記》，還是《樂書》之徵《樂經》都是借樂理而言心術與政治的關係，其實不獨《禮記》《樂書》，先秦諸子及後來歷代的儒者之學，也都無不是圍繞「人心」和「政治」在做文章，所謂修身、齊家、治國、平天下，一切皆以修身爲本。在諸子那裡，名目繁多的著述，一言以蔽，無不以「道德」與「人心」爲議。「有些書便稱『君道』，見《荀子》；或稱『君守』，見《呂氏春秋》；或稱『主術』，見《淮南子》。此外，尚有……別製篇名的，像《管子》中的《心術》《白心》《內業》；《韓非子》中的《大體》《揚權》；《莊子》中的《天道》；《呂氏春秋》中的《圜道》……」〔註17〕而「宋人疏釋周秦諸子的書，習慣於用他們心目中的所謂『道』，來概括和說明周秦諸子中的所謂『道』，甚至把《管子》中的《內業篇》，也看成和他們言心言性的理論相通，因而湮沒了《內業篇》闡明古代南面術的作用。推之理解其他諸子，莫不如此。」〔註18〕誠然，諸子議中所言人者亦非一般草野之民，不是君人者，就是輔佐人君的人，他們都是知藏曉匿之人；所談之事也非一般之事，是關乎社稷王治之君臣大事。《管子》曰：「藏於胸中，謂之

〔註12〕　《荀子・非相》。

〔註13〕　《管子・內業篇》。

〔註14〕　張舜徽：《周秦道論發微》，《張舜徽集》，武漢：華中師範大學出版社，2005年，第 324 頁。

〔註15〕　《管子・心術篇下》。

〔註16〕　《戰國策・魏策》。

〔註17〕　張舜徽：《周秦道論發微・敘錄》，《張舜徽集・周秦道論發微》，武漢：華中師範大學出版社，2005 年，第 15 頁。

〔註18〕　張舜徽：《周秦道論發微・敘錄》，《張舜徽集・周秦道論發微》，武漢：華中師範大學出版社，2005 年，第 22 頁。

聖人。」〔註19〕韓非曰:「人主之大物,非法則術也。法者,編著之圖籍,設之於官府,而布之於百姓者也。術者,藏之於胸中,以偶眾端,而潛御君臣者也。」〔註20〕董仲舒說:「君人者,掩其聰明,深藏而不可測,此之謂『內聖』」〔註21〕。《管子》又說:「實也、誠也、厚也、施也、度也、恕也,謂之心術」。換言之,「心術」具體表現為「實」、「誠」、「厚」、「施」、「度」、「恕」幾種治國之術,是其為政的七種謀略之一,所謂「治民有器,為兵有數,勝敵國有理,正天下有分,則象、法、化、決、塞、心術、計數」是也〔註22〕。莊子更是視「心術」為王者政治之本,是綜統其他政略的核心之術,是以「心術之動」決定「三軍五兵之用」,「賞罰利害」之行,「禮法度數,形名雙祥」之施,「鐘鼓之音,羽旄之容」現,「哭泣衰絰」之顯。《淮南子》言:「原天命,治心術,理好憎,適情性,則治道通矣」〔註23〕。「心術」於治道既然如此重要,以至於古有「聖人裁物,不為物使,心安是國安也,心治是國治也,治也者心也,安也者心也」〔註24〕之說。養「心術」、成為人主為君為治之正邪的不二法門,是古老統治術的核心。

諸子著書立說,不僅闡述治養「心術」之如何重要,而且就如何養「心術」也不失踏踏。《荀子》以為:「凡萬物異,則莫不相為蔽,此心術之公患也」,是以「聖人知心術之患見蔽塞之禍,故無欲、無惡、無始、無終、無近、無遠、無博、無淺、無古、無今、兼陳萬物而中懸衡焉」〔註25〕,像水一樣「至平端不傾」〔註26〕,如此治心,方能聖心備焉。莊子認為:「無為」是治養「心術」之至道。他說:「帝王之德……無為也,則用天下而有餘」。又說:「聖人之靜也,非曰靜也善,故靜也;萬物無足以鐃心者,故靜也。靜則無為,無為也,則任事者責矣。」〔註27〕《管子》曰:「凡人之生也,必以平正。所以失之,必以喜怒憂患。是故止怒莫若詩,去憂莫若樂,節樂莫若禮,守

〔註19〕《管子‧詮言篇》。
〔註20〕《韓非子‧難三》。
〔註21〕《春秋繁露‧離合根》)《淮南》有曰:「聖人內藏,不為物先倡」(《淮南‧詮言篇》)。
〔註22〕《管子》卷二,四部叢刊本。
〔註23〕《淮南子》卷一四。《韓詩外傳》卷二,四部叢刊本。
〔註24〕《管子》卷一九《心術下》,四部叢刊本。
〔註25〕《荀》卷一五,四部叢刊。
〔註26〕《荀》卷一八,四部叢刊。
〔註27〕《莊子‧天道篇》。

禮莫若敬，敬莫若靜。」〔註28〕「靜，所以治心，敬，所以持躬。」〔註29〕又「治心之術，歸於執一。執一之要，不外清虛二字而已。」〔註30〕養「心術」作爲人主的必修課，後來即通過系統的課程實施而成爲聖教的重要養成目標之一。所謂「聖人以心術之微盡散於禮樂射御書數中，而不明言其故。」這樣做的理由古人之述可謂備矣。

> 名數則可以口講而指畫，至於精微，非心自得之不可也。使上智之資由名數而造精微之本，而中下之流亦安於名數而爲寡過之士，此聖王之道所以獨高千古，而異端之學所以一得其志必能瀆亂天下也。然而使士大夫不學則已，學則當造精微之本。學而不到精微，雖博物及於臺駘實沈說，籍古至數萬千言，謂之博學詳說則可也，謂之聖王之道則不可。古之君子所以治詩書禮樂之術，而仰觀天文，俯察地理河渠溝洫，茫昧變怪，無不探其原而溯其流，極其數而考其變，大則爲圖謀以著其象，小則分門戶以括其遺事，事辨其所由物，物明其所用，纖細畢具，小大靡遺。其博學詳學如此者，蓋將以反說約也。何謂約，即吾所謂精微者是也。且以六藝觀之，禮中倫，樂中節，射中鵠，御中規矩，書窮八法，數研九九，皆約也。其名數散爲六藝，其精微在吾一心。」〔註31〕

教育的根本在於將培養「心術」放在了第一的位置。所以，「聖王之學，其事君也不在闢土地、充府庫」等經濟之學，「亦不在約與國、戰必克，如衰世之所尙」等外交、軍事之術，「止在於正人君心術而已」〔註32〕。不僅聖王之學「止在正人君心術」，官吏的教育與選拔同樣在於養「心術」和「迹其心術行履」。《宋書·周嶠傳》詳細地記載了當時的養成課程設置和評價流程。

> 凡治者合格品哉？爲敎而已。欲爲敎者，宜二十五家選一長，百家置一師。男子十三至十七，皆學經。十八至二十，盡使修武。訓以書籍圖律，忠孝仁義之禮，廉讓勤恭之則。授以兵經戰略，軍

〔註28〕《管子·心術篇下》。

〔註29〕張舜徽：《周秦道論發微·敍錄》，《張舜徽集·周秦道論發微》，武漢：華中師範大學出版社，2005年，第325頁。

〔註30〕張舜徽：《周秦道論發微·敍錄》，《張舜徽集》，武漢：華中師範大學出版社，2005年，第259頁。

〔註31〕宋·張九成《孟子傳略》卷一二，四部叢刊本。

〔註32〕宋·張九成《孟子傳略》卷一二，四部叢刊本。

部舟騎之容，挽強擊刺之法。官長皆月至學所，以課其能。習經者
五年有立，則言之司徒。用武者三年善藝，亦升之司馬。若七年而
經不明，五年而勇不達，則更求其言政置謀，迹其心術行履，復不
足取者，雖公卿子孫，長歸農田，終身不得爲史。〔註33〕

　　至於庠序所教而外之「禮樂之用」，亦爲「政刑之宣」，因爲英明的君主
懂得「唯此之務，所以防遏暴慢，感動心術，制節生靈，而陶化百姓也」〔註
34〕。與此相反，不良的教育則是「壞人心術」的教育，朱熹在抨擊科舉之學
的弊端時即指陳其「誤人智見，壞人心術」，所以，「其技愈精，其害愈甚」
〔註35〕。由此可見，養心術在整個政治、學術、教育和社會中的地位。

二、究「心術」：君臣互察及史評史論之衡御

　　漢初廢郡縣，復王國，秦制殆廢。以法家爲治的理想失落，無爲而治的
黃老術幫助漢人渡過了漢初的艱難時光，經濟恢復，社會發展，民生振興並
沒有成爲王朝政治合法的保證，「封建」的治體構成了對王朝政治的極大挑
戰。黃老術只能作爲王朝政治的權宜之備。武帝滅封國，奉「罷除」與「獨
尊」之策，將思想和學術高度統一，爲絕對君權張目。儒術爲治的歷史開啓。
高度專制的結果是：在政治架構內，君臣關係在父子之義下的信義缺失，君
臣之間多靠互究「心術」以達成彼此的默契，這是一種看似和睦平靜下的高
度緊張。在政學主輔軌轍之下的治教關係，雖然有「天人感應」這枚理論上
的雙刃寶劍在給予君主「奉天承運」統御天下便宜的同時，也蘊涵君勿妄行
的約制義理。但現實生活中不受制約的權力，使得君行臣作之爲，只能通過
史家後天究君臣之心術來詮解歷史的因果，發掘動機與結果之間的關係，臧
否英主良臣、昏君姦佞以資後世，以待來者。與此同時，究「心術」也成爲
史家評價歷史人物是非曲直的一個重要的向度。換言之，究「心術」不僅是
君臣之間互相考察，以決定其政治態度和行爲的重要依憑，也是史家考察歷
史上之君行臣爲，仗義執言，信筆傳書的一個重要「懸衡」。

　　在史家看來，「天下之治亂信乎在用君子與小人，而用君子與小人信乎在
人主心術之邪正」，所以，「惟大人之事君，不問小人之滿朝，政事之紊亂，
第觀人主心術如何耳」。這樣的例子史書不絕，學者的推闡如縷。「王偃心邪，

〔註33〕《宋書》卷八二《周嶠傳》，北京：中華書局，1977年。
〔註34〕《晉書》卷五二《阮種傳》，北京：中華書局，1974年。
〔註35〕宋・朱熹：《朱文公集》五八，《答宋容之》。

小人之資也。以小人在上呼吸，群類復出爲惡，一薛居州，其如之何哉？」「倘君有願治之心，吾則探其非心所在格而正之，心術一正，小人逐矣，政事明矣」。「齊威王一旦曉寤，烹阿用墨，天下朝齊，其事亦明矣。」〔註36〕朱熹論曰：「天下之務莫大於恤民，而恤民之本，在人君正心術以立紀綱。蓋天下之紀綱不能以自立，必人主之心術公平正大，無偏黨反側之私，然後有所繫而立。君心不能以自正，必親賢臣，遠小人，講明義理之歸，閉塞私邪之路，然後乃可得而正。」〔註37〕

　　人君與幸臣商兌朝廷闕失，考論群下與人材也是以究心術爲出發點。宋梁克家應詔疏朝政之失，陳六事，「正心術」爲第一〔註38〕；元仁宗召儒臣李謙問治國之策，謙對疏九事，而「正心術以正百官」冠居之首〔註39〕。

　　唐太宗論高士廉，以爲其「涉獵古今，心術聰悟，臨難既不改節，爲官亦無朋黨。」〔註40〕金朝皇帝與完顏守貞論人材，「守貞乃迹其心術行事，臧否無少隱。」〔註41〕

　　不僅如此，究心術也是史家臧否歷史人物重要的尺度。孟子指斥五霸爲天下罪人，張儀、公孫衍爲妾婦，楊墨爲禽獸，是因爲他們「皆以其敗壞人心術而變亂是非，顛倒黑白，媽唇婢舌，人面獸心，略無帝王忠厚敦愨之氣故也」，而「如商鞅、孫臏、陳軫、蘇秦、張儀、稷下諸人，皆賊害人君之心術，雖人君有堯舜之道，有仁心仁聞，顧數人之學皆不足發揚於天下，適以啓人君好殺之心，詭詐之計耳。」這些人「縱橫捭闔、權謀詭異之學熒惑人主之心術，使人君以殺人爲功業，鬪土地爲英雄，阿徇人主之意，逢迎人主之惡，壞先王之法」〔註42〕。而史家對歷史人物評價也存在一個「心術」純正與否的問題。南宋林之奇撰《尙書全解》時曾批評唐人柳子厚妄以私意評

〔註36〕　宋・張九成《孟子傳》卷一二，四部叢刊本。
〔註37〕　《宋史》卷四二九，《朱熹傳》，北京：中華書局，1977年。
〔註38〕　《宋史》卷三八四，《梁克家傳》，北京：中華書局，1977年。其他五事次別爲：「二立紀綱，三救風俗，四謹威柄，五定廟算，六結人心」。
〔註39〕　《元史》卷一六○，《李謙傳》，北京：中華書局，1976年。其他八事次別爲：「崇孝治以先天下，選賢能以居輔相之位，廣視聽以通上下之情，恤貧乏以重邦家之本，課農桑以豐衣食之源，興學校以廣人材之路，頒律令使民不犯，練士卒居安慮危。」
〔註40〕　《舊唐書》卷六五，《長孫無忌傳》，北京：中華書局，1975年。
〔註41〕　《金史》卷七三，《完顏守貞傳》，北京：中華書局，1975年。
〔註42〕　宋・張九成《孟子傳》卷一二，四部叢刊本。

聖人，心術不純。他評價道：「堯與舜初非有天屬之親，而舜能率天下以事堯，使斯民戴堯之心無有厭斁，及其崩也，百姓如喪考妣，三載四海遏密八音，此其為難，蓋本試於諧頑嚚刑二女也。柳子厚智不足以知此，且謂堯不能使民忘之，不能以天下授舜，舜不能自繫於民，不能以受堯之天下，且謂『如喪考妣，三載四海遏密八音』乃是舜歸德於堯、史尊堯之辭，此蓋以一己之私意測度聖人者也，子厚之心術蓋可見矣。」〔註 43〕擔任編修遼、金、元三史總裁官的元代史家揭傒斯在回答丞相「修史以何為本」之問時，斬截答曰：「用人為本……用人之道，又當以心術為本。」〔註 44〕

第二節　德之史家修養自覺

　　作為知人論事最高境界的「心術」之究亦成為有資於治道之史家，面對紛繁複雜之史實史料，如何忠於歷史而又而不失史家主體意識的技術要約而漸進為一種史家修養為歷代史學理論家推究；及乾嘉章氏「辨心術以議史德」出，其卓特之處，除了它超越前此「心術」說之單純而普遍的道德訴求、進而超乎「心術」說在史學領域之狹隘的技術要約和史家學術修養之外，更重要的在於它觸及了史家之道德修養與史學之學術規範這樣一個關乎史學之科學性與主體性矛盾這一核心問題。

　　換言之，章氏「辨心術以議史德」之論以命題式的學術抽象、學理上的精微推闡、思想上的卓特超越，不僅集中國古代史家於此議之大成，而且縮傳統史學向現代歷史學轉變過程中，無法迴避之史學科學化如何面對、如何界定、如何調處自身發展之科學訴求與主體精神矛盾這一擺在歷史學發展面前的重要問題。這一關乎歷史學既不同於自然科學之科學，也不同於人文科學之科學，而卓然自立於人文－社會科學之域重大問題的觸及及推闡，在章氏之後百餘年隨著中國歷史學的發展，獲得了近現代史家及史學理論界積極的回應，成為新銳的史家受容西方史學思想，創立新史學的重要傳統資源。史學之科學訴求與主體精神的問題在歷史學的發展過程中通過史學理論不斷的探索以及現代歷史學學術規範的逐步建立得以不斷深化。由此而宏觀章氏「辨心術以議史德」說之理論貢獻，則無疑具有承前啟後的重要意義。

〔註43〕宋・林之奇：《尚書全解》卷二，載見《四庫全書》經部書類。
〔註44〕《元史・揭傒斯傳》，北京：中華書局，1976 年，第 4186 頁。

一、借「心術」：論史家之良莠

　　中國古代傳統史學關於史家修養問題的探索，大致經歷了史家社會責任問題、史家的專業素養、史家的品質德操等幾個重要階段。〔註45〕

　　史家社會責任感問題的提出，如果一定要落實到標誌的人和具有里程碑意義的事件上。筆者以爲孟子比較集中和系統的闡述是一種自覺意識的表現。《孟子・離婁下》說：

> 王者之迹熄而「詩」亡，「詩」亡然後「春秋」作。晉之《乘》、
> 楚之《檮杌》、魯之《春秋》，一也：其事則齊桓、晉文：其文則史。
> 孔子曰：「其義則丘竊取之矣。」〔註46〕

　　要像《乘》《檮杌》和《春秋》那樣記錄影響當時生活的大事，要有像史官一樣的史文表達功夫，還要像孔子一樣有對前史之「義」有獨到的研究，以便形成史識。這之前並非沒有史家通過自己的工作實踐史家的社會責任，恰恰相反。所以，孟子所論既是對他之前史家工作的總結，也是爲後來史家提供借鑒。春秋時期，雖無專門文字闡述史家的社會責任意識，但卻不乏史家履職盡責事迹的記錄，這些記錄折射出當時史家的社會責任意識。《左傳》載曹劌之謂「君舉必書，書而不法，後嗣何觀？」〔註47〕就是一種責任自覺的表現，晉國太史董狐直書「趙盾弒其君，以示於朝」就是史官對社會正義的堅守，孔子對其「古之良史也，書法不隱」〔註48〕的點贊，就是對其作爲史家節操、正義感和工作方式的肯定。齊國崔氏兄弟前赴後繼，以生命踐行「書法不隱」，以及南史赴義的舉壯〔註49〕，彰顯了史家以生命捍衛職業尊嚴，堅持社會正義的自覺。

〔註45〕　問題的階段性與階段性問題。用階段來概述，既具有時序的考量，也不囿於時序的限制。因爲有些問題可能是同時產生的，問題具有疊加性的；有些問題貫穿於不同時期，然而，不同時期選擇解決的問題又是有選擇性，所以有些問題會在一定時期顯得特別突出，只有待這樣的問題已經有了一定的解決，新的問題方才成爲突出要解決的問題。而每一個問題也有發生、發展、成爲主要矛盾的過程。綜合上述種種，則問題是可以有階段性。

〔註46〕　《孟子・離婁下》，阮元《十三經注疏・孟子注疏》，北京：中華書局，1980年，第2727～2728頁。

〔註47〕　《左傳・莊公二十三年》。

〔註48〕　《左傳・宣公二年》。

〔註49〕　《左傳・襄公二十五年》：太史書曰：「崔杼弒其君。」崔子殺之。其弟嗣書而死者，二人。其弟又書，乃捨之。南史氏聞太史盡死，執簡而往。聞既書矣，乃還。

　　而後世關於「史」字的疏證與商兌，從某種意義上也可以視爲從另外一個層面開啓的對早期史家工作性質和職責的考索與確認。這種「說文解字」的成果與《左傳》中關於那些傑出史家的記錄兩相對照，確實印證了「良史」如何忠實地踐履自己職責的情形。關於史家社會責任的意識和傳統是不是就在這種實踐和理論的反覆過程中得到了明確和昇華呢？筆者以爲至少是一個方面。「史」字在古代漢語中所指是十分豐富的，既指過去的歷史，也指記錄歷史的人（史家），也指史家日常工作的成果（史錄），也指史家在這些成果上著述的成果（史籍），也指後來史家在上述種種基礎上產生的成果（歷史）。東漢許慎《說文解字》所釋之「史」，乃就「史家」而言，是「史」字最早的意義。他說：「記事者也；從又，持中；中，正也。」「又」作「右手」釋，「中」作「正」釋。意謂史官應該忠實記錄歷史事實，而史家的公正與中正，正是忠實記錄歷史事實的前提。此釋與甲骨文中之「史」書形制契合無隙。至於更後來關於「史」字中所持非「中」乃「簡」等等局部意符的指事具體是什麼的解釋，可以豐富文字學研究上的成果，但無改於「史」作爲職官的工作性質和職責要約。

　　早期史家的專業修養集中體現文書、史識及史書之「直書」與「曲筆」的「書法」技術上。在傳世的甲骨刻辭中，就發現有當時史官習字的刻片，這說明至遲在商代，爲了便於在甲骨上刻寫，擔任史職的人就要練習甲骨刻寫的本領。到列國時代，已形成了「有事不書，是史失其職守」〔註 50〕的共識，以至於「夫諸侯之會，其德行禮儀，無國不記」〔註 51〕，甚至「后夫人必有女史彤管之法，史不記過，其罪殺之」〔註 52〕。漢時「太史試學童，能諷書九千字以上，乃得爲史。」〔註 53〕

　　隨著史學的發展，關於史家的專業素養要求也更加廣泛，再也不限於「一字褒貶」。「劉向、揚雄博極群書」，然「皆稱（司馬）遷有良史之材」，其《史記》堪稱「實錄」的典範之作，其在專業素養方面的具體表現爲：「善序事理，辨而不華，質而不俚，其文直，其事核，不虛美，不隱惡，故謂之實錄。」〔註 54〕司馬遷能夠寫出具有「實錄」性質的《史記》，其史德、史識自然了

〔註 50〕《國語‧楚語》。
〔註 51〕《左傳‧僖公七年》。
〔註 52〕《〈詩經‧靜女〉毛傳》。
〔註 53〕《漢書‧藝文志》。
〔註 54〕《漢書‧司馬遷傳》。

得，然而劉、揚所稱「服」者，更多的表達還是在其作爲史家的專業素養層面。這說明史家之「史德」對於「實錄」的影響雖然實際存在，但尚未上升到理論的探索層面。

然而，關於史家思想意識與道德素養問題的探索卻一直沒有間斷。理論方面標誌性的成果是南朝齊梁人劉勰（字彥和，465～520）在《文心雕龍》中提出的「素心」說，唐代劉知幾（字子玄，661～721）在《史通》中提出的良史「三才」論和元代史家大家揭傒斯（字曼碩，1274～1344）的「心術」論，明代學者胡應麟（字元瑞，1551～1602）的「公心」說。

「素心」、「心術」和「公心」說成爲「史德」論之前聲。《文心雕龍》之《史傳》篇開中國史家思想修養探討之先河。劉勰說：

> 若夫追懷遠代，代遠多僞。公羊高雲傳聞異辭，荀況稱錄遠略近。蓋文疑則闕，貴信史也，然俗皆愛奇，莫顧實理，傳聞欲偉其事，錄遠而詳其迹，於是棄同即異，穿鑿傍說，舊史所無，我書則傳，此訛濫之本源，而述遠之巨蠹也。至於紀編同時，時同多詭。雖定哀微辭，而世情利害。勳榮之家，雖庸夫而盡飾；迍敗之士，雖令德而常嗤。吹霜煦露，寒暑筆端。此又同時之枉，可就歎息者也。故述遠則誣矯如彼，記近則回邪如此，析理居正，唯素心乎！……
> 若任情失正，文其殆哉！〔註55〕

劉勰嘗言：「夫文心者，言爲文之用心也」〔註56〕其作《史傳》以論「素心」當「言爲史之用心」矣。在論中他從接受和傳播兩個方面的「心向」角度來推論史文之失眞闕實的緣由。「述遠」之「訛濫」由於「俗皆愛奇，莫顧實理」，「愛奇」導致了「傳聞而欲偉其事，錄遠而欲詳其迹」的衝動，而爲了滿足「愛奇」的需要，達到「偉其事」、「詳其迹」的目的，就不惜採取「棄同即異、穿鑿傍說，舊史所無，我書則傳」的不正當手段。而「紀編同時」「多詭」則是由於「世情利害」原因，所謂「勳榮之家，雖庸夫而盡飾；迍敗之士，雖令德而常嗤」。而面對「述遠則誣矯如彼，記近則回邪如此」的情形，劉勰以爲「唯素心乎」。「素心」即「白心」、「質心」、「空心」、「本心」，

〔註55〕劉勰：《文心雕龍·史傳》，不同版本中此段文字中存「素臣」與「素心」異，湖北大學歷史文化學院彭忠德教授考辨歷代版本，以爲「素心」是而「素臣」非。本文從此說。詳見彭忠德《劉勰「素心」與「素臣」辨析》，《史學史研究》，2006 年第 3 期。

〔註56〕《梁書·劉勰傳》，中華書局，1973 年，第 710 頁。

即心無雜念。強調史家不要存先入爲主的前見。如此，方能保證「析理居正」，避免「述遠」「記近」時的獵奇和媚俗。同時，「素心」還能防止史家「任情」。

劉勰的「素心」說開中國古代史家思想修養之先河，然而，其影響遠不及其「文心」之論。而較其晚出 200 餘年的劉知幾的「史才三長」論，影響之大可謂如遠弗蓋。於是劉氏被後世史家視爲中國第一位系統論述史家修養的史學理論家。

> 長安三年⋯⋯鄭惟忠嘗問劉子玄曰：「自古文士多而史才少，何也？」對曰：「史才須有三長：謂才也、學也、識也。夫有學而無才，猶良田百頃、黃金滿籯，而使愚者營求，終不能置貨殖者矣。如有才而無學，猶思兼匠石、巧若公輸，而家無梗柄斧斤，終不能成其宮室矣。猶好是正直、善惡必書，使驕主賊臣所以知懼，則爲虎傅翼矣。」時人以爲知言。〔註57〕

後世史家言劉必稱「史才三長」，並以劉氏不倡「史德」爲憾。筆者以爲劉氏「對言」中「史才須有三才」一語，誤導讀者關注「三才」，而輕忽了「猶須好是正直，善惡必書」之說。「猶」，在這裡表並列。由此看來，則劉氏之憾並非沒有注意到史家思想道德品質，他所言「好是正直」，即屬於史家思想道德方面的修養，（「善惡必書」是史家之膽量和勇氣的問題，這是傳統史家關於史家修養一以貫之的素質要求。）只是沒有用「史德」或相近的概念來冠蓋這一思想，形成「德」「才」對舉以突出史家思想品德修養。當然，我們也可以說劉氏關於史家思想道德品質的說法也沒有超出「良史以實錄直書爲貴」這一技術層面的認識。所以，有待來者更新銳的和系統的闡述。而元人揭傒斯舊瓶新酒的「心術」說，將這一認識大大地推進了一步。《元史‧揭傒斯傳》載：

> 詔修遼、金、宋三史，傒斯與爲總裁官。丞相問：「修史以何爲本？」（傒斯）曰：「用人爲本。有學問、文章，而不知史事者，不可與；有學問、文章、知史事，而心術不正者，不可與。用人之道，又當以心術爲本也。」〔註58〕

〔註57〕《唐會要》卷 63，《修史官》條，臺北商務印書館景印文淵閣四庫全書，1986年，第 606 冊，第 811 頁。
〔註58〕《元史‧揭傒斯傳》，中華書局，1976 年，第 4186 頁。

　　揭氏之論「修史之本」的可貴在於，不僅承襲且光大了劉知幾關於「史家三長」的思想，使史家修養由「三長」而發展爲有學問、有文章、知史事、心術端「四長」，豐富了史家修養的內涵。而且突出了「用人之道，又當以心術爲本」，將「心術」提到了「本」的位置。強調「心術不端」者，「不可與（修史書）」，意謂即使「學問」、「文章」、「史識」三者兼美，「心術不端」也可以一票否決。揭氏「心術」論的另一重貢獻是繼承了宋儒對「心術」論的發展，並通過語用上窄化或專門化過去某一概念，賦予舊概念以新思想，借用了流之久遠的「心術」作爲史家思想道德品質的專門概念。

　　元以後，承揭氏之說，運用「心術」闡述史家思想品德修養的學者日眾，並且認爲「心術端」是良史之前提，說明史家之思想道德修養受到史學理論和實踐的廣泛重視，同時說明揭氏「心術」說影響之深遠，已超過劉知幾「三才」說。明代學者丘濬說：

> 公是公非，紀善惡以志鑒戒，自非得人如劉知幾所謂兼才學識三者長，曾鞏所謂明足以周萬事之理、道足以適天下之用、智足以知難知之意、文足以發難顯之情不足以稱是任也，雖然，此猶非其本也，若推其，必得如元揭傒斯所謂學問、文章、知史事，而心術正者然後用之，則文質相稱，本末兼該，而足以爲一代之良史矣。

〔註59〕

　　繼揭傒斯之後，明代學者胡應麟在論及史家修養時有「公心」說。他說：

> 才、學、識三長，足盡史乎？未也。有公心焉、直筆焉，五者兼之，仲尼是也。董狐、南史，製作無徵，維公與直，庶幾盡矣。秦漢以下，三長不乏，二善靡聞。〔註60〕

　　胡氏「良史五才」（劉氏「三長」加胡氏「二善」）可以看作既是劉知幾「良史三才」的豐富與補遺，也可以視爲是對揭傒斯以「心術」立論闡述史家道德修養所作之概念上的修正。無論從哪一個方面講，都可以視爲在前述

〔註59〕　丘濬：《大學衍義補》卷七，《正百官》。文中所言曾鞏良史之論，有四條標準，所謂明、道、智、文。他說：「古之所謂良史者，其明必足以周萬事之理，其道必足以適天下之用，其智必足以通難知之意，其文必足以發難顯之情，然後其任可得而稱也。」《曾鞏集》卷一一，《南齊書目錄序》，中華書局，1984年。曾氏之論良史雖然比劉氏多出一條，然所論反不及劉氏之三長論，所以丘濬認爲他也不及揭氏之「心術」論，評價是公允的。

〔註60〕　胡應麟：《少室山房筆叢・史書占畢一》卷13，上海：中華書局，1958年，第167頁。

史家基礎上所作出的新努力。對前者而言是補缺，認爲史家在專業修養之外應該還有思想品質、道德修爲方面的問題；對後者是希望創新，用了接近「心術」的「公心」這一概念。「公心」說的提出，說明史學理論家既已認同揭氏關於史家道德修養當置於所長之首的認識，又不滿足其用舊概念指涉新思想的權益之計，而要創造一個新概念來表達新思想的衝動。上述種種都說明學者們既意識到史家道德修養方面的問題，也希望找到能夠區別史家專業修養與之對舉的概念，但是沒有脫離舊有「心術」說的影響，揭傒斯是通過置換重新賦與舊概念新的意義來標舉史家道德修養的問題。胡應麟是通過更易舊概念個別詞素的方式來顯示這一問題的重要性。史家道德修養的問題從朦朧意識到強烈的關懷，始終圍繞「心」在做文章，都沒有擺脫傳統思維的影響，所以，總是表現爲希望運用傳統的概念工具建構新的學術思想，這一方面說明傳統史學的生命力，在其發展的過程中也有不斷地向新的理論領域掘進的訴求或可能，另一方面說明史學傳統在給史學新的發展動力的同時也需要有新的突破。而上述學者關於史家修養的理論探索已經爲「史德」這一概念提出以及與之相關的新思想的產生積蓄了臨門一腳的勢能。

二、「辨心術以議史德」集大成開新章

　　清代乾嘉時期，以思辨見長的章學誠，將古代史學理論推向了高峰，提出了「辨心術以議史德」的「史德」說。縷析其所「辨」「議」之要旨大約歸括於茲是謂：一辯良史之長不可不議史德，「史德者」，「著書者之心術也」；二議「心術不可不慎」；三述「心術貴於養」；四論「所養」當「底於粹」。章氏就此理論所做的深刻的闡述，既是對前此史家專業修養說的超越，也是對以「心術」說爲史家道德修養認識的集大成和超越，其深遠的意義更是在於它甚至超越了單純史家道德論的範疇，而觸及了史學科學性訴求與主體性要約矛盾這一本質問題。如果說中國近現代歷史學在其發展的過程中是經由西方現代史學思想啓蒙方自覺意識到這一問題，且經過不斷的理論探索和史學實踐，實現了以學術規範的形式在來明確這一點的話，那麼，章氏「史德」說在某種意義上，已經爲其奠定了接受西方思想的基礎，成爲新史學思想植成之思想的土壤，且開啓學術之漸。

　　章氏通過辯良史之長，而議「史德」當爲良史之首長，解證「史德」即「心術」。他說：

　　　　才、學、識三者，得一不易，而兼三尤難，千古文人多而少良

史，職是故也。昔者劉子玄，蓋以是謂足盡其理矣……非識無以斷其義，非才無以善其文，非學無以練其事，三者固各有所盡也，其中固有似之而非者也。

記誦以為學也，辭采以為才也，擊斷以為識也，非良史之才、學、識也。雖劉氏之所謂才、學、識，尤未足以盡其理也。夫劉氏以謂有學無識，如愚估操金，不解貿化。推此說以證劉氏之指，不過欲於記誦之間，知所抉擇，以成文理耳。故曰：古人史取成家，退處士而進奸雄，排死節而飾主闕，亦曰一家之道然也，此猶文士之識，非史識也。能具史識者，必知史德。德者何？謂著書者之心術也。

章氏「辨心術以議史德」從辯證劉知幾「良史三才」論著眼，認為其既呈「足盡其理」之名，又現「尤未足以盡其理」之實，他通過具體分析史之構成（文、事、義）與「良史三才」（才、學、識）關係的闡述，指出「不知心術而議史德」，「競言才、學、識」，不過「文史之儒」，無以稱「良史」。章氏認為「良史三才」固然是保證「信史」的必要條件，而「史德」更是不可或缺的首要保證。因為信史出諸信人，如果「素行為人所羞，言辭何足取重！」梁啟超評價此論道：劉知幾論史家三才，而章實齋復益以「史德」冠首，目為四長。且謂史家第道德，莫過於忠實。造成史之不信固然因由多致，存在各種各樣的原因而史家道德是首要致因。

「史德」即「著書者之心術」，而「心術不可不慎」，蓋因承撰史文之史家之生理與性情關係到史撰「公」「私」之逞。他說：「史貴於義」，「史之義出於天，而史之文不能不藉人力以成之」，若「史文即忤於大道之公，其所感召者微也。」而「凡文……所以動人者氣也」，「所以入人者，情也」。然而，「氣昌而情摯」之「天下至文」，「其中有天、有人，不可不辨也」。氣、情之於文也，「貴於平」、「貴於正」。若「氣失」、「情失」而致「陰陽伏沴之患」，最終必然致「似公而實逞於私」，「似天而實蔽於人」之患，「故曰：心術不可不慎也。」

「慎心術」，貴於養心術。濟養之道在乎史騷之辨、六藝之習。他批評後世那些不能正確評價史遷和屈原史、騷之述的人說：「不學無識者流，且謂誹君謗主，不妨尊為言辭之宗焉，大義何由得明，心術何由得正乎？夫子曰：『《詩》可以興』。說者以謂興起好善惡惡之心也。好善惡惡之心，懼其似之

而非,故貴平日有所養也。《騷》與《史》,皆深於《詩》者也,言婉多風,皆不背於名教,而梏於文者不辨也。故曰:必通六藝比興之旨,而後可以講『春王正月』之書。」〔註61〕

「心術貴於養」,「所養」當「底於粹」。至於非「辯心術以議史德」不可者,章氏從人性與人之生理的角度剖析了世情所趨與性情必致兩個方面申明粹練心術之必要。他的這種認識影響了後來史家於此的認識,梁啓超認為史之不能臻於忠實者,一曰誇大,二曰附會,三曰武斷。這不能臻於忠實的三大首因,都是指向史家自身道德修養的。所以,章氏所論切中肯綮。他說:

> 為著書者之心術也。夫穢史者所以自穢,謗書者所以自謗,素行為人所羞,文辭何足取重。魏收之矯誣,沈約之陰惡,讀其書者,先不信其人,其患未至於甚也。所患夫心術者,謂其有君子之心,而所養未底於粹也。夫有君子之心,而所養未底於粹,大賢以下,所不能免也。此而猶患於心術,自非夫子之《春秋》,不足當也。蓋欲為良史者,當慎辨於天人之際,盡其天而不益於人也。盡其天而不益於人,雖未能至,苟允知之,亦足以稱著述之心術矣。而文史之儒,競言才、學、識,而不知辨心術以議史德,烏呼可哉?〔註62〕

此中強調「蓋欲為良史者,當慎辨天人之際,盡其天而不益以人也。盡其天而不益以人,雖未能至,苟允知之,亦足以稱著書者之心術矣。」章氏所論不僅廓清了前人在「良史之才」上的是是非非,而且賦予了「心術」更切實具體的內容,實現了「心術」說與「史德」論的自然轉換,並且以一個學者的嚴謹態度指出,一個有志於成為良史的史家,「當慎辨於天人之際,盡其天而不益以人」,即使不能完全做到這一點,只要明瞭這一點、認同這一點,也可以稱得上是心術端正的史家。「天人之際」和「盡其天不益以人」的認識,從某種意義上講,已經超載了單純「史德」之論。而是提出了一個更深刻的問題,這個問題關乎史學本體的核心,即史的真實性或說科學性要約與史家主體意識發揮不可能不產生矛盾的問題。

有學者認為「其內容不只是據事直書、書法不隱而已,更重要的還在於分清史家主觀與歷史客觀,正確處理好兩者之間的關係,要盡可能地如實反

〔註61〕章學誠:《史德》,《章學誠遺書》,北京:文物出版社,1985年,第40頁。
〔註62〕章學誠:《史德》,《章學誠遺書》,北京:文物出版社,1985年,第40頁。

映客觀史實，尊重歷史真相，而不摻雜主觀偏見。」〔註 63〕章氏所議史家著史不是不要主觀，只是不要摻雜主觀偏見。史事之事、文、義三者中，義固然蘊諸事，藉之文，然而，沒有史家主觀的參與，何來事之存、文之傳，義又從何而來，從最早的「一字之褒貶」，到稍後的講究「書法」，到再後的義例之創，無不體現了史家之社會觀、正義觀、倫理觀和歷史觀，所以，「史所貴者，義也」，「譬之人身，事者其骨，文者其膚，義者其精神者也」，「史家著述之道。豈可不求義意所歸乎？」「載筆之士，有志於《春秋》之業，固將惟義之求」〔註 64〕。而「信史」的原則「一方面相信客觀歷史能夠召喚實記錄和敘述，並要求史家治史儘量摒棄成見，使記錄和敘述適得其真；另一方面，又要求治史者不可放棄正當、合理的主觀信念，必須賦予史學以某種真理性的意義，以為述往知來的借鑒。」〔註 65〕筆者以為章氏此論意義不止於上述的評價，而是縮傳統史學「文」「事」「義」之說，又觸及到了現代歷史學科學性與主體性關係的核心問題。從而給其後史家的啟示，不僅止於史家道德修養的意識，而且啟發了他們關於歷史學本體論的思考。

　　中國古代史學有很好的傳統，古代史學的發展與史學傳統的形成、發揚與適時轉進是密切相關的。而高揚史家的社會責任感、注重史家專業技術修養、強調史家思想道德意識培養、不斷挖掘和豐富史家史德的內涵，自覺探索史家史德的養成規律等都是傳統史學極可寶貴財富。章氏「辨心術以議史德」論，適時轉進和昇華了傳統史學關於史家修為和史學傳統史德理論，並為中國古代史學傳統向現代學術的轉換奠定了一定的思想基礎。

〔註63〕　倉修良、葉建華：《章學誠評傳》，南京：南京大學出版社，1996 年，第 213頁。

〔註64〕　分別見《章學誠遺書》內篇五《史德》、外篇一《方志立三書議》、內篇四《伸鄭》、內篇四《言公》。北京：文物出版社，1985 年版。

〔註65〕　王學典：《史學引論》，北京：北京大學出版社，2008 年，第 206 頁。

第五章 方志理論與實踐的學理邏輯

第一節 以史爲則

　　章學誠對於中國方志學的貢獻，雖爲學者縷闡不絕，成果累累，汗牛充棟，然而總體上卻表現爲細節關注和專題研究充分，而整體關照和系統研究不夠。這主要是由如下兩個方面的原因造成的：一方面是章氏方志理論的闡述遍及零零散散之相關書信和林林總總之方志序、方志評議中；其方志修纂實踐斷斷續續貫穿其一生的稻粱之計和學術活動中，加之，章氏方志「撰著派，則惟實齋爲集成之祖，因此遂樹無數之敵，到處皆受彈射以去」〔註1〕，所撰之志被毀纂、改易甚眾，以致所有文本要麼僅遺目錄，要麼面貌繽紛駁雜，難免給人破碎之象、支離之惑。另一方面，也有研究者未及宏觀考察、系統研究的原因，更有整體完型幾不可想像，望峰息止等意願因素。如果借助學術界已有的研究成果，通過系統考察和整體完形方式來看章氏方志理論和實踐，則可發現其總體上呈現鮮明的以史爲則、以學爲用、以用爲體的學理邏輯與方志就是區域全史的價值取向。換言之，章氏方志理論和實踐總體上是按照國史的體制、義例和功能作爲標準來評價既往方志認識與

〔註1〕 王葆心：《清代方志學撰著派與纂輯派爭持論評》認爲：在清代方志史上，出現了以章學誠爲代表的撰著派和以戴震爲代表的編纂派，兩派鬥爭異常尖銳。而章實齋之方志理論新起，對舊有方志理論和方志編纂形成衝擊。他認爲，這是一樁學術公安，「此乃方志新派初成立，而舊派起而與之激烈鬥爭之大公案。」

實踐的，也是按照這一標準來建構其方志理論、指導自身的方志修纂實踐，並在實踐中修正和完善其方志理論的；章氏將其方志理論建設的理想和學術活動根植於辨章學術、考鏡源流的基礎上，奠定其方志學的理論體系，且通過理論修爲與實志修纂相結合的方式，確立其理論的系統性和科學性；而這一切努力都是與其「史學經世」、學爲經世的學術宗旨相生相諧，一以貫之的。

一、多角度、多層次的「志」「史」關係論

關於志與史的關係。綜考章氏所論，大致有「志即志」、「志即識」和「志即史」三種闡述。這三種闡述在學理上可視爲以史爲則的多角度、多層次論述，在邏輯上可視爲總分或分總關係。

志即志之論。所謂「夫志者，志也，其事其文之外，蓋有義焉。所謂操約之道者，此也。」〔註2〕「志者，志也，其事其文之外，蓋有義焉，史家著作之微旨也。」〔註3〕「夫志者，志也。人物列傳，必取識心裁，《春秋》之謹嚴，含詩人之比興，離合取捨，將以成其家言，雖曰一方之志，亦國史之具體而微矣。」〔註4〕

志即識之說。所謂「志者，識也，簡明典雅，欲其可以誦而識也。」〔註5〕「夫志者，識也，典雅可識，所以期久遠也。」〔註6〕「志者，識也，文士華藻，掾史案牘，皆不可以爲志，明矣。」〔註7〕

志即史之議。「志乃史體」〔註8〕，「志者，史之一隅」〔註9〕，「志屬信

〔註2〕 章學誠：《〈亳州志·掌故〉例議下》，《章學誠遺書》，北京：文物出版社，1985年，第137頁。

〔註3〕 章學誠：《爲張吉甫司馬撰大名縣志序》，《章學誠遺書》，北京：文物出版社，1985年，第129頁。

〔註4〕 章學誠：《〈亳州志·人物表〉例議下》，《章學誠遺書》，北京：文物出版社，1985年，第137頁。

〔註5〕 章學誠：《通志凡例》，《章學誠遺書》，北京：文物出版社，1985年，第243頁。

〔註6〕 章學誠：《湖北通志序傳》，《章學誠遺書》，北京：文物出版社，1985年，第251頁。

〔註7〕 章學誠：《湖北掌故敘例》，《章學誠遺書》，北京：文物出版社，1985年，第297頁。

〔註8〕 章學誠：《答甄秀才論修志第一書》，《章學誠遺書》，北京：文物出版社，1985年，第138頁。

〔註9〕 章學誠：《〈和州志·志隅〉自敘》，《章學誠遺書》，北京：文物出版社，1985年，第552頁。

史」〔註 10〕，「志乃史載」〔註 11〕，「志乃史體」，「爲國史要刪」〔註 12〕「部府縣志，一國史也」。

　　比較章氏關於「志」的多重闡述，最終都是強調方志與史的殊別。「志即志」強調「義」與「史家之微旨」；「志即識」強調「典雅可識」，「期久遠」；「志即史」強調「史體」。按他的別一種表述，說得更分別。他說：「百國春秋，實稱方志」〔註 13〕，「夫家有譜，州縣有志，國有史，其義一也」〔註 14〕，所以，「州縣志乘，比之於古者列國之史書，尚矣。」〔註 15〕是以，章氏方志與傳統學人視界中的方志，實際上同名異物，雖是同一個語辭，但卻是兩個概念。章氏之方志，可以作爲地方史或區域史來理解。若能這樣理解，則章氏所謂「方志敬愼采輯，體當錄而不敘」〔註 16〕之說。就像有學者指出的那樣：「方志與地方史的內容並不同。方志以一空間相對穩定之自然人文地理及此空間內發生之部分人文事迹爲記錄對象，以『靜』制『動』，是一地方方方面面的簡單介紹，中間缺乏人文歷史故事性，缺乏歷史事件的過程性。而歷史更關注的是『動』，即某一空間內人群所發生的舊事，需要講出完整的人文故事。史與志的區別，也就是講故事與介紹之別。」〔註 17〕換言之，章氏方志說更注重「史義」，強調人和人群在歷史中的意識與活動，強調人作爲歷史活動的主體性存在因素。此亦可視爲其歷史思想人文性的表現。

〔註 10〕章學誠：《修志十議呈天門胡明府》，《章學誠遺書》，北京：文物出版社，1985年，第 141 頁。

〔註 11〕章學誠：《書〈武功志〉後》，《章學誠遺書》，北京：文物出版社，1985年，第 133 頁。

〔註 12〕章學誠：《答甄秀才論修志第一書》，《章學誠遺書》，北京：文物出版社，1985年，第 138 頁。章學誠：《復崔荊州書》，《章學誠遺書》，北京：文物出版社，1985年，第 128 頁。

〔註 13〕章學誠：《湖北文徵序列》，《章學誠遺書》，北京：文物出版社，1985年，第 298 頁。

〔註 14〕章學誠：《爲張吉甫司馬撰〈大名縣志序〉》，《章學誠遺書》，北京：文物出版社，1985年，第 129 頁。

〔註 15〕章學誠：《〈和州志・政略〉序列》，《章學誠遺書》，北京：文物出版社，1985年，第 561 頁。

〔註 16〕章學誠：《〈永清縣志〉・恩澤紀第二》，《章學誠遺書》，北京：文物出版社，1985年，第 419 頁。

〔註 17〕錢茂偉：《章學誠方志理念的再認識》，《章學誠國際學術研討會論文集》，北京：北京圖書館出版社，2004年，第 125 頁。

二、「方志爲國史之羽翼」

方志，是中國傳統史學相對於國史而提出的一個概念。章氏方志理論的特點之一是，注重方志與國史之間關係的論述。他說：

> 「（周官）外史掌方之志，注謂：若晉《乘》、魯《春秋》、楚《檮杌》之類，是一國之全史」；所謂「全史者」即言「方州雖小，其所承奉而布施者，吏、戶、禮、兵、刑、工，無所不備，是則所謂具體而微矣。國史於是取裁，方將如《春秋》之藉資於百國寶書也。」〔註18〕

章學誠有此認識，既有其於方志認識的「別識獨裁」，也因清代中葉整體上對傳統學術思想的整理和反思的學術風尚，更因爲清代方志修纂之盛，爲歷朝歷代爲最的現實需要有更高的理論指導和糾偏。清代志修之盛，其原因也是多方面的：清廷大力提倡；失意文士和學人逞才之謀；功名不第者溫飽之計。章學誠矢志於志乘之修，除了兼具上述種種緣由之外，更重要的是他自恃關於史學的見識和方志的理念遠遠高出同儕，頗爲自得，故專意於此。所謂學以明道，史學經世，志乘踐之。

章氏說：「知史學之本於《春秋》，知《春秋》之將以經世，則知性命無可空言。」〔註19〕史學經世的理論包括三個方面：「六經皆史」論，「道器合一」說，方志義例議與方志修纂實踐。

章氏說：「史志之書，有裨風教者，原因傳述忠孝節義，凜凜烈烈，有聲有色，使百世而下，怯者勇生，貪者廉立。」〔註20〕所以方志乃世功之志、世功之業，需要世功之才。「丈夫生不爲史臣，亦當從名公巨卿，執筆充書記，而因得論列當世，以文章見用於時。如纂修志乘，亦其中一事也。」〔註21〕又說「（吾）十五六歲……性情已近於史學。」〔註22〕「吾於史學，蓋有天授，自信發凡起例，多爲後世開山。」〔註23〕這種「多爲後世開山」的「發凡起

〔註18〕 章學誠：《方志立三書議》，《章學誠遺書》，北京：文物出版社，1985年，第123頁。

〔註19〕 章學誠：《浙東學術》，《章學誠遺書》，北京：文物出版社，1985年，第15頁。

〔註20〕 章學誠：《答甄秀才論修志第一書》，《章學誠遺書》，北京：文物出版社，1985年，第138頁。

〔註21〕 章學誠：《答甄秀才論修志第一書》，《章學誠遺書》，北京：文物出版社，1985年，第138頁。

〔註22〕 章學誠：《家書六》，《章學誠遺書》，北京：文物出版社，1985年，第93頁。

〔註23〕 章學誠：《家書二》，《章學誠遺書》，北京：文物出版社，1985年，第92頁。

例」，雖說在史纂，特別是關於通史之修纂的構想上多有體現，然而眞正有付諸實踐機會的畢竟只限於方志的編修。

注重正史與方志的關係。「方志，一方之史也」，「爲國史取材之資」。此實齋語，而梁啓超重申此意，徑直引也〔註24〕，足見此識之卓也。當然，梁啓超認爲方志於中國史的意義較章氏更爲深遠。梁氏以爲中國國土面積甚爲廣大；地形地貌又特別複雜；民族眾多；風俗習慣殊異。而統一之國史難以兼顧萬全，是以，方志應該在中國史中有特別的功能與地位。這些認識都受章氏啓發。關於方志與國史（通史）之關係問題，章氏在《跋湖北通志檢存稿》（嘉慶二年，1797，60歲）中說：

> 余撰方志，力闢纂類家之蕪沓，使人知方志爲國史羽翼，故於前古人物，久標史傳，無可疑者，概列於人物表，不復爲傳：所爲傳者，多出宋元而後，史傳所載與他書迥有異同，或史本無傳者方始爲之。〔註25〕

《方志立三書議》中又說：

> 紀傳正史，《春秋》之流別也：掌故典要，官《禮》之流別也：文征諸選，風《詩》之流別也。〔註26〕

之所以有這樣的問題產生，是因爲傳統史學理論與史學實踐未能觸及史之隔離性。正史成爲王朝興替史，成爲君史、朝史或君臣史，而非國史。史界革命，表面上是學術中事，實際上是政治上事。梁啓超說：從前的中國人只知有朝廷而不知有國家。反應在學術上自然是只有君史、君臣史或朝史，而沒有民史或社會史。而傳統中國又是一個宗法社會。宗法社會的一個最大特點，除了解決君統和嗣統問題外，還表現在治事兩分。君臣只負責君國之事，地方上的事是官紳共管的，且朝廷委派的官員在地方上也只負責治安和司法，其他治事基本靠鄉紳和宗族來負責。而正史卻只顧及到朝廷一巴掌的地方，罔顧朝廷之外的地方，造成了史志之闕。梁啓超言「最古之史，實爲方志。」〔註27〕此說承實齋而來，但卻沒

〔註24〕梁啓超著、朱維錚校注：《梁啓超論清學史二種》，復旦大學出版社，1985年，第468頁。

〔註25〕章學誠：《〈跋湖北通志〉檢存稿》，《章學誠遺書》，北京：文物出版社，1985年，第611～612頁。

〔註26〕章學誠：《方志立三書議》，《章學誠遺書》，北京：文物出版社，1985年，第123頁。

〔註27〕梁啓超著、朱維錚校注：《梁啓超論清學史二種》，復旦大學出版社，1985年，第439頁。

有解釋。光緒十六年，蔡元培在董理上虞方志，擔任總纂，擬訂凡例時，推闡章氏方志理論與實踐，以爲：「（其）胎義於《周官》，脈法於《春秋》，象形於太史」〔註28〕實乃切中肯綮之論。蔡氏發現了章氏方志理論的學脈術宗，而章氏之所以能形成這樣一整套的方志理論實賴其學術之辨與源流之考。

第二節　以學爲用

　　辨章學術，考鏡源流是章氏學術的基本理路。這種學術路術在其方志學理論的建構和撰修實踐中也得到了一以貫之的堅持。以學術求眞的精神來考察歷史上方志之緣起與沿革，發現方志由最初「國史」屬性之列國史，成爲後世正史典範被很好地承襲發揚，而自身卻被不斷邊緣化。以至於一變而爲地理專書；再變而爲文士應酬消遣之具；次變而爲史之文獻備徵之叢類。這樣的考索雖然有太過整齊之嫌，但總體趨向是符合實際的。

一、方志之歧誤：地理書、應酬文和纂類書

　　章氏屢議方志之緣起，實爲後之方志認識的多歧和方志編修實踐中的多誤奠定反正的基礎。在章氏看來，「方志久失其傳」，以致「今之所謂方志」，其實已「非方志也。」〔註29〕

　　「方志」「非方志也」，是因爲它在發展的過程中，漸漸偏離了「志乃史體」的形制。首在「體」「失之繁碎」，具體表現爲「州縣志書，多分題目，浩無統攝也。如星野、域疆、沿革、山川、物產、俱地理志中事也；戶口、賦役、征榷、市糴，俱食貨考中事也；災祥、歌謠、變異、水旱，俱五行中事也；朝賀、壇廟祀典、鄉飲賓興，俱禮儀中事也。凡百大小，均可類推。」〔註30〕究其致因乃因「標題不得史法」、「不合史例」，「其體直如《文選》，而一邑著述目錄，作者源流始末，俱無稽考」，以致「志藝文者」「非志體也」〔註31〕。針對標題

〔註28〕蔡元培：《重修上虞縣志例言》，《蔡元培全集》，杭州：浙江教育出版社，1998年。

〔註29〕章學誠：《方志立三書議》，《章學誠遺書》，北京：文物出版社，1985年，第123頁。

〔註30〕章學誠：《答甄秀才論修志第二書》，《章學誠遺書》，北京：文物出版社，1985年，第138頁。

〔註31〕章學誠：《修志十議呈天門胡明府》，《章學誠遺書》，北京：文物出版社，1985年，第140頁。

無所裁併，無所統攝的志目之弊，「志藝文者」不合其體志修之失。章氏提出「更定凡例，一仿班志劉略，標分部彙，刪蕪擷秀，跋其端委，自勒一考，可為他日館閣校讎取材，斯則有裨文獻」〔註32〕的主張，收裁併統攝之效。總之，地理化的方志以記錄地方地理物產為主要內容，目的在於宣傳地方。而作為史志的方志，並不是不記載地理物產，而是以地理環境中的人類活動為主要記寫內容，地理因素只是作為人類活動的背景因素出現的。

　　方志的文人閒嬉化，也是方志悖離史志傳統而致其漸成無用之文的一個很重要的方面。章說：「蓋方志之弊久矣」，依方志之撰著者而論，「大抵有文人之書，學人之書，辭人之書，說家之書，史家之書，惟史家為得其正宗。而史家又有著作之史，與纂輯之史，途徑不一。」〔註33〕他的這些見識並不為當時主流學術界所認同。比如《四庫全書》即將方志列入地理一門，一般比較高明的認識亦不過取方志實用之趣，視方志若纂類，充文獻而已，更有像戴震這樣的學界領袖堅持認為：「夫志以考地理，但悉心於地理沿革，則志事以竟。侈言文獻，豈所謂急務哉？」〔註34〕

　　章學誠在《報黃大俞先生書》中說：

　　　　方志一家，宋、元僅有存者，率皆誤為地理專書。明代文人見解，又多誤作應酬文墨。近代漸務初學者，凡修方志，往往侈言纂類家言。纂類之書，正著述之所取資，豈可有所疵議？而鄙心有不能愜者，則方志纂類諸家，多是不知著述之意，其所排次裒積，仍是地理專門見解。〔註35〕

　　對於方志的認識，歷代學人各有不同，但無論是將方志視為「地理專書」，「誤作應酬文墨」還是「纂類之書」，在章氏看來，都是對方志的誤解，貶損了方志作為古國史、如古國史、乃一方之全史的史屬特性。是「不知方志之為史裁」的鄙陋之見。他說：

〔註32〕章學誠：《修志十議呈天門胡明府》，《章學誠遺書》，北京：文物出版社，1985年，第 140 頁。

〔註33〕章學誠：《報廣濟黃大尹論修志書》，《章學誠遺書》，北京：文物出版社，1985年，第 127 頁。

〔註34〕章學誠：《記與戴東原論修志》，《章學誠遺書》，北京：文物出版社，1985 年，第 128 頁。

〔註35〕章學誠：《報黃大俞先生書》，《章學誠遺書》，北京：文物出版社，1985 年，第 77 頁。

宋、元以來，至於近代，方州之書，頗記任人名氏；然猥瑣無文，如閭縣令署役卯簿，則亦非班史年經月緯之遺也。或編次為表者，序錄不詳，品秩無次；或限於尺幅，其有官階稍多，不沿革異制，即文武分編；或府州別記，以趨於簡。不知班史三十四官，分一十四級之遺法也。〔註36〕

在《丁巳歲末暮書懷投贈賓谷轉運因以志別》中，他又說：

周官外史領方志，成周一道同風治，《乘》《杌》《春秋》各擅名，侯國改制非西京。志乃國史舉全體，陋儒誤認為圖經，司書版圖有專職，如何方志混黑白，封建郡縣今古殊，民彝物則無隆污，行人五物獻當寧，風詩採貢國史序。古人經緯分明，後人不復辨牛鼠。〔註37〕

在《和州志皇言紀序例》說：

古者國別為書，而簡策的所昭，首重王命，信可徵也。是以《春秋》歲首必書王正。

王言絲綸，史家所重，有由來矣。後代方州之書，編次失倫，體要無當，而朝廷詔誥，或入藝文；篇首標記，或載沿革。又或以州縣偏隅，未有特布德音，遂使中朝掌故，散見四方之志者，闕然無所考見。〔註38〕

章氏此序，意在說明在方志中要增設《皇言紀》的理由乃因「後代方州之書，編次失倫，體要無當」，致使「中朝掌故」「闕然無所考見」，但是也間接說明了本來體承《春秋》王正之義例的方志，由於「失倫」、「無當」，既不能彰顯政教之迹，也有失史書體例與體現政教關係，於是失去了史書的功能。方志在發展的過程中，所失漸多，因此，要還原其作為史的本來面貌，所要恢復或革新者也就不在少數。在同一篇文章中章氏還就《和州志》創立官師表的理由作了申述。他說：

班固《百官公卿表》，猶存古意，其篇首敘官，則太宰六典之遺也，其後表職官姓氏，則御史數從政之遺也。

〔註36〕章學誠：《〈和州志官師表〉序列》，《章學誠遺書》，北京：文物出版社，1985年，第552頁。

〔註37〕章學誠：《丁巳歲末暮書懷投贈賓谷轉運因誌別》，《章學誠遺書》，北京：文物出版社，1985年，第317頁。

〔註38〕章學誠：《〈和州志‧皇言紀〉序例》，《章學誠遺書》，北京：文物出版社，1985年，第552頁。

　　夫百職卿尹，中朝敘官；方州守令，外史紀載。《周官》御史數
從政之士，則外史所掌四方之志，不徒山川土俗，凡所謂分職受事，
必有其書，以歸柱下之掌，可知也。〔註39〕

　　總之，他對宋、元以來，經明代至清代的方志編修幾持不可觀、無可用、無濟於史編的認識，而所論而非者一以古之國史的規模、體制、義例和功能來衡權。要改變這種歷代方志編修之誤的現狀，恢復方志「乃百國春秋」的本來面貌。首要的是要正本而肅流，歸其所本，從其所來，然後方可以言革除流弊。

二、歸其本、從其來，恢復方志「百國春秋」面貌

　　如何恢復方志作為史書的本來面貌呢？歸其所本，從其所來，再革新之。章氏嘗言：

　　方志義本百國春秋，掌故義本三百官禮，文徵義本十五國風，
古者各有師授淵源，各有官司典守。〔註40〕

又說：

　　紀傳正史，《春秋》之流別也；掌故典要，官《禮》之流別也；
文征諸選，風《詩》之流別也。〔註41〕

　　梁啟超注意到了這個問題，他通過比較章氏所編方志類目和內容與舊方志典範之作的區別，讓我們看到章氏在方志編纂實踐上所具有的創新。

　　章氏以為，方志不僅在類目上失重，而且在書寫方式和姿態上也有所失，這進一步加劇了方志的「不正」，它失去了史的莊重，給人猥濫之感，這一點尤其表現在人物傳記方面。要麼「人物寥寥」，要麼千篇一律，他在《永清縣志闕訪列傳序例》說：

　　舊志所載，人物寥寥，而稱許之間，渾無區別，皆學伏、鄭，
才盡班、揚，吏必龔、黃，行惟曾子。且其文字之體，尤不可通。
〔註42〕

〔註39〕章學誠：《〈和州志·官師表〉序例》，《章學誠遺書》，北京：文物出版社，1985年，第552頁。

〔註40〕章學誠：《為畢制府撰〈湖北通志〉序》，《章學誠遺書》，北京：文物出版社，1985年，第244頁。

〔註41〕章學誠：《方志立二書議》，《章學誠遺書》，北京：文物出版社，1985年，第123頁。

〔註42〕章學誠：《〈永清縣志·闕訪列傳〉序例》，《章學誠遺書》，北京：文物出版社，1985年，第520頁。

在《亳州志人物表例議下》中，他說：

> 方志爲國史所取裁，則列人物而爲傳，宜較國史加詳。而今之
> 志人物者，刪略事實，總撮大意，約略方幅，區分門類。其文非敍
> 非議，似散似駢；尺牘寒溫之辭，簿書結勘之語，濫收猥入，無復
> 剪裁。至於品皆曾、史、治盡龔、黃、學必漢儒，貞皆姜女，面目
> 如一，情性難求，斯固等於自鄶無譏，存而不論可矣。〔註43〕

而方志中人物當如何記寫，章氏也有明確說明。他說：

> 方志之於人物，但當補史之缺、參史之錯、詳史之略、續史之
> 無，方爲有功記載。〔註44〕

後來的正史既然「鳩占鵲巢」，爲什麼又沒有待續方志的特點呢？只能說
最初的方志作爲列國史，它本身所關注的就是君國之事。司馬遷的偉大之處，
不僅在於它開創了紀傳體的史例，明確有「究天人之際，通古今之變」的通
史眼光，明確了「人」與「天」的關係，而政治更多的是人與人的關係，並
且只是一部分人與一部分人的關係，而不是全體人的關係。《史記》12 本紀、
72 世家之外，尚有 10 表、8 書。在章學誠看來，班固之所以遜於司馬遷，就
在於他在豐富本紀、世家材料的同時，在其他方面大大減縮了社會生活方面
的內容。當然，他的更大的貢獻是創設《藝文志》，在文獻學方面的貢獻。而
「藝文志」一變而爲《隋書》「經籍志」，雖然其中包括了一些社會生活的內
容，但遠遠不夠，只以屬於補闕。

方志在發展的過程中，既現「蕪雜」〔註45〕之患，又呈掛一漏萬之弊。
此由方志涉域之廣深所至。所以，方志之修，誠非一人一家之力所能逮。是
以，章學誠在修史方面雖然堅決反對館閣之修，而在方志問題上卻力主地方
政府設方志科，何也？「方志」「蕪雜」是其一。修志者多「不學之文士」，
此其二。方志雖有「蕪雜」，然而又存在掛一漏萬之實。所以有修史之志、之
能、之力的學者，就自己所能及的某一個方面，竭誠而爲，其著述之名亦多
不冠蓋方志，而取它名，而其實皆方志當所涵蘊。梁氏以爲「此類著作」，由

〔註43〕 章學誠：《《亳州志・人物表》例議下》，《章學誠遺書》，北京：文物出版社，
　　　　　1985 年，第 136 頁。
〔註44〕 章學誠：《跋湖北通志檢存稿》，《章學誠遺書》，北京：文物出版社，1985 年，
　　　　　第 618 頁。
〔註45〕 梁啓超著、朱維錚校注：《梁啓超論清學史二種》，上海：復旦大學出版社，
　　　　　1985 年，第 445 頁。

於「體制較爲自由，故良著往往間出」，依其分析，這類著述有「純屬方志體例而避其名者」、有「專記一地方重要史迹者」、有「專記人物者」、有「專記風俗軼聞者」、有「不肯作全部志，而摘取志中應有之一篇，爲己所研究有得而特別泐成者」、有「參與志局事而不能行其志，因自所見私寫定以別傳者」、「有於一州縣內復析其一局部之地作專志者」。「凡此皆章實齋所謂方志三書之一」。是以，「以文徵列方志三書之一，此議雖創自章實齋，然一地文徵之書」發源實早。章氏善總結前人實踐上升爲理論且以光大可見一斑。「乾隆以前一般人士對於方志觀念之幼稚誤謬」，此其三。士人於方志觀念的改變與清統治者入關後力倡方志編修有什麼關係？此前後方志之修有無變化？體現在哪些方面？章學誠的方志理論在多大程度上切合了這一官方的學術倡議？方志就是簡單的史料之收集與彙編集嗎？爲什麼要有一個體例的規範？省志、府志、縣志在體例上有什麼區別？

　　章學誠的治史天才，由於「不能得所藉手以獨撰一史」，「其創作天才，悉表現於和州、亳州、永清三志及《湖北通志》稿中。」〔註46〕觀章氏方志撰述，不僅是概念上的不同，而且在內容方面也呈體差異，由此而在義例上也顯殊別。章氏完成了從概念、義例、內容諸多方面的鼎革。對此後世學者多有論闡及褒揚。

　　梁啓超曾將章氏《湖北通志》與舊志中號稱方志典範的《廣西通志》進行了列表比較。這種比較並非兩個狐立樣本的比較，而是新方志與舊方志的比較。梁氏認爲兩志的不同之處在於：《廣西通志》「將『著述』與『著述資料』混爲一談」，而「實齋『三書』之法，其《通志》一部分，純爲『詞尙體要』，『成一家之』著述；《掌故》《文徵》兩部分，則專以保存著述所需資料。既別有兩書保存資料，故『純著述體』之通志可以肅括閎深，文極簡而不虞遺闕。」〔註47〕

　　方志之修在中國源遠流長，然「『方志學』之成立，實自實齋始也。」章氏重在方志理論的探討，這些理論上的建設也許在當時並未受到應有的關注，從戴氏與章氏的方志編修之爭即可得證，但他無疑改變了中國史學界後

〔註46〕梁啓超著、朱維錚校注：《梁啓超論清學史二種》，上海：復旦大學出版社，1985 年，第 446 頁。

〔註47〕梁啓超著、朱維錚校注：《梁啓超論清學史二種》，上海：復旦大學出版社，1985 年，第 449 頁。

來者對方志的認識，並且一洗前誤。

梁啓超說：「方志中什之八九皆由地方官奉行故事，開局眾修，位置冗員，鈔撮陳案，殊不足以語於著作之林。然以吾儕今日治史之需要言之，則其間可寶貴之資料乃無盡藏，良著固可寶貴，即惡劣者亦未宜厭棄。何則，以我國幅員之廣，各地方之社會組織，禮俗習慣，生民利病，樊然殽雜，各不相侔者甚夥。而疇昔史家所記述專注重一姓興亡，乃所謂中央政府之圖圇畫一設施，其不足傳過去現在之眞相也明矣。又以文史簡略之故，而吾儕所渴需之資料乃摧剝而無復遺。猶幸有蕪雜不整之方志，保存所謂良史者所吐棄之原料於類穢之呂，供吾儕披沙揀金之憑藉，而各地方分化發展之迹及其比較，明眼人遂可以從此中窺見消息，斯方志之所以可貴也。」〔註48〕

張舜徽評述說：「地方志所記載的是某一地區的歷史，省志、府志、縣志……範圍較小的志書，記載較全面詳細，可靠性也大，保存了很多可貴的歷史材料。」〔註49〕作爲「地方之史，其性質在詳細紀各省縣等地方區域之種種事物，舉凡地理沿革、疆域分野、政治建置、兵備、職官、戶口、田賦、物產、社會風俗、人物、古迹等等，莫不備載。」「凡正史所漏，文集所不載者，皆可於方志中覓之。」「章實齋氏更發抒所見，創爲偉大事業論，制定義例，遂使方志成一門學問。」〔註50〕「其資料又多取於官署檔卷，私人函牘，廟堂碑碣，及直接採訪而來，故其記載亦頗翔實。」〔註51〕方壯猷在綜總上述所論之後歸結章學誠《方志略》的主要建樹爲：1. 擴大方志概念；2. 立通志、掌故、文徵三書，以合古史；3. 統部通志與各州縣志，各有其領域，不得互相侵越；4. 修志既當以前代制度爲歸依，又不當泥古；5. 主張於州縣立志科；6. 修志當存前制；7. 修志有二便，三長，五難，八忌，四體，四要；8.修志要有十要〔註52〕。

上述章學誠對方志學理論的貢獻，都可以視爲其爲恢復方志「百國春秋」面貌，致力於歸其本，從其來的努力。這種努力在區域社會史備受史學界重

〔註48〕梁啓超著、朱維錚校注：《梁啓超論清學史二種》，上海：復旦大學出版社，1985年，第441頁。

〔註49〕張舜徽：《地方志工作的兩大任務》，《訒庵學術講論集》，武漢：華中師大出版社，2008年，第104頁。

〔註50〕方壯猷：《中國史學概論》，武漢：武漢大學出版社，2011年，第182頁。

〔註51〕方壯猷：《中國史學概論》，武漢：武漢大學出版社，2011年，第182頁。

〔註52〕方壯猷：《中國史學概論》，武漢：武漢大學出版社，2011年，第182頁。

視的今天，其學術眼光和視界，以及對今天史學工作者的啓示，愈顯珍貴。

第三節　以用爲體

　　章學誠以用爲體的治學思想，在其方志理論和實踐上表現爲：學理探索爲評價舊志和指導志修實踐服務，反過來，志修實踐又幫助糾正理論設想之疏誤，完善理論體系之或缺。反覆循環，以至於理愈備，而志臻善。

一、章學誠的方志編纂實踐

　　章氏從乾隆二十九年（1764）首次參與修纂《天門縣志》，至乾隆五十九年（1794）年主持完成《湖北通志》，又撰《荊州府志》《麻城縣志》，歷 30年，凡十數部。這部方志不僅整體上與他之前的舊方志截然不同，體現了其在方志修纂方面的卓越識見和貢獻，而且就其自身主持躬修之志亦各有不同而非平行並列之作。可以說其所主持編修的每一部方志都承載著解決一個問題、化解一對矛盾的使命，所以一部一部臻於完善。關於這一點，何曉濤在《〈周官〉與章學誠方志編纂思想的發展》有較深入的析釐。

　　《和州志》是章氏應地方官之邀主持編修的第一部地方志，時值乾隆三十八（1773），這一時期章氏於學術上漸入佳境。是其瞻視前賢，省思同儕，反思自我之後的一個轉捩期，所謂「檢點前後，識力頗進」，「思斂精神爲校讎之學，上探班、劉，溯源《官禮》，下該《雕龍》《史通》，甄別名實，品藻流別」，「草創未多，頗爲自賞」〔註53〕。一方面是「記誦日衰」，一方面是學術思想上日益自信。而具體展開的學術活動，《和州志》的編修正是在「上探」、「溯源」，「下該」、「甄別」、「品藻」等一系列學術活動和思考之後的背景開始的。不僅明確了「著發源流，當追《官禮》」的思想，而且在編纂《和州志》的實踐中「溯源周官」，明確了修纂方志的體例。這些在《和州志》各篇序例中都有具體而微的說明與交待。不僅如此，章氏在「溯源周官」的過程中，還發現了「書之存亡，繫於史臣之筆削者尤重，而繫於著錄部次猶輕」的問題。由此而「修正了『藝文不合史例』是方志弊病之根源的觀念」。這一認識在「章學誠方志編纂思想的發展過程中具有重要意義。此後，章學誠對於方志理論的探討逐漸從『著錄部次』轉向了『史臣之筆削』」。與此同時，「如何

―――――――――――――――

〔註53〕　章學誠：《與嚴冬友侍讀》，《章學誠遺書》，北京：文物出版社，1985年，第333頁。

使方志『瑣屑無遺』地容納各種專門性的資料以及這是否與『志乃史體』相衝突就成爲章學誠編纂方志所不得不面對的問題。」〔註54〕

乾隆四十四年（1779年）修成《永清縣志》。在修纂此志中，章氏遭遇的困惑是如何處理好方志書志部分著作與資料性的矛盾。《永清縣志》的「蕪雜」〔註55〕正是其在理論上關於方志的認識存在諸多矛盾所致。一方面，他認爲「志乃史體」，「史貴要刪，而百氏之書，皆當擷取大義也。惟擷取大義之故，名數器物，不暇一一求詳，而謂俎豆存於有司也」；另一方面他又認爲「若夫方志之體，本無著作權，與夫一切典禮，則皆謹遵功令，率而行之，無有廢事」。〔註56〕爲了實現「著述之體，與類次之法，分部而行，固亦相資爲用」〔註57〕的設想，「於是就出現了《永清縣志》的『六書』（吏書、戶書、禮書、兵書、刑書、工書）保存大量史料，龐雜混亂的狀況。」〔註58〕「似志非志，似掌故非掌故」本來是章氏對一些志史的批評，不意自己也陷落其中。這一問題在《亳州志》的修纂中才得以解決。

修訖於乾隆五十五年（1790）的《亳州志》，被視爲章氏方志理論與實踐成熟的標誌。章氏自評也不俗，認爲「此志擬之於史，當與陳、范抗行，義例之精，則又《文史通義》中之最上乘也。」〔註59〕《湖北通志》是章氏主持修纂的唯一省志，也是章氏方志理論成熟後的代表作。它不僅貫徹了其「方志分立三書」的設想，比較充分地體現了其「志乃史體」的思想，而且實踐了其志修當「詳近略遠」，服務現實社會的經世思想，身體力行踐行了良史既不作「無徵且不信於後人」〔註60〕之史，也「斷不因其子孫之妄而沒其先人

〔註54〕何曉濤：《〈周官〉與章學誠方志編纂思想的發展》，《章學誠國際學術研討會議論文集》，北京：北京圖書館出版社，2004年，第132頁。

〔註55〕章學誠：《又與永清論文》，《章學誠遺書》，北京：文物出版社，1985年，第87頁。

〔註56〕章學誠：《〈永清縣志・禮書〉例議》，《章學誠遺書》，北京：文物出版社，1985年，第481頁。

〔註57〕章學誠：《永清縣志・禮書例議》，《章學誠遺書》，北京：文物出版社，1985年，第481頁。

〔註58〕何曉濤：《〈周官〉與章學誠方志編纂思想的發展》，《章學誠國際學術研討會議論文集》，北京：北京圖書館出版社，2004年，第134頁。

〔註59〕章學誠：《又與永清論文》，《章學誠遺書》，北京：文物出版社，1985年，第87頁。

〔註60〕章學誠：《與陳觀民工部論史學》，《章學誠遺書》，北京：文物出版社，1985年，第126頁。

之善」〔註 61〕的史德風範。梁啓超在比較舊志中號稱最佳之謝蘊山《廣西通志》目錄與章氏《湖北三書》目錄後指出：「向來作志者將『著述』與『著述資料』混爲一談」，難免於顧此而失彼，兼累而失之於「蕪雜」，而「實齋『三書』之法，純爲『詞尚體要』，『成一家言』之著述；《掌故》《文徵》兩部分，則專以保存著述所需之資料。既別有兩書以保存資料，故『純著述體』之《通志》，可以蕭括閎深，文極簡而不虞遺闕。」〔註 62〕章氏「恨」其「蕪雜」，其所以如此者。

而體現其「史學所以經世」的方志理論在其方志編纂實踐中多有具體體現。他說：

> 夫志不特表彰文獻，亦以輔政教也」，「因地制宜，隨時應變，
> 皆文武長吏前事之師。

他在談及《湖北方志》編修時明確表示爲來湖北做官者提供資政，同時有裨風教。所謂「律令典例，通於天下，其大綱也。守土之吏，承奉而宣傳之，各有因地制宜者，非經沿革之久，閱習之熟，討論之詳，則不能隨宜於用，此則自爲一方故事，亦即律令典例之節目也。」此外，「史志之書，有裨風教者，原因傳述忠孝節義，凜凜烈烈，有聲有色，使百世而下，怯者勇生，貧者廉立。」〔註 63〕

方志於中國文化建設與發展功莫大焉。梁啓超說：「蓋以中國之大，一地方有一地方之特點，其受之於遺傳及環境者蓋深且遠，而愛鄉土之觀念，實亦人群團結進展之一要素。利用其恭敬桑梓的心理，示之以鄉邦先輩之人格及其學藝，其鼓舞濬發，往往視迢遠者更有力。地方學風之養成，實學界一堅實之基礎也。彼全謝山之極力提倡浙東學派，李穆堂之極力提倡江右學派，鄧湘皋之極力提倡沅湘學派，其直接影響於其鄉後輩者何若？間接影響於全國者何若？斯豈非明效大驗耶。詩文之徵，耆舊之錄，則亦其一工具而已。」〔註 64〕

〔註61〕 章學誠：《丙辰箚記》，《章學誠遺書》，北京：文物出版社，1985 年，第 385 頁。

〔註62〕 梁啓超著、朱維錚校注：《梁啓超論清學史二種》，上海：復旦大學出版社，1985 年，第 449 頁。

〔註63〕 章學誠：《答甄秀才論修志第一書》，《章學誠遺書》，北京：文物出版社，1985 年，第 137 頁。

〔註64〕 梁啓超著、朱維錚校注：《梁啓超論清學史二種》，上海：復旦大學出版社，1985 年，第 456 頁。

　　章氏認爲具體學術的形態可能有大小精粗之別，但就其具體形制而言皆形而下之「器」，器與器雖有殊別，但宗旨則一，那就是「同期於道」。

　　他在《與朱滄湄中翰論學書》說：

　　　　學問之事，非以爲名，經經史緯，出入百家，途轍不同，同期
　　於明道也。

　　　　學術無有大小，皆期於道。若驅學術於道外，而別以道學爲名，
　　始謂之道，則是有道而無器矣。學術當然皆下學之器也，中有所以
　　然者，皆上達之道也。器拘於迹而不能相通，惟道無所不通。是故
　　君子即器以明道，將以立乎其大也。〔註65〕

　　章氏治學既有階段之漸，也有觀念之變，但關於學術「即器明道」這一點卻是一以貫之的主張。在《與吳胥石簡》中又說：

　　　　古人本學問而發爲文章，其志將以明道，安有所謂考據與古文
　　之分？學問文章，皆是形下之器，其所以爲之者道也。〔註66〕

　　這雖針對乾嘉時代考據顯學與古文派互持偏頗，彼此軒輊而言，然其關於學問學術宗旨的思想則是始終如一的。

　　在《與史餘村》中他說：

　　　　文章，經世之業，立言亦期有補於世，否則古人著述已厭其多，
　　豈容更益簡編，撐床疊架爲哉？〔註67〕

　　又《與邵二雲論文》中亦說：

　　　　夫立言於不朽之三，苟大義不在於君父，推闡不爲世教，則雖
　　斐如貝錦、絢若朝霞，亦何取乎？〔註68〕

　　此二則皆強調作爲學問成果顯世的文章，要麼「大義」於「君父」，要麼爲「世教」。否則雖多、雖美亦屬無用之物。只要是有資於治道，有補於世教的文字，哪怕是「文章家」認爲「不可入學士之堂」的「壽屏祭幛，幾等市井間架」，只要是「有補於世教」者，皆可「施行吾文焉」。換言之，哪怕是

〔註65〕章學誠：《與朱滄湄中翰論學書》，《章學誠遺書》，北京：文物出版社，1985
　　　　年，第84頁。

〔註66〕章學誠：《與吳胥石簡》，《章學誠遺書》，北京：文物出版社，1985年，第79
　　　　頁。

〔註67〕章學誠：《與史餘村》，《章學誠遺書》，北京：文物出版社，1985年，第643
　　　　頁。

〔註68〕章學誠：《與邵二雲論文》，《章學誠遺書》，北京：文物出版社，1985年，第
　　　　613頁。

應酬文字，也應視其「質」而定，如果著文者借題發揮，以志明道，能夠有補世教的，其價值也應該是值得肯定的。所謂「文生於質，視其質之如何而施吾文焉，亦於世教未爲無補」〔註69〕。章氏列舉學術史上以學業經世的榜樣，都是身處歷史特殊時期，要麼學風萎靡，要麼世風盛下，要麼大道隱而橫議生，他們以學術爲武器成時代中流之砥柱，要麼開風氣，要麼挽世風，以成不朽之業。他說：

> 學業將經世也。
>
> 孔子生於衰世，有德無位，故述而不作，以明先王之大道；孟子當處士橫議之時，故力距楊、墨、以尊孔子之傳述；韓子當佛老熾盛之時，故推明聖道，以正天下之學術；程朱當末學忘本之會，故辨明性理，以挽流俗之人心。其事與功，皆不相襲，而皆以言乎經世也。故學業者，所以開風氣也。風氣未開，學業有以開之；風氣既弊，學業有以挽之。〔註70〕

所以，學術的功能即在經世，「學問經節，文章垂訓，如醫師之藥石偏枯，亦視世之寡有者而矣」，如果「以學問文章，徇世之所尚，是猶既飽而進粱肉，既煖而增狐貉也。」

有學者認爲：「章學誠史學經世之觀點，表現在理論闡述與實際應用兩部分，此二部分均以『六經皆史』說爲內在依據。在理論闡述方面，他藉由六經記載一代典章制度、政治教化風俗民情等內容，用以比擬史書在紀錄時代現況以作爲後世教化鑒戒之功能性方面，兩者等同，著重申明史學明道之功能與彰顯政教風俗之作用；而實際應用部分，他則以方志編纂不落實『史學經世』之說，並將方志編纂之體例，且將方志中許多類目如『氏族』、『譜牒』、『表』、『略』、『列傳』等，重新賦予新的詮釋意涵，使其更具有學術價值而更能彰顯政教之迹，此均是章學誠在經世理念下所致力之處。」〔註71〕

二、章氏方志理論的進化價值

章學誠方志理論和實踐對其後史學思想的影響之大，已是學界共識，其對現代通史編撰和方志編修的實際意義，已經在各個時期各種史、志編

〔註69〕章學誠：《砭俗》，《章學誠遺書》，北京：文物出版社，1985年，第27頁。
〔註70〕章學誠：《大喩》，《章學誠遺書》，北京：文物出版社，1985年，第51頁。
〔註71〕蔡琳堂：《章學誠『經世史學』之理論與實踐——以方志纂修爲討論重點》，見陳仕華主編《章學誠研究論叢——第四屆中國文獻學學術研討會論文集》，臺北：臺灣學生書局，2005年，第119～120頁。

寫的實踐中得已彰顯。這些足以體現其學術思想的開放性和進化價值。這樣一種學術特徵在其方志理論中表現尤其突出。其「方志乃一方全史」的論斷和體現的新的「史」「志」關係，比之今天的社會文化史理論，亦多有契合之處。

　　「方志乃一方之全史」是章學誠對中國傳統方志學全新認識的高度凝括和集中表達。它至少關涉到這樣幾個問題：第一，志與史的關係；第二，「一方」即區域之異語，既有「地域」之意，也有「區域」之蘊。地域以自然地理的分區而言，「區域」包括在地理因素之上的受政治、經濟、歷史、文化諸多因素影響而形成的人群生活空間。從章學誠史學理論和方志理論的「求大道」、體現「古人之體」、切「日常人倫」的「人文主義」精神，其所言「一方」可以「區域」釋解。從章氏方志編纂的實際來看，從縣志、府志到省志均有。與今之大體的行政區劃大至省域、中至府域、小至縣域、微至村鎮皆可參比。當然也可以自然形成的人群生活空間來論。第三，「全史」從內容涉及面而言，排除單純某一方面之專門史，而是社會生活方方面面全部的歷史，從時域方面而言是全時段，而非斷代的。這種對於方志的認識不要說是在當時，即使是今天也給研究方志學的學者以重要的啓示：一種區域、一種不同的眼光來看待方志與史的關係和方志在史中的學術地位與學術功能。這種啓示放在時下方興未艾社會文化史視閾下，已經不只是對傳統方志理論的簡單超越，而且具有區域社會文化史研究的視界。換言之，如果從區域社會文化史研究的視角來觀照章氏方志學，可能更切合其方志的理論與實踐。

　　「社會文化本身乃是人類社會共有的現象。它融通物質生活、社會習俗和精神氣象，從上層和下層、觀念與生活的互動中，揭示社會和文化的特質，這對歷史悠久、積累深厚的中國文化傳統來說，更具有本土特色和發展的優勢。」〔註72〕「社會文化史」「似文化史，可不是精英文化史；似社會史，並非單純描述社會現象；有思想史內涵，卻迥異於傳統的觀念史」，它「以生活方式、社會風俗和民間文化爲研究對象。研究的內容與社會史、民俗史和文化史有交叉，不同的是它不是各別的單個研究，而是對這三者進行統合考察，對生活現象作出文化的解析和社會的考察。「從一事一物的發展和上層與下層

────────────

〔註72〕劉志琴：《從本資源建樹社會文化史理論》，見中國社會科學院近代史研究所編《社會文化與近代中國社會轉型》——第五屆中國近代社會史國際學術研討會》論文集，2013年。

的互動中，引出深度的闡釋和思考。」〔註73〕看看章學誠關於中國哲學思想、文化思想最高精神體現的「道」論吧。章氏說：

> 道之大原出於天。
>
> 天地之前，則吾不得而知也。天地生人，斯有道矣，而未形也；三人居室，而道形矣，猶未著也；人有什伍而至百千，一室所不能容，部別班分，而道著矣。〔註74〕

可見「道」生於人，生於眾人。沒有眾人的生活就沒有所謂「道」。並且這種眾人的生活首先是物質的生活。他說：

> 三人居室，則必朝暮啟閉其門戶，饔飧取給於樵汲，既非一身，則必有分任者矣。或各司其事，或番易其班，所謂不得不然之勢也，而均平秩序之義出矣。〔註75〕

今天的學者說：「從物質生活到精神生活，將人類文化的外顯形式與深層的價值內核結合起來考察，是人文社會科學研究深化的趨勢。」〔註76〕它不僅是一種歷史認識論、一種歷史觀，而且也是一種方法論。因為人類的社會生活史就是這樣慢慢展開的。並且隨著人群的擴大、生活的發展，其生活的內容越來越豐富，社會史的研究就起來越寬廣。章學誠說：

> （此時的人類）又恐交委而互爭焉，則必推年之長者持其平，亦不得不然之勢也，而長幼尊卑之別形矣。至於什伍千百，部別班分，亦必各長其什伍而積至於千百，則眾人而賴於幹濟，必推才之傑理其繁，……。〔註77〕

人類社會的文化就是這樣由小的區域社會慢慢擴展開來的。章學誠說：

> 方州雖小，其所承奉而施布者，吏、戶、禮、兵、刑、工，無所不備，是由具體而微矣。國史於是取裁，方將如《春秋》之藉資

〔註73〕 劉志琴：《從本資源建樹社會文化史理論》，見中國社會科學院近代史研究所編《『社會文化與近代中國社會轉型』——第五屆中國近代社會史國際學術研討會》論文集，2013年。

〔註74〕 章學誠：《原道上》，《章學誠遺書》，北京：文物出版社，1985年，第10頁。

〔註75〕 章學誠：《原道上》，《章學誠遺書》，北京：文物出版社，1985年，第10頁。

〔註76〕 劉志琴：《從本資源建樹社會文化史理論》，見中國社會科學院近代史研究所編《『社會文化與近代中國社會轉型』——第五屆中國近代社會史國際學術研討會論文集》，2013年。

〔註77〕 章學誠：《原道上》，《章學誠遺書》，北京：文物出版社，1985年，第10頁。

於百國寶書也。〔註78〕

這樣的闡述提供給今天學者的智慧是要注意從日常生活到日常人倫去提升文化觀念，讓學術貼近眞正的生活和歷史。章學誠認爲學術貴在「經世」，「史學經世」：「夫子自述春秋之所以作，則云我欲託之空言，不如見諸行事之深切著明。則政教典章，人倫日用之外，更無別出著述之道亦已明矣。」〔註79〕

章學誠「方志乃一方全史」之「全史」是否也蘊涵以豐富的內容和多角度的視角來觀照「一方」之史呢？這種全方位和多角度自然也應該包括「橫通」、「縱貫」兩個維面和「多層次」的考量。他說：史有多種，方志只是其中一種，「有天下之史，有一國之史，有一家之史，有一人之史。傳狀志述，一人之史也；家乘譜牒，一家之史也；部府縣志，一國之史也；綜紀一朝，天下之史也。」〔註80〕此論意味史雖有個人、家史、部府縣志、國史之別，然而，作爲史，其發生一也。特別是部府縣志，其格局、義例與國史一也。他說：

　　方志乃古國史之一，其記載以地方文獻爲重。

又說：

　　方志爲古國史之遺，薈萃一方之事，以爲内史取裁。

這裡所談之「史」、「志」關係，強調的是一個一樣，即史體、史例、史義，史的精神是一樣的；所不一樣者是區域範圍不同。章學誠和戴震在方志理論和實踐上的根本區別就在於，章氏認爲：第一，「志如古國史，本非地理專門。如云但重沿革，而文獻非其所急，則但作沿革考一篇足矣」；第二，不能忽視方志在記載文獻方面不可替代的作用，「若夫一方文獻，及時不與收羅，編次不得法……湮沒無聞矣」〔註81〕。

又說：「專家之旨，神而明之，存乎其人，不可以言傳也。其可以言傳者，則規矩法度，必明全史之通裁也。」所謂「簿牘之事，而潤以爾雅之文，而

〔註78〕章學誠：《方志立三書議》，《章學誠遺書》，北京：文物出版社，1985 年，第123 頁。

〔註79〕章學誠撰、呂思勉評，李永圻、張耕華導讀整理：《文史通義》，第 38～39頁。

〔註80〕章學誠：《州縣請立志科議》，《章學誠遺書》，北京：文物出版社，1985 年，第 124 頁。

〔註81〕章學誠：《記與戴東原論修志》，《章學誠遺書》，北京：文物出版社，1985 年，第 128 頁。

斷之以義，國史、方志，皆《春秋》之流別也。」這些認識和闡述都與今之社會文化史強調的整體史觀念十分接近。即將整個社會生活及其全過程當作整體的研究對象，包括社會的結構、組織架構、運行規則、生活習俗、社會意識等等。只是研究所使用的概念工具由於所處社會歷史的階段和理論視界存在時代性的差異而已。從某種意義上講，這也是章學誠學術思想價值現代性的表現之一。

餘論：章學誠的「學」與「派」

一、引論

　　章學誠是有著強烈學派意識的學術史家，他本人的「學屬別派」也是文史學界十分感興趣的問題，所論到目前為止呈現兩種比較對立的立論。一種是循章氏的自我闡述之迹，以豐富求完善。章太炎、梁啟超、何炳松、錢基博等都有闡述；一種是反其道而持否定的觀點。金毓黻、錢穆、余英時等皆有辨議。筆者以為：章氏之「學」是基於史學而超越史學的歷史文化哲學，其於傳統史學具有里程碑意義的建構。章氏通過其《文史通義》之價值標的和系統的理論建構，客觀上奠定了中國傳統史學向現代史學轉換的理論基礎，而支撐這一具有現代史學理論意義價值系統的兩大基石：一是以校讎學為主體的一系列諸如校勘學、目錄學、版（板）本學等具有工具理性的術學。它們非由章氏始肇，然而經其推闡、融鑄和運用，為其向現代學術轉型或作為學科的建立奠定了基礎或作了接榫之鋪墊；一是其方志理論和實踐彼此糾察而形成的方志學思想，在今天不同史學視閾下具有多重的新史學意義。這種不同於傳統史地勘輿記載的理論闡述和撰著實踐，不僅成為方志撰述的一種新範式，為近現代新史家解構傳統的中央史觀，正視中國廣表的國土、眾多的民族和廣闊的幅員之歷史和現實，千差萬別的地域歷史和文化提供了很好的啟示，而且為現代意義上的國史書寫積累了經驗，提供了借鑒。其「方志乃一方全史」的思想，較今之社會文化史理論亦不失諧。從「史學經世」和文人精神傳統這一視閾來觀照，章學誠之派屬定位依其自述而歸屬「浙東學派」亦非完全虛構。學派的意義除了學術「家法」等形而下的傳承外，精神上的共通、學術面向的趨捨與繼承也是重要的考察向度。

二、章氏學術思想之成因及路徑考察

學術之「學」與「派」的意識和觀念，在中國傳統學術中一直發揮著重要作用，其概念的出現可以遠溯漢代，而學術傳承實踐中的「學」與「派」的意識，更可溯至諸子時代。儒分八派、諸子九家。梁啓超論中國學術史，以《漢書・藝文志》之本《七略・諸子略》勝一籌、《史記・太史公自序》《荀子・非十二子篇》，將各篇所提及之「家」、「流」及「說」一以學派視之，並據以編製「先秦學派大勢表」，以分天下學術地域。「學」與「派」的譜系有的時候可能是以某種形式的實體存在著的，有案可稽，有迹有循。而更多的時候卻不一定以某種師承、家學等看得見、摸得著的形式存在，而是以某種精神氣質、學術取向等同情共識產生的某種超時空的關聯。然而，無論是實體形式存在的學脈與派屬譜系，還是後天發掘、建構起來的學緣與派屬譜系，其內在的氣質可能都表現出這樣的一些特徵：即具有相同或相近的宗旨、方法和學術意識，且呈現某些清晰可辨的脈向，如此，則「人們願意拿這樣的概念來指稱由某個人或某些人構成的學術傾向或團體。」〔註1〕古代的學案史和今天的學術史（Intellectual History）工作的一個重要方面，就是在「辨章學術，考鏡源流」的過程中，清理一些重要學派發展的歷史。

這種學術工作的成果之一也使我們發現「學」與「派」形成的途徑是多種多樣的。有的由單一因素而成，有的由多種因素合力促成，有的本身並不存在，是由於某種需要建構而成的。但即便如此，只要建構成立並獲得認可，也會對後來的學術發展產生影響。在眾多的成因中，官方以正統名義和各種權力影響而確立的「學」與「派」自然是無以倫比的，其次，民間以書院的方式類似傳教發生的學術形式也是促進「學」與「派」形成的重要力量。「鄉土關係，蓋亦學者自得宗主之一道」〔註2〕。此外，家學這樣一種「由某個家族世代相傳所形成的學術研究傳統」，「得自於親族之內，且濡染最深，受益最大，易於樹立獨特的學術風格，進而影響當時暨後世的學術發展」〔註3〕的方式，亦不遜於書院和官學的影響〔註4〕。

〔註1〕劉墨：《乾嘉學術十論・自序》，北京：三聯書店，2006年，第3頁。
〔註2〕姚名達：《章實齋之史學》，《姚名達文存》，南京：江蘇人民出版社，2012年，第84頁。
〔註3〕劉墨：《乾嘉學術十論・自序》，北京：三聯書店，2006年，第52頁。
〔註4〕中國歷史上著名的家學傳承計有西漢之司馬氏父子、東漢班氏父子、曹魏之曹氏父子、北宋之蘇氏父子。有清一代「家學」所成就之父子更是值得一提。

　　以上幾種成學歸宗的徑途，對於章氏而言兼而有之。官方主倡之國家主流學術對章氏學術思想的影響是巨大的，但這種影響是通過一種特殊的方式發生的，即通過主流學術的壓力形式而產生的，由於本文尚有章氏學術形成之外在動因剖析一段，在茲不表。章氏自己雖做過書院主持，還為清章書院建章立制，擬訂學規，也曾在多家書院從教，但他自己並沒有書院的修習經歷。所以，影響章氏學術思想形成的因素主要表現為「家傳鄉習」、拜師從學、自我歸宗和官方主倡學術特殊的影響四個方面。

　　首先，「家傳鄉習」對章氏矢志史學有直接影響。章氏先祖雖非宦達顯學，然而，其祖其父亦屬傾嗜史學且有識見之輩。章氏「祖某，字君信」，「尤嗜史學」。其父鑣，字驤衢，對章氏早年的史學修習更是有切實的影響。這種影響主要表現在四個方面：一是治學志趣的傳染。「驤衢極愛重邵念魯《思復堂集》」，「實齋漸染庭訓，遂定所趨向，篤志史學」；二是奠定了章氏「力究紀傳之史，而辨析體例，遂若天授神詣，竟成絕學」的基礎；三是啓發了章氏「貴其著述成家，不取方圓求備，拘牽類例，有同比次之書」的史學思想；四是在其父驤衢特殊的訓練下，章氏養成了「觀書」「能別出意見，不為訓詁牢籠」的習慣與能力，以至於終成「於訓詁考質，多所忽略；而神解精識，乃能窺及前人所未到之處」的學術風格。有研究者認為：「實齋弱冠以前，性絕駑滯；弱冠以後，駸駸向上；迥然若出二人。所以然者：驤衢啓教之功，為不可沒矣。」〔註5〕又有論闡者以為其「性情近於史學，而又受父親史學教益的啓發很大，故能別出心裁。」〔註6〕此皆肯綮之論。

　　再次，章氏之學亦受鄉土先達和前賢創學所形成之特殊的學緣風尚濡染。章氏自述其鄉之學源與宗別說：「浙東之學，雖出婺源，然自三袁之流，多宗江西陸氏。而通經服古，絕不空言德性：故不迅於朱子之教。至陽明王子揭孟子之良知，復與朱子牴牾。蕺山劉氏，本良知而發明愼獨，與朱子不合，亦不相牴也。梨州黃氏出蕺山劉氏之門，而開萬氏弟兄經史之學；以至全氏祖望輩，尚存其意。宗陸而不悖於朱者也。」「又言：天人性命之學，不

　　　劉師培甚至認為，若論有清一代學術，不過兩有兩無而已：「唯有私學無官學，唯有家學無國學。」劉師培《南北考證學不同論》，見《劉師培學術論著》，杭州：浙江人民出版社，1998年，第149～160頁。

〔註5〕姚名達：《章實齋之史學》，《姚名達文存》，南京：江蘇人民出版社，2012年，第83頁。

〔註6〕張孟倫：《中國史學史》，蘭州：甘肅人民出版社，1988年，第386頁。

可以空言講」。「南宋以來，浙東儒哲，講性命者多攻史學」〔註7〕「善言天人性命，未有不切於人事者……浙東之學，言性命者，必究於史，此其所以卓也。」而「史館取爲衷據，其間文獻之徵，所見所聞所傳聞者，容有中原耆宿不克與聞者矣。」姚名達根據上述章氏自述所謂浙東之學，斷言「實齋於是拜鄉土學風之賜爲不少矣。」〔註8〕

「鄉習」不僅意味著浸濡與承襲，而且意味著省思。省思即意味比較揣摩，在比較中甄別、在揣摩中歸位、在比較中評說高下是非、在揣摩中選取裁汰；省思也意味質疑辯證，在質疑中與前賢對話，在對話中反求諸己，在求諸己中有所揚棄。這種學術心旅，有時在同一個學派中進行，有時候發生在不同的學派中。邵廷采與全望祖是浙東學派在清代被認爲是兩個重要的人物，前者被稱爲「王學後勁」，後者有「史學大柱」之譽。然而，在章學誠看來，情況卻並非如此。「鄉之後起名流，如全氏望祖，多排詆之。故先師以是爲■家君因言全氏籍館閣，入窺中秘，出交名公鉅卿，聞見自宜有進。然其爲文，雖號大家，但與《思復堂集》不可同日而語。全氏修辭飾句，蕪累甚多，不如《思復堂集》辭潔氣清，若其泛濫馳驟，不免漫衍■長，不如《思復堂集》雄健謹嚴，語無枝剩。至於數人共爲一事，全氏各爲其人傳狀大碑誌，敘所共之事，復見迭出，至於再四，不知古人文集，雖不如子書之篇第相承，然同在一集之中，必使前後分合之間，互相趨避，乃成家法，而全氏不然。以視《思復堂集》，全書止如一清，一篇只如一句，百十萬言，若可運於掌者，相去不可以道里計。」〔註9〕由此，有學者評說「實齋之於史學，專精一志，若貞婦之不貳其夫然者，殆服膺念魯，拳拳勿懈，有以致之歟？」〔註10〕邵廷采（字念魯，1648～1711）是章學誠重要的學術資源之一。他曾說：「吾實景仰邵氏而愧未能及者也。蓋馬、班之史、韓、歐之文，程、朱之理、陸、王之學，萃合以成一子之書，自有宋歐、曾以還，未有若

〔註7〕 章學誠：《邵與桐別傳》，《章學誠遺書》，北京：文物出版社，1985年，第177頁。

〔註8〕 姚名達：《章實齋之史學》，《姚名達文存》，南京：江蘇人民出版社，2012年，第85頁。

〔註9〕 章學誠：《邵與桐別傳》，《章學誠遺書》，北京：文物出版社，1985年，第178頁。

〔註10〕 姚名達：《章實齋之史學》，《姚名達文存》，南京：江蘇人民出版社，2012年，第83頁。

是之立言者也。」〔註11〕邵念魯1644年就學於餘姚王學傳人韓孔當（仁父，？～1671），1667～1668加入黃宗羲創辦之證人會，結識毛奇齡。其著作主要有《東南紀事》和《西南紀事》以及十卷《思復堂集》。「兩南紀事」是記述南明史事的歷史性著作，《思復堂集》是融文、史、理、學爲一體的綜貫之著，章氏以爲《思復堂集》「五百年來罕見」意在綜統，而「班馬韓歐，程朱陸王，其學其文，如五金貢自九牧，各有地產，不相合也。」〔註12〕

在章氏遺著中，述及念魯者，凡十餘處。其表示最明顯之家書有曰：「祖父生平極重《邵思覆文》……祖父獨深愛之。吾由是定所趨向。其討論修飾，得之於朱先生，則後起之功也。而根底則出邵氏，亦庭訓也。」與邵二雲書有曰：「君家念魯先生有言：『文章有關世道，不可不作；文采未極，亦不妨作。』僕非能文者也，服膺先生遺言，不敢無所撰著。」〔註13〕又說：「維持宋學，最忌鑿空立說。誠以班馬之業而明程朱之道，君家念魯志也，宜善成之。」又嘗曰：「《思復堂集》辭潔氣清」，「雄健謹嚴，語無枝剩」，「全書止如一篇，一篇止如一句，百十萬言，若可運於掌」。邵念魯之學又從哪裏來呢？在念魯覆李恕谷書有曰：「弟於明儒，心服陽明外，獨有蕺山。」章學誠也說念魯「發明姚江之學」。所以，學術淵源上的這種影響有的時候表現方式甚爲特別，甚至有相隔千百十載而「私淑」承體襲學的。孟子曾自述其學承：「予未得爲孔子徒也，予私淑諸人也。」私淑者，以先賢之學爲善，遵而行之意也。孟子說自己未幸得與孔子同時，然而其學術的路徑卻是從孔子而來的。後世以孔孟之稱儒學，是從兩者學術的方法、路徑和精神上的一脈相承而論的，論孟子之學必究於孔子。所以，「所謂淵源，並不局限於有直接聯繫的家學和師承。更重要的是生在後數十年、甚至數百千年之後，對於過去某一學者的治學途徑與方法，中心景慕不衰，因而學習他，照他的道路去走，後來取得許多成就，並且在原有基礎上發展而提高了。」〔註14〕我以爲章學誠與浙東學術前賢的淵源關係正是屬於這樣一種情形。

復次，師友相專，相與砥礪，共同發明。章氏在《邵與桐別傳》中曾不

〔註11〕 章學誠：《家書三》，《章學誠遺書》，北京：文物出版社，1985年，第92頁。
〔註12〕 章學誠：《邵與桐別傳》，《章學誠遺書》，北京：文物出版社，1985年，第178頁。
〔註13〕 章學誠：《與邵二雲論學》，《章學誠遺書》，北京：文物出版社，1985年，第80頁。
〔註14〕 張舜徽：《顧亭林學記》，武漢：華中師範大學出版社，2005年，第237頁。

無深情地追憶二人同客朱笥門下，互爲觀摩，相與砥礪，共同發明的情形。
章氏史學理論中的一些重要識見即萌生此間。比如「整齊類比」之功，「考遺
搜逸」之勞，其「研索」「襞績」之勤，於治史雖爲「不可少」之良功，然終
非史也。惟「決斷去取」「方圓求備」「自成一家」，「有當於《春秋》經世」，
存「先王之志」者〔註 15〕，方才是眞正的治史。否者，「史學不求家法，則嗜
奇貪瑣」，則「不過千年，將恐大地不足容架閣矣。」君不但「撫膺歎絕」，
而且「欲以斯意刊定前史，自成一家。」〔註 16〕章學誠與邵氏討論最多者自
然是邵念魯的學術。邵、章兩人論學之共同點：無門戶之見，其分辨朱王之
異同，至爲清晰。念魯說：「陽明之所云致知者，攝於約禮之內，始學即審端
一貫。朱子之所云致知者，散於博文之中，銖銖而稱，兩兩而積，其後乃豁
然貫通焉。此同歸中有殊途之別。」王學之始學即審端一貫，與念魯之「凡
論學當提斯本原，使人知用功下手處」，實齋之「欲進學於學，必先求端於道」
無二旨也。故實齋之宗主，實在陽明、蕺山，若以其有「維持宋學」之言而
目爲程朱之徒，則誤矣〔註 17〕。

而朱笥河之於章氏，不僅存二十年間「衣食營謀，實齋之得之於笥河者」
的恩遇，而且章氏自認爲朱師之道德文章影響了他的後半生。他曾自述早年
矢志史學是因生父推崇邵念魯，由是而有所趨向，而「其討論修飾，得之於
朱先生，則後起之功也。」他對朱笥河道德文章極盡讚美，以爲朱乃兩漢以
來，南宋以後「兼收並蓄，有以窺乎其大而略其錙銖杪忽之微也」之第一人，
而且也是唐宋以來，文必立宗，「有歐陽氏以來，未有能媲者」。有研究章氏
史學者認爲，其「凡所指授，皆欲學者先求徵實，後議擴充」，「信古」方能
「疑經」之識，「文字、訓詁、象數、名物、經傳、義旨，並主漢人之學」，
於此「與作聰明，寧作墨守。惟文章經世，聞見猥陋，不足成家，精專又不
可旁涉治」之議，皆以「近從朱先生遊」發乎前緒，直陳朱師對其影響，而
且評價朱師：「先生之言，經綸用世，遠矣；而疏未試於事也。山水詩詞賓酒
文章，情所託矣；非其性也。堅忍有執，弗爲勢力轉移，得所性矣；非其所

〔註 15〕 章學誠：《邵與桐別傳》，《章學誠遺書》，北京：文物出版社。1985 年，第 177
頁。

〔註 16〕 章學誠：《邵與桐別傳》，《章學誠遺書》，北京：文物出版社。1985 年，第 177
頁。

〔註 17〕 姚名達：《章實齋之史學》，羅黼春、姚果源編選《姚名達文存》，南京：江蘇
人民出版社，2012 年，第 84 頁。

自命也。先生蓋以無用爲有用也。人棄我取，獨爲於舉世所不爲，將以矯世勵俗，而惡天汲汲於名者也。雖時有所過；然聞其風者，往往若消其鄙吝焉。」欣服之意，溢於言表，雖旌彼師，實以自道。姚名達評論道：「凡斯四者，笥河之自得，即實齋得之於笥河者也。」〔註18〕

復次，官方主倡學術思想對於章氏學術思想形成的影響。主要表現在章氏與考據時學及重要代表人物的互動關係上，以及這種關係對章氏萌生別創新術，另闢新徑的影響。現在一般議論章氏學術思想者，動輒拿章氏反對考據時學立論說事。此皆知其一，不知其二之論。章氏對考據學之於治學功能的認識和對於學術終極目的的意義認識是不遜於當時任何一位考據大家的。他對錢大昕在考據學上的貢獻和學術地位是十分尊崇的，對於戴震通過考據而至義理的學術路徑是認可的，對於戴氏取得的成就也是理解和推崇的。他批評的是戴氏的學術品格。這種批評正確與否另當別論，但章氏實事求是不因人廢學的學格是值得肯定的。他批評戴氏陰受之惠而陽薄之學說：「今有人薄朱氏之學者，即朱氏之數傳而後起者也，其人亦不自知也。沿朱氏之學，一傳而爲勉齋、九峰，再傳而爲西山、鶴山、東發、厚齋，三傳而爲仁山、白雲，四傳而爲潛溪、義烏，五傳而爲寧人、百詩，今承朱氏數傳之後，所見出於前人之遺緒，昌以後歷而貶義、和也。」〔註19〕張舜徽廣章氏之意推闡說：「有清一代學術無不賴宋賢開其先，乾嘉諸師特承其遺緒而恢宏之耳。」〔註20〕他自推崇歸推崇，但章氏認爲這種學術路徑不適合自己，在這種學術氛圍和學術格局下沒有自己的學術天地，於是努力通過校讎的路徑，辨章學術，考鏡源流，來實現和同儕時學殊途同歸的學術抱負。這一理想的實現在今天看來使得乾嘉時代的學術更加光耀，章氏也贏得了實至名歸的學術殊榮，但對於章氏而言這畢竟是一份遲到的愛。

說到乾嘉學術，不能不談到彼時朝廷與天下士林的關係。從某種意義上講，乾嘉考據學成爲這一時期的主流學術，也是清廷與天下儒林合謀的一個結果。雖然在開始的時候兩者的出發點不盡相同，但清初學人的學術反思和清政府的借坡下驢形成的合轍之旅，經過清廷恩威並施的文化策略，在彼此的試探之後，雙方基本上達成了心知肚明的默契。這是一段不無血腥又不乏

〔註18〕姚名達：《章實齋之史學》，羅豔春、姚果源編選《姚名達文存》，南京：江蘇人民出版社，2012年，第86頁。

〔註19〕章學誠：《朱陸》，《章學誠遺書》，北京：文物出版社，1985年，第15頁。

〔註20〕張舜徽：《廣校讎略》，武漢：華中師範大學出版社，2004年，第95頁。

溫情的學術之旅。

清朝乾嘉時期，經過幾位比較有作爲君主的文治武功，政治上基本形成了海內一統，相對穩定的局面；經濟上也達到了農業社會發展的最高成就；文化上更是盛事不斷：修三禮館、古今書圖書集成、四庫全書編修，科舉規模，皇帝經筵講席由尊程朱到反程朱幾度轉變、漢族知識分子對清廷的認同已經由逼於兵事到心理認同。

怎樣看待清廷的這種文治之功呢？以史類鑒，或窺其奧。開國之初，設館修書不僅是統治者息武修文，由馬上得天下向下馬事農桑的戰略轉變，而且是修睦政學，羈縻貳臣以圖化解分歧，求得認同以冀長治久安的重大舉措。這樣一種統治「長策」在民族關係複雜的格局下其功其效尤易顯現。宋太宗時有《太平御覽》一千卷整齊門類群書、《太平廣記》五百卷撰集各類野史、《文苑英華》一千卷類選前代文章。如此浩大的國家工程自然「有裨於儒林甚大」，然而太宗的尊儒之術在某種意義上是掌握政權的關隴集團一種以退爲進的妥協姿態。至於宋初編撰之舉，之所以被認爲「尤不足取」，乃是因其以「老英雄法推爲長策」的居心，路人皆知：「或謂當時削平諸僭，降臣聚胡，多懷舊者，慮其或有異心，故皆位之館閣，厚其爵祿，使編纂諸書，如《太平御覽》《廣記》《英華》之類，遲以年月，困其心志，於是諸國之臣，俱老死於字裏行間」〔註21〕。所以有學者在論及清廷文修之功時說：「清康、乾之纂修群書，規爲浩大，致效尤弘，足以媲美宋初，而用心則無不同，後先相師，如出一轍。」〔註22〕張舜徽此論，非爲社會史、政治史、思想史而作，而是闡述「官修之書無關著述」的校讎之旨時論及的，目的是要提醒從事校讎者辨章學術時要充分考量歷代成書的背景，即其所謂之「創始之意既如彼，卷帙之繁又若此，委之於不學，成之以短時，而欲以著述之例繩之，此實難矣。」〔註23〕而章學誠對官修館撰不以爲然也絕非吃不到即酸的酸葡萄心理而疾恨，按他的自我闡述是要以校讎之法，純古人之體，通過校讎新法闢尋「道向學」之徑途。

清王朝立國之初，鑒於漢族知識分子中的一些人反思明亡的歷史教訓，

〔註21〕劉壎：《隱居通義》卷十三，北京：中華書局，1985年，第139頁。
〔註22〕張舜徽：《廣校讎略》:《張舜徽文集》，武漢：華中師範大學出版社，2004年，第17頁。
〔註23〕張舜徽：《廣校讎略》:《張舜徽文集》，武漢：華中師範大學出版社，2004年，第17頁。

以爲明之亡也，與其說亡於清亡於政，不如說亡於闖亡於學，於是提倡經世致用之學，以「綜當代之務」〔註 24〕。清政府表面上是順應了儒林反對鑿空的學風，實則鼓勵天下儒林之士專事考據之學，以期發現爲當世政治之用的義理。這一點，其實很多考據大家都心知肚明。深知「訓詁之於人，大矣哉！」〔註 25〕因爲「六經皆載於文字者也。非聲音，則經之文不正；非訓詁，則經之義不明」，又「文以載道，審音以知政，孰謂文學與經濟爲兩事？」〔註 26〕所以，「正文字，辨音讀，釋訓詁，通傳注，則義理自見」，而稽考古代典章制度，則可「俾數千百年建置沿革，瞭如指掌」〔註 27〕。清人鼓勵天下儒林鑽進故紙堆「原非與後儒競立說，宜平心體會經文，有一字非其解，有於所言之意必差，而道從此失乃成功之母。……君子或處或出，可以不見用，用則措天下於治安。是以，儒者以己之是，硬坐爲古聖賢立言之意，而語言文字，實未之知。其於天下事也，以己之所謂理強斷行之，而事情原委隱曲，實未能得，是以大道失而行事乖。」〔註 28〕考據不過是舟楫，探尋「古今治亂之源」方是彼岸。所以說乾嘉時期經由統治者提倡，儒林趨鶩的考據學，在某種意義上可以說是政治需要和學術轉型兩好合一好的一種選擇，是由統治者與儒林合謀而成就的經由學術始而終於有資現實政治的國家學術價值取向。

然而，事情的發展常常有偏離設想的時候。清初大儒反對學術鑿空，提倡經世致用之實學，統治者也曾想通過考據發現古學之義理以資時政，考據學的大師們也心領神會，但天下士林駸駸而與焉不過爲稻糧謀。考據學變成了名符其實的飣餖之學，走向了主倡者初衷的反面。這種悖論在文化生活中的突出反映就是知識和現實世界的疏離，學術和社會現實脫榫，學問和人倫日常生活脫節。此即爲後來學術史稱之爲乾嘉樸學的興起，而作爲其學術對立面的宋學受到無情的打壓。具有反諷意味的是，乾嘉考據學本來是希望通過實實在在的學術工作來反拔元明以來「外輕經濟事功，內輕學問文章」

〔註 24〕顧炎武：《夫子之言性與天道》，《日知錄》卷七。全望祖：《甬上證人書院記》，《鮚埼亭集外編》卷十六。

〔註 25〕錢大昕：《經籍纂詁序》，《潛研堂文集》卷二十四。

〔註 26〕錢大昕：《小學考序》，《潛研堂文集》卷二十四。

〔註 27〕王鳴盛：《十七史商榷·序》。

〔註 28〕戴震：《與某書》，《戴東原集》。

〔註 29〕的宋學，以期通過訓詁考據，接近先聖之遺教，實現恢復三代理想的抱負。這原本是希望通過學術而拯救社會的宏大理想，卻事與願違，南轅而北轍。所謂「宋學流弊……今日之患，又坐宋學太不講也。」〔註 30〕敏銳的學者似乎已經看到了這種學術繁榮背後隱藏著的深刻危機，於是冒天下學林之不韙。著書立說，奔走相諫，章學誠就是這其中之一。他的「別出意見，不爲訓詁牢籠」〔註 31〕並不是孤軍作戰，阮元、方東樹等，包括「超然不爲世俗考證之學」的桐城派（邵懿辰：《覆方存之書》，見《半岩廬遺文》）也先後發現了這種危機〔註 32〕。

學術界研究章氏及其學術思想史者，似乎形成了一個共識，即章氏乃乾嘉樸學時代冒天下學林之大不韙而反考據治學，是與考據學派勢不兩立的文化英雄。其實多少與事實不洽。章氏與考據學派的關係可以說甚爲微妙。首先，作爲一個學術大家，章氏始終認爲考據乃治學之基本功，認爲「考據之家，亦不易易。大而《禮》辨郊社，細若《雅》注蟲魚，是亦專門之業，不可忽」也〔註 33〕。他不僅不反對考據之學，而且批評反對考據學的文人「喪心病狂」〔註 34〕。對於儒林中那些或「不甚學而喜穿鑿」者，或「附會緣飾」者，哪怕是朋友，也絕不客氣予以批評〔註 35〕。在實際的治學修史中，他的正文字、辨音讀、釋訓詁和考辨名諱、史實也充分表現了其深厚的考據功力。他在《報謝文學》中講論音義訓詁；在《與喬遷安明府論課業簡》裏的文字形義及說文歸類之議；在《評周永清書其婦孫孺人事》中關於古文辭記時不多見時刻之說，「七科二字不可以稱鄉舉」之議；在《丙辰箚記》裏詳考朱伯廬之名姓籍貫，辨正陸游之周旋韓侂胄是因爲憐妾惜子之誤；在《乙卯箚記》中批評歐陽修之《集古錄》言韓擒虎係荊州刺史是疏忽致誤，楊愼之《丹鉛

〔註 29〕章學誠：《家書四》，《章學誠遺書》，北京：文物出版社，1985 年，第 93 頁。
〔註 30〕章學誠：《家書四》，《章學誠遺書》，北京：文物出版社，1985 年，第 93 頁。
〔註 31〕章學誠：《家書三》，《章學誠遺書》，北京：文物出版社，1985 年，第 92 頁。
〔註 32〕王汎森：《方東樹與漢學的衰退》，《中國近代思想與學術的系譜》，長春：吉林出版集團有限責任公司，2011 年。
〔註 33〕章學誠：《答沈風墀論學書》，《章學誠遺書》，北京：文物出版社，1985 年，第 84 頁。
〔註 34〕章學誠：《與吳胥石簡》，《章學誠遺書》，北京：文物出版社，1985 年，第 78 頁。
〔註 35〕章學誠：《書貫道堂文集後》，《章學誠遺書》，北京：文物出版社，1985 年，第 71 頁。

錄》持古人避諱當同音之說，乃不經附會，等等。這些都是他考據功力和學養不凡的具體體現。他生活在考據學被立爲國學的特殊時代，他尊從並引薦其進入京華學術圈的朱筠師，畢生仰仗的封疆大吏，都是主張和獎掖考據的。章氏如果如後學者所說與考據學不共戴天，其斷無受朱氏青睞之緣，也不會主持畢沅託付之《史籍考》的事責。這是一個不考據則無以生的學術環境和生活環境。

　　然而，考據學派宗崇的學術理路和取得的成績與聲名給欲在學林出人頭地的章氏形成巨大的壓力，這種壓力轉化爲動力而形成的正能量使其終於別開學術徑路，成就了自己的學術思想和體系。他對考據和通過考據而達成義理，形諸辭章的治學方式是肯定和推崇的，並且貫穿於自己日常的學術活動中，對考據大家錢大昕、戴震在學術上的造詣也是推崇的。然而，他又認爲這種學術路徑並不適合自己。他說：「人生有能與不能，耳目有至與不至。雖聖賢有不能盡也」，而「考據主於學，辭章主於才，義理主於識，人當辨其所長矣」〔註36〕。他的「好辯論，勇於自信」〔註37〕的個性，和「君子之學，貴闢風氣，而不貴趨風氣」〔註38〕的學術追求，決定了他之於考據學的大師們不可能高山仰止，要通過學術之路做「干祿」和「求名」〔註39〕，只有揚長避短，另尋新術而「求諸己」。其所謂「世之所重，而非吾所期歟，雖大如泰山，不遑顧也；世之所忽，而苟爲吾所期歟，雖細如秋毫，不敢略也。趨向專，故成功易；毀譽淡，故自得深。即其天資之良，而懸古人之近己者以爲準，勿忘勿助，久之自有會心焉。所謂途轍不同，而同期於道也。」〔註40〕通過校讎之途辨章學術，考鏡源流，申明學術必須純古人之大體，經時濟世，切合人事。實現了與同儕殊途同歸，比肩而立的學術願望。「於古今學術，輒能條別而得其宗旨，立論多前人所未發」〔註41〕。錢穆發其端緒，其徒余英

〔註36〕章學誠：《答沈楓墀論學》，《章學誠遺書》，北京：文物出版社，1985年，第84頁。

〔註37〕《清史稿・章學誠傳》。

〔註38〕章學誠：《淮南子洪保辨》，《章學誠遺書》，北京：文物出版社，1985年，第58頁。

〔註39〕章學誠：《與族孫汝楠論學書》，《章學誠遺書》，北京：文物出版社，1985年，第224頁。

〔註40〕章學誠：《與朱滄眉中翰論學書》，《章學誠遺書》，北京：文物出版社，1985年，第83頁。

〔註41〕《清史稿・章學誠傳》。

時廣其師意，稱他與戴震爲乾嘉時代學術的「雙峰」〔註42〕，實肯綮之論。後

三、章氏對浙東學術的貢獻

　　章學誠對浙東學術的貢獻表現在兩個方面：考鏡源流，豐實其義。

　　章氏學術思想之「派」屬歸宗，依其自述，是源於「浙東學派」（或曰「浙東史學」），有學者然認爲章氏於其所稱之「浙東學派」的貢獻之一便是爲其冠賦名號。金毓黻《中國史學史》闡論清代史家之成就時說：「撰史之例，詳近略遠，清代史家之卓有成就者，無慮數十人，茲取其最著者論之。或以章學誠生於浙東，於《文史通義》中著有《浙東史學》一篇，因謂史學爲浙東所獨擅，此似是而非之論也。」又說自章氏之論出，則「世人之不究本末者，亦翕然以此稱之。」〔註43〕此論非佳譽，確當與否，可以討論。然而，從一個方面說明了章氏此論影響之大。

　　況金氏自陳所論「一以專門名家者爲斷，弗取學派之說，以捐偏黨之見，研史之士，或有取焉。」〔註44〕是否以學派論學，不過是學者治學的心得、論學的視角和取徑自便罷了。然而金氏此論確有允當之處，也實有可商榷之處。的確，自章氏《文史通義》有專篇論述『浙東學術』以來，梁啓超、錢穆、何炳松、陳訓慈、劉節、余英時、杜維運、朱仲玉、葉建華，包括金氏等近代、現代和當代的幾代學者對浙東學術的精華「浙東史學」都有論述。〔註45〕不確之處，一是章氏專章係《浙東學術》而非《浙東史學》，「學術」和「史學」存包涵和被包涵關係；二是章氏闡論「浙東之學」的特點是「言性命者，必究於史」〔註46〕。釐清了浙東學術與浙東史學之間的關係。將浙東之作爲地域所指，變成了一種學術特徵所指，完成了浙東從地域名到學術名稱的轉換。當然，這種轉換不是經章氏一鳴而成的，而是章氏之前很多學人不斷闡述層累而慢慢形成的。朱熹即有過「浙學」的闡述。他說：「江西之學只是禪。浙學卻專是功利」〔註47〕，又說：「浙間學者推尊《史記》，以爲先黃老，後

〔註42〕余英時：《論戴震與章學誠》，北京：三聯書店，2005 年，第 14 頁。

〔註43〕金毓黻：《中國史學史》，石家莊：河北教育出版社，2002 年，第 353 頁。

〔註44〕金毓黻：《中國史學史》，石家莊：河北教育出版社，2002 年，第 353 頁。

〔註45〕參見蔡克驕、夏詩荷著《浙東史學研究·序》，北京：知識產權出版社，2009 年，第 1 頁。

〔註46〕章學誠：《浙東學術》，《章學誠遺書》，北京：文物出版社，1985 年，第 14 頁。

〔註47〕《朱子語類》卷一百二十二。

《六經》，此自是太史談之學。」〔註48〕這些指稱無論是「浙學」，還是「浙間學者」多少有些時空地域內學者治學價值取向的意味，而「浙東學派」的提法首見黃宗羲之《移史館論不宜立理學傳書》。黃氏在此文中雖然不無自豪地言及「凡海內之知學者，要皆東浙之所衣被」，然而主要的卻是批評浙東學者的治學「最多流弊」——「忘其衣被之功，徒訾其流弊之失」。而真正對浙東學術進行全面闡述的是章學誠。

　　章氏不僅為「浙東學術」有冠賦名號之實，而且有考其淵源，探其脈流，辨其得失，明其徵表，覈其內涵之功。章氏以為：「浙中自元、明以來，藏書之家不乏，蓋元、明兩史，其初稿皆輯成於甬東人士。故浙東史學，歷有淵源，而乙部儲藏，亦甲他處，近俱散失盡矣！」〔註49〕他說：「世推顧亭林氏為開國儒宗」，「不知同時有黃梨洲氏出於浙東，雖與顧氏並峙，而上宗王、劉，下開二萬，較之顧氏，源遠而流長。」〔註50〕「昔史遷著書，自命《春秋》經世，實本董氏天人性命之學，淵源甚遠。」「南宋以來，浙東儒哲講性命者多攻史學，歷有師承。明兩朝，經載皆稿薈於浙東，史館取為依據瞭解。其間文獻之徵，所見所聞，所傳聞者，容有中原耆宿不克與聞者。」〔註51〕章氏嘗言邵晉涵之外祖父邵廷采雖「著《思復堂集》，發明姚江之學，與勝國遺文軼事經緯，成一家言，蔚然大家」，然而「其書不顯於世。」〔註52〕

　　有學者論江浙學術統系，言及浙中學人，世家及師承關係，以為各有歸依，獨「會稽章學誠亦熟於文獻，既乃雜治史例，上追劉子玄、鄭樵之傳，區別古籍，因流溯源，以窮其派別，雖遊朱珪之門，然所學則與戴震立異。及阮元秉鉞越省，越人趨其風尚，乃轉治金石校勘，樹漢學以為幟。」章氏之後，有龔定庵「校讎古籍」，「矜言鍾鼎古文」「出於章學誠」。再其後，則「仁和曹籀、譚獻均篤信龔學」〔註53〕。又張舜徽論清儒之師有「興起」與

〔註48〕《朱子語類》卷一百二十二。

〔註49〕章學誠：《與阮學使論求遺書》，《章學誠遺書》，北京：文物出版社，1985年，第332頁。

〔註50〕章學誠：《浙東學術》，《章學誠遺書》，北京：文物出版社，1985年，第15頁。

〔註51〕章學誠：《邵與桐別傳》，《章學誠遺書》，北京：文物出版社，1985年，第177頁。

〔註52〕章學誠：《邵與桐別傳》，《章學誠遺書》，北京：文物出版社，1985年，第177頁。

〔註53〕劉師培：《清儒得失論》，北京：中國人民大學出版社，2004年，第280頁。

「成德」之殊別。「興起之師立懦廉頑,能拔人心於陷溺之中;成德之師切磋琢磨,能造人材於精粹之地」,以此推闡則「顏元、李塨、王源、毛奇齡輩崛起南北,以實學風天下……皆所謂興起之師也。」〔註54〕又說:「清代學術……自開國迄於乾隆之初,大儒四起,同以致用爲歸,氣象博大……自四庫館開,學者競以考訂校讎爲事,學尚專精,門庭漸褊」。此誠實齋《浙東學術》開篇所論〔註55〕。是以史家論清代史學有說:「開拓於黃梨州,萬季野,而昌明於章實齋」者〔註56〕。

正是經過章氏的反思、建構、闡揚、推崇,浙東由域名而至學名,由地域學派走向影響全國主流學術思潮的行列,且成爲主流學術在傳統思想領域不得不藉重的重要思想資源的基礎之一。這一重要學術思想資源的內涵特徵經章氏總結歸括爲三個方面:即言性命之學必究於史;學貴專家之學,而學無門戶之見;學當經世爲用,而切合人事。這種學術精神注重從社會生活的發展以及上下互動中,引發深層的反思和深刻的闡釋,持重而不失開放,在中國社會遭遇西學東漸,東西方文化發生劇烈碰撞的過程,中國學術面臨時代需要和自身生存發展的雙重使命的時候,爲其自持而不失開放,拿來而不失化用的學術取向提供了寶貴的思想支持。

四、章氏學術思想之構成及相互關係

學術發展有其規律,既受主觀條件影響,又賴客觀條件促生;既基於傳統和基礎,也賴於自我代謝之更新願力,要有吸納異質智源的視野、胸懷和能力。傳統精神與個人因素兩相輔成所成就之章氏學術思想,究竟具有怎樣的學術面相,其學術思想內在的機理呈現怎樣的邏輯,各個部分之間存在怎樣的聯繫,形成怎樣的支持關係是本節試圖想回答的問題。關於章氏學術面貌,前賢的研究既有從總體上進行闡述的,也有從各個側面作描述的。如果要對所有的闡釋行爲進行綜述的話,大致可以從兩個方面來歸括。一個是學術的向度,一個是思想的向度。學術和思想之間既有區別又有不可分割的聯繫〔註57〕。章學誠是學問家,是在眾多學術領域具有卓越建樹而深刻影響後

〔註54〕張舜徽:《廣校讎略》,武漢:華中師範大學出版社,2004年,第99頁。
〔註55〕張舜徽:《廣校讎略》,武漢:華中師範大學出版社,2004年,第101頁。
〔註56〕梁啓超:《清代學術概論》,《梁啓超論清學史二種》上海:復旦大學出版社,1985年,第408頁。
〔註57〕本文上篇《梁啓超:西學參比與價值發掘》有簡短論述。

來學術發展的大學問家，然而他又是超越一般意義上之諸如政治學家、歷史學家、文獻學家、目錄學家、方志學家、教育學家等具有廣泛影響的思想家。學術成爲其思想的堅實支撐，思想是其學術的深刻表述。誠如章氏對浙東學術的本質概括所言：「浙東之學，言性命者，必究於史。」〔註58〕作爲浙東學術殿軍的章學誠，其一切學術及思想皆建基於史學。所以，總起來看，章氏之學乃歷史文化哲學，而支撐這一學術思想的是別出心裁之校讎學和方志理論與實踐。筆者在茲以「一體兩翼的歷史哲學思想體系」概述之。

章學誠學術思想的宗旨。章氏在其人生的後三十年，也是他學術思想自覺而逐漸成熟的時期，在不同的時間、場合、針對不同的交流對象論及其撰著之宗旨共計六次〔註59〕。這六次按其所述內容考察，大致可分爲三個階段，這三個階段也是章氏學術思想從萌生、發展到成熟的過程。從構思《文史通義》撰著之始爲「文史計」，到尋找新的學術路徑，以「校讎通義」實現通古今學術之變，成一家之言的自信，至「純古人之大體」，「於風俗不無小補」這樣一個執古今之兩端，著眼當下學政之計的學術宗旨。這樣三個階段學宗的自我陳述，不僅貫穿於章氏後半生的各個階段，而且這樣爲後來的學者反覆闡述，且各言言殊。在梁啓超看來章氏之學乃中國史學思想在前近代發展的最高表現，是中國傳統史學與近代世界歷史學接榫之棧橋；錢穆認爲章氏之學在學術史的架構中實現了對中國文化思想的闡述；在侯外廬的思想史闡述中章氏學術是一種文化思想的建構；在余英時闡述裏，章氏學術思想是可以與西方近代歷史學家柯林武德歷史哲學相提並論的具有普適價值的歷史哲學。這些近現代學人對章氏學術質性以及面相的描述和闡論各有所長，也從不同的側面豐富了章氏學術思想的內涵，給後來的研究者不無啓發。然而，章氏學術思想的神圓方智，不是徑從現代學術架構下的某一個單純的學科可以概括的，一方面是中國傳統學術經史、文史關聯的特點，二是章氏學術思想既以文史作爲其學術研究的始點，然而，又非止於文史，而是由文史而學政，由學政而風俗，由風俗而風俗之所以然層層深入，以求「所以然」爲根本目標的學術研究。所以，章氏之學術質性與面貌是一種文化哲學。

〔註58〕 章學誠：《浙東學術》，《章學誠遺書》，北京：文物出版社，1985 年，第 14 頁。

〔註59〕 本書之《〈文史通義〉主旨論》。它們分別是在乾隆二十八、九年（1763～1764），乾隆三十一年（1766），乾隆三十七、八年（1772～1773），乾隆五十三年（1788），嘉慶元年（1796），嘉慶三年（1798）。

「文化哲學在概念上具有極端的不確定性」,「它沒有一個經過幾個世紀發展的牢固傳統」,「只有現代思想家才逐漸認識到,除邏輯學、倫理學、物理學而外,哲學探索還存在其他不同的方式和方向。」〔註60〕在西方文化哲學萌生於文藝復興時代,它的產生受到了實證主義的抑制。在中國它產生於十八世紀,同樣也受到強大的實證力量的抑制。這種抑制與反抗抑制反映在學人之間學術思想的對壘在十八、十九世紀之交的乾嘉時期是以戴震和章學誠為代表的,余英時將這兩人稱為「雙峰」。

體現章氏學術思想價值標的的《文史通義》在「六經皆史」的核心理念提攜下,將對日常生活的關注提高到學術之本的高度,將是否關注日常人倫之事務提高到政治之本的高度,將是否有助於政社風俗之相互影響作為評價學政關係、學俗關係良莠的標準,並且將這一價值理念上溯至三代。所以「六經皆史」不僅是一個經史關係的抑揚,也不只是經學和史學孰尊孰卑的意氣之爭。它實際上是一種文化哲學對文化思想的理解和建構,是一種價值理性的追懷,也是一種工具理性的確證。當經、史同源、同構、同質的時期,價值理性和工具理性是高度同一的,隨著經、史分途,經作為一種價值標的,隨著百家爭鳴的學術競爭,秦漢時代的政治實踐,經過漢代中期政學互動,儒家作為能夠吸納諸子百家思想〔註61〕,而作為工具理性的學術形態和範式在發展的過程中,出現了今、古文之競,漢學、宋學之爭。兩者相輔相成,互補互爭,彼消此長,共同促進了學術的發展。在元、明、清三代的表現,共同之處是舊經典出現了深刻的危機〔註62〕。所以,清初的學者們強調學問與現實生活的關係,強調史學的真實性,「古人未嘗離事而言理」。一人之史、一鄉之史、方志、國史。強調從日常的生活中提升至政治、國家、天下的理念。生活包括物質的,非物質的。內容十分豐富。

章「學」之校讎略。宗劉、申鄭、正俗,是章氏校讎學主要學術取向。對劉向父子章氏推崇備致。他以為劉氏父子深明道術精微,條別學術異同,而使人得以由委溯源,明悉典章源流的功績。對於鄭樵,章氏本著實事求是的精神,一方面為其學術價值取向和為之付出的努力而辯護,另一方面也指

〔註60〕〔德〕恩斯特‧卡西爾著《人文科學的邏輯》,沈暉等譯,中國人民大學出版社,2004年,第1頁。

〔註61〕參見馮天瑜、何曉明、周積明著《中華文化史》,上海人民出版社,1990年。

〔註62〕參見王汎森《中國近現代學術的系譜》第一編《舊典範的危機》,長春:吉林出版集團有限責任公司,2011年,第3～94頁。

出其簡陋淺陋的地方〔註 63〕。對於章學誠自別劉知幾的自我闡述，後學中既有贊同者，也有異議者。辯證的基礎在於具體的分析。通過校讎來辨章學術，考鏡源流是章氏有別於同時代學人的治學理路，也是他與劉知幾不同的地方。劉知幾評價班固《漢書・藝文志》以言書籍流別，實屬「妄裁」。欲將之刪除而後快。章學誠卻以爲「《藝文志》一志，實爲學術之宗，明道之要」，「由是推之，則古學淵源，師儒傳授，學術流別，皆可考矣。」〔註 64〕是以章氏之嗣子華紱於《文史通義》序文中鄭重申明：「先君子」「著有《文史通義》一書，其中倡言立議，多前人所未發。大抵推原《官禮》，而有得於向、歆父子之傳，故於今古學術淵源，輒能條別而得其宗旨」焉。宋人鄭樵（字漁仲，1103～1162）說：「學問之苟且，由源流之不分」，假如在治學過程中能夠做到「類例既分」的話，那麼即可「學術自明」矣。（《校讎略》）黃宗羲（南雷，1610～1695）《明儒學案》之作，旨在「爲之分源別流，使其宗旨歷然」；這樣的意識在章學誠這裡表現得更爲自覺，其著《校讎通義》開宗明義，旨在「辨章學術，考鏡源流」，《文史通義》亦多有闡述：甚至產生了（知識）譜系的說法，在某種意義上即已接近西方現代史學理論之學術史觀念，他在論述清代學術之源流時說：「至國初而顧亭林、黃犁州、閻百詩皆俎豆相承，甚於漢之經師譜系。」〔註 65〕

　　有學者認爲：「《校讎通義》的修訂」與「《史籍考》的編纂標誌著章學誠的學術思想開始進入成熟階段」。首先，是目錄學理論的完成，其次，是高屋建瓴的理論概述——「辨章學術，考鏡源流」；這兩者相輔相承〔註 66〕。所謂「辨章學術」，即「求能推闡大義，條別學術異同」，弄清群書大旨，進而辨別文獻所屬之學術體系及各自特點；所謂「考鏡源流」，即「使人由委溯源，以想見墳籍之初者」，由此而「部次流別，申明大道，餘列九流百氏之學，使之繩貫珠聯，無少缺逸，欲人即類求書，因書究學」進而釐清各種學術發生、發展的來龍去脈。侯外盧說：此則「今日所謂之學術史。」〔註 67〕

〔註 63〕《藝文略》中既有如刪除《崇文總目》之原有說明群書大旨之敍錄的大錯，也有如既有《班昭集》，又有《曹大家集》，將一人誤成兩人。

〔註 64〕章學誠：《漢志六藝》，《章學誠遺書》，北京：文物出版社，1985 年，第 102 頁。

〔註 65〕章學誠：《補遺・又與朱少白書》，《章學誠遺書》，北京：文物出版社，1985 年，第 611 頁。

〔註 66〕劉墨：《乾嘉學術十論》，北京：三聯書店，2006 年，第 32 頁。

〔註 67〕侯外盧：《乾嘉時代的漢學潮流與文化節史學的抗議》，《侯外盧史學論文選集》

　　校讎之略如果僅源流條別，已於辨章學術，考鏡源流功莫大焉，然而僅止於此卻非明古人著述之大義，仍有可能犯不知之知之錯，就連劉知幾這樣的史學大家亦不能免。如果說劉氏誤責班固《漢書》設《藝文志》「妄裁」書籍流別是不知學所從來從往於學術發展是一項基礎性的工作的話，那麼他對於史遷的「不拘常例」「別出新載」，甚至「因事命篇」的「義例」之創，就更不知就裏了〔註68〕。而章批評劉知幾之「不知幾微之際」就不是文人相輕的苛責，而是實事求是精神的體現。他通過爲司馬遷辯護來闡明「史貴知其義」而不在文史之末的主張〔註69〕。他深味史遷「體圓而用神」之妙。以爲其在古人記事、立論及解釋經義立「傳」的基礎上，不拘常例，自鑄新篇，大大擴展了「傳」的敘事功能，開紀傳體新例。比如在《伯夷傳》中不僅以議代敘，而且以類相從，突破時限與空域，將受讒之屈原、賈誼，任俠之季布、任布，謹厚之石奮、衛綰合傳成篇，已成紀事本末之雛形。又有因事命篇但敘物產，不涉人事之《貨殖》之創例，開後來先河。

　　章學誠著錄之例一書不嫌重見的見解也頗具別識。其「《校讎通義》據班《志》自注省重之文，謂《七略》義例，一書兩載，獨重家學，不避重複，欲人即類求書，因書究學，而力主互著之說，其言是也。」〔註70〕這幾乎就是章氏的治學創見與實踐創新，後世學者贊評：「近代言校讎者，自會稽章氏外，罕能窺見及此。」〔註71〕

　　章氏方志理論與實踐的兩大意義：致力於通史撰著的方志理論建構與具有區域社會史價值的方志撰述實踐。

　　章氏方志的理論並非憑空建構，而是在對傳統中國史學理論總結的基礎上形成的。這種總結不只是表現在表述上的概括，更是在思想內容上的豐富、體系的完善與概念的明確。史志學者認爲，在周代掌史者即有負責王朝史志與地方史志的分工。劉知幾說：「《周官》《禮記》有太史、小史、內史、外史、

　　　　（下冊），第228頁。

〔註68〕劉知幾認爲司馬遷以「老子與韓非並列」此乃史遷不知類，之「舛謬」。見《史通》卷4《編次》。

〔註69〕章學誠：《言公上》，《章學誠遺書》，北京：文物出版社，1985年，第29～30頁。

〔註70〕張舜徽：《廣校讎略》，武漢：《張舜徽集》，華中師範大學出版社，2004年，第55頁。

〔註71〕張舜徽：《廣校讎略》，武漢：《張舜徽集》，華中師範大學出版社，2004年，第55頁。

左史、右史之名。太史掌國之六典，小史掌邦國之志，內史掌書王命，外史掌書，使乎四方；左史記言，右史記事。」〔註72〕這些「名目既多，職務咸異」「備於周室」的史官，所掌皆王朝史，亦即國史。此外「諸侯列國」「一同王者」，「亦各有史官」。(《韓詩外傳》)《禮記・內則》載其時地方上之史官及其職司說：「宰告閭史，閭史書爲二。其一藏諸閭府，其一獻諸州史，州史獻諸州伯，州伯命藏諸州府。」「州史和閭史」即地方上的史官。

　這些都給章學誠方志理論構想以啓示，他毫不諱言方志撰著當合於古史而又不泥於古。其總體上歸納其特徵爲：「擴大方志概念」；「立通志、掌故、文徵三書，以合古史」；「統部通志與各府州縣志，各有其領域，不得互相侵越」；「修方志應以當代制度爲歸依，而不當泥古」；「主張於州縣立志科」；「修志當存前志」；「修志有二便，三長，五難，八忌，四體，四要」；「修志有十要」〔註73〕。這裡面有些是章氏自闡自述的理論建構，有些是貫穿在章氏方志撰寫實踐中，經後來的學者總結歸納出來的。然而，從史學理論和實踐發展的角度來看，上述概括雖然既不乏系統全面，也不失理論高度，確實將中國的方志學提高到了一個新的水平，然而，章氏方志理論建構與實踐修爲的意義卻又遠甚於此，它的價值重估和意義考量應該定位在如下兩個方面：第一，章氏方志學理論的突出貢獻是闡明了方志和國史之間的關係；第二，章氏方志理論建構撰著實踐已然具有了今之區域社會史理論與實踐的價值與意義。

　明二十四史與方志之別。二十四史、九通之類「以王朝爲中心」；「方志」「以社會爲中心」。「方志是保存社會史料的淵藪，那裡面的豐富記載，是其他史籍中不能看到的十分珍貴的考古資料」，「舉凡風俗習慣，民生利病，一切不詳載於正史的，都藉方志保存下來了。其中如賦役、戶口、物產、物價，記載最爲可貴。」〔註74〕傳統農業社會的經濟結構，生產方式，以及與之相協的政治統治及上層建築，小農經驗不需要這些，而中國社會轉型由傳統社會向近代社會發展的時候，對整個社會的管理需求發生了巨大的變化，需要掌握的情況不能是就其類的廣度與細的深度都發生了變化。所以區域社

〔註72〕劉知幾：《史通・外篇》。
〔註73〕方壯猷：《中國史學概要》，武漢：武漢大學出版社，2011年，第190~195頁。
〔註74〕張舜徽：《認庵學術講論集》，武漢：華中師範大學出版社，2008年，第381頁。

會史的資料之重要日顯突出。中國是一個重史的國家，也是一個注重修史的國家，史籍之多舉世罕有，然而，中國又是一個沒有國史的國家。傳統意義上的二十四史，被 20 世紀初葉的新史學斥爲家史或家族史。其言雖不無偏激，但二十四史不能充作中國之國史，不具有通史的價值判斷則不能完全視爲偏頗之見。章學誠作爲中國社會由前近代社會向近代社會轉型前夜的史學家，其偉大之處是其在某種意義上已經意識到應該有一部全史的必要，並且提出了「通史」的概念，且就「通史」的撰述進行了比較深入的研究和闡述，雖然其撰著體例的構想還限於在傳統史述之紀傳體、編年體、紀事本末體之間折中取捨，和通過「別錄」等方式來彌補，經過取捨之後的新的通史體例仍顯不足，然而，已經具有有整合傳統，開發新體的發軔之功，給後來有志於通史構想與撰著的史家如梁啓超、章太炎等以啓示。梁啓超、章太炎等並沒有開啓他們心目中理想的通史撰著，後來借鑒西方史學理論和撰著實踐而產生的通史，實際上也不是眞正意義上的通史，而是以教科書形式面世，解決大、中學校師生修習歷史的教科書。教科書分章分節便於撰述，也便於學習，迥乎不同於舊的史撰義例，給人以耳目一新的感覺，然而，教科書畢竟不是眞正意義上的通史，而在唯物史觀指導下由范文瀾、郭沫若、翦伯贊等各自撰著的《中國通史》「多數都分章分節講得很簡略，開頭講過了幾個朝代的更替，再來講這幾代的文化、學術、思想；接下去，則又是打仗。」它們共同的問題都表現爲「不是按照事物本身的發展變化的規律來看問題的」。〔註75〕所以，眞正能代表國史意義上的通史在某種意義上至今闕如，以至於「今天擺在我們面前有一大任務，就是要編一部較完整的、能夠代表國家的中國通史。」〔註76〕

新通史除了要能全面反映整個國家的歷史面貌具有「全」的意義之外，還有一個更爲重要的使命就是要正確反映歷史的規律和歷史形成的動因，使參閱歷史者不僅知其然，而且知其所以然。要達成新通史撰寫的這兩大任務，地方志所記載的某一地區的歷史成爲國史編寫的基礎則是必然的。章學誠正是從國史撰著的角度來重新認識地方志編修的。以全國各地方志爲史料基礎

〔註75〕 張舜徽：《訒庵學術講論集》，武漢：華中師範大學出版社，2008 年，第 102 頁。

〔註76〕 張舜徽：《訒庵學術講論集》，武漢，華中師範大學出版社，2008 年，第 103 頁。

整合而成的通史，自然不僅包括了人口眾多的漢民族居聚區，而且涵蘊了幅員遼闊的少數民族區域；不僅突破了舊史單一的以政治、軍事爭鬥為主體的史事史實，而且豐富了歷史的層級，上層建築、經濟基礎和社會文化一應並舉；不僅如此，而且突破了單純以改朝換代為敘事線索，而代之以歷史發展的真正動因為敘事追求的敘寫，以企真正發現歷史發展的明規潛律。

　　章氏方志理論與撰著實踐體現方志一方全史的區域社會文化思想在本書中有專章涉及，在此不續。

五、結語

　　章氏以為，學者有宗是必需的，而門戶之見則萬不可有。就學術思想闡釋者或學術史研究者而言，研究對象的「學」與「派」是一個不無關聯又興味有別的問題。「學」關思想面貌、學人性情、時勢因會及傳統風習等不一而足，「派」涉地理藪緣、群類流別、社情網絡和媒傳通介等一言難盡。兩者既互為因果又相與輔承，或「派」因「學」而立世，或「學」因「派」而衍傳，一旦「學」「派」強固，則既生門戶之隙，又成競合之勢，有生命力的「學派」，其範規之嚴格、開放之達闊所產生的張力總是有助學術生產的活力。章學誠「學」與「派」的問題是章氏學術思想闡釋中是不可或缺的，其複雜性表現在，關於其「學」的思想面相和其「派」的可能性歸劃表現出大不相同的取趨上。總的來說，章「學」橫看成嶺側成峰，有文史大家、啟蒙思想家、衛道士、史學理論家、文化史家、教育家、目錄學家等，冠蓋中既有相關者，也有相對者。這固然反映了章氏學術思想的複雜性和多元性，也反映了闡釋者學術面相的多維性和選擇性。而章學「派」歸屬問題則作為比較能接受的說法是「浙東史學」，且位居殿軍。章氏之「學」與「浙東史學」淵源何自，又關係幾何，是實有之關聯，還是虛擬之構建，從思想面貌的形成與思想闡釋關係的角度而言，仍不失為一個很好的沒有窮盡的話題。

參考文獻

中文文獻

（一）章學誠本人著作及著作注疏

1. 章學誠，《章學誠遺書》〔M〕，北京：文物出版社，1985 年。
2. 葉瑛，《文史通義校注》（上、下冊）〔M〕，北京：中華書局，2004 年。
3. 章學誠、葉長青注，《文史通義注》〔M〕，上海：華東師範大學出版社，2012 年。
4. 章學誠，《王重民通解·校讎通義通解》〔M〕，上海：上海古籍出版社，1987 年。
5. 倉修良，《文史通義新編新注》〔M〕，杭州：浙江古籍出版社，2005 年。
6. 錢基博，《國學要籍解題及其讀法》〔M〕，上海：上海古籍出版社，2012 年。
7. 章學誠著、呂思勉評，《文史通義評》〔M〕，上海：上海人民出版社，1981 年。
8. 張舜徽，《史學三書評議》〔M〕，北京：中華書局，1983 年。
9. 張舜徽，《清儒學記》〔M〕，濟南：齊魯書社，1991 年。
10. 楊向奎，《清儒學案新編》（八）〔M〕，濟南：齊魯書社，1994 年。

（二）生平、年譜及傳記

1. 胡適著、姚名達訂補，《章實齋年譜》〔M〕，上海：商務印書館，1936 年。
2. 羅豔春、姚果源選編，《姚名達文存》〔M〕，南京：江蘇人民出版社，2012 年。
3. 倉修良，《章學誠和〈文史通義〉》〔M〕，北京：中華書局，1984 年。

4. 廖曉晴，《史學巨擘：章學誠與史著》〔M〕，大連：遼海出版社，1997
   年。

5. 倉修良、葉建華，《章學誠評傳》〔M〕，南京：南京大學出版社，2011
   年。

6. 鮑永軍，《史學大師章學誠傳》〔M〕，杭州：浙江人民出版社，2007 年。

7. 王克明，《史學大家章學誠》〔M〕，臺灣永吉出版社，1985 年。

8. 董金裕，《章實齋學記》〔M〕，臺灣嘉新水泥公司文化基金會，1976 年。

9. 朱天瀚，《章實齋年譜》〔M〕，臺灣文史哲出版社，1999 年。

10. 趙譽船，《章實齋先生年譜》〔M〕，北京圖書館出版社，1999 年。

11. 〔美〕倪德衛（David S.Nivison），《章學誠的生平及其思想》〔M〕，楊立
    華，南京：江蘇人民出版社，2007 年。

（三）闡釋學理論部分

1. 周裕鍇，《中國古代闡釋學研究》〔M〕，上海：上海人民出版社，2003
   年。

2. 〔美〕張隆溪，《道與邏格斯——東西方文學闡釋學》〔M〕，馮川，南京：
   江蘇教育出版社，2005 年。

3. 金岳霖，《知識論》（上、下）〔M〕，北京：商務印書館，1983 年。

4. 〔德〕馬丁・海德格爾（Martin Heidegger），《通向語言的途中》〔M〕，
   孫周興，北京：商務印書館，2004 年。

5. 〔德〕馬丁・海德格爾（Martin Heidegger），《存在與時間》（修訂本）
   〔M〕，陳嘉映、王慶節，北京：三聯書店，2006 年。

6. 〔德〕埃德蒙德・胡塞爾（Edmund Hussert），《純粹現象通論：純粹現象
   和現象學哲學的觀念》（I）〔M〕，李幼蒸，北京：中國人民大學出版社，
   2004 年。

7. 〔德〕埃德蒙德・胡塞爾（Edmund Hussert）、（德）克勞斯・黑爾德編，
   《存在與時間》〔M〕，倪梁康，上海：上海文藝出版社，2005 年。

8. 〔德〕漢斯・格奧爾格・伽爾默達（Hans-Gadaer），《詮釋學 I：真理與
   方法：哲學詮釋學的基本特徵》〔M〕，洪漢鼎，北京：商務印書館，2007
   年。

9. 〔德〕漢斯・格奧爾格・伽爾默達（Hans-Gadaer），《詮釋學 II：真理與
   方法：哲學詮釋學的基本特徵》〔M〕，洪漢鼎，北京：商務印書館，2007
   年。

10. 〔法〕保羅・利科（Paul Ricoeur），《歷史與真理》〔M〕，姜志輝，上海：
    上海譯文出版社，2004 年。

11. 〔法〕保羅・利科（Paul Ricoeur），《活的隱喻》〔M〕，汪堂家，上海：

上海譯文出版社，2004 年。

12. 〔美〕海登‧懷特（Hayden White），《形式與內容：敘事話語與歷史再現》〔M〕，董立河，文津出版社，2005 年。

13. 劉小楓、陳少明，《經典與解釋的張力》〔M〕，上海：上海三聯書店，2003 年。

14. 龔鵬程，《文化符號學——中國社會的肌理與文化法則》〔M〕，上海：上海人民出版社，2009 年。

（四）專著部分

1. 〔英〕柯林武德（R. C. G. Collingwood），《歷史的觀念》〔M〕，何兆武，北京：中國社會科學出版社，1986 年。

2. 〔德〕馬克斯‧韋伯（Max Weber），《學術與政治》〔M〕，馮克利，北京：三聯書店，2005 年。

3. 〔美〕倪德衛（David S. Nivison），《儒家之道：中國哲學之探討》〔M〕，萬百安編，趙剛，南京：江蘇人民出版社，2006 年。

4. 龔自珍，《龔自珍全集》〔M〕，上海：上海人民出版社，1975 年。

5. 康有爲，《康有爲全集》〔M〕，北京：中國人民大學出版社，2007 年。

6. 蕭公權，《康有爲思想研究》〔M〕，北京：中國人民大學出版社，2014 年。

7. 梁啓超，《飲冰室合集》（12 冊）〔M〕，北京：中華書局，1989 年。

8. 梁啓超，《中國歷史研究法》〔M〕，上海：上海文藝出版社，1999 年。

9. 梁啓超，《中國歷史研究法‧中國歷史研究法補編》〔M〕，長春：吉林人民出版社，2013 年。

10. 梁啓超、朱維錚校注，《梁啓超論清學二種》〔M〕，上海：復旦大學出版社，1985 年。

11. 梁啓超，《論中國學術思想變遷大勢》〔M〕，上海：上海古籍出版社，2001 年。

12. 劉夢溪，《現代學術經典——梁啓超卷》〔M〕，石家莊：河北教育出版社，1992 年。

13. 章太炎，《章太炎全集》（8 冊）〔M〕，上海：上海人民出版社，1994 年。

14. 章太炎著、湯志鈞編，《章太炎政論選集》〔M〕，北京：中華書局，1977 年。

15. 章太炎著，朱維錚、姜義華編著，《章太炎選集》（注釋本）〔M〕，上海：上海人民出版社，1981 年。

16. 章太炎著、吳承仕藏，《章炳麟論學集》〔M〕，北京：北京師範大學出版社，1982 年。

17. 章太炎著、傅傑編校，《章太炎學術史論集》〔M〕，北京：中國社會科學出版社，1997 年。

18. 章太炎，《國故論衡》〔M〕，上海：上海古籍出版社，2003 年。

19. 章太炎、劉師培等撰，徐亮工編校，《中國近三百年學術史》〔M〕，太原：山西古籍出版社，2001 年。

20. 章太炎，《章太炎論學集》〔M〕，北京：北京師範大學出版社，1982 年。

21. 何炳松，《何炳松論文集》〔M〕，商務印書館，1990 年。

22. 何炳松，《何炳松文集》（五卷本）〔M〕，商務印書館，1997 年。

23. 羅豔春、姚果源編選，《姚名達文存》〔M〕，江蘇人民出版社，2012 年。

24. 錢穆，《國史大綱》〔M〕，商務印書館，1996 年。

25. 錢穆，《國學概論》〔M〕，商務印書館，1997 年。

26. 錢穆，《中國近三百年學術史》〔M〕，商務印書館，1997 年。

27. 錢穆，《中國歷史研究法》〔M〕，三聯書店，2001 年。

28. 錢穆，《現代中國學術論衡》〔M〕，三聯書店，2002 年。

29. 錢穆，《新亞遺鐸》〔M〕，三聯書店，2005 年。

30. 錢穆，《中國史學名著》〔M〕，三聯書店，2005 年。

31. 錢穆，《八十憶雙親　師友雜憶》〔M〕，三聯書店，2005 年。

32. 錢穆，《中國思想史》〔M〕，九州出版社，2011 年。

33. 劉咸炘，《十推書》（全三冊）〔M〕，成都古籍書店，1996 年。

34. 胡適著、歐陽哲編，《胡適文集》（1～5 冊）〔M〕，北京大學出版社，1998 年。

35. 胡適，《中國哲學史大綱》〔M〕，上海古籍出版社，1997 年。

36. 胡適，《中國現代學術經典・胡適卷》〔M〕，河北教育出版社，1996 年。

37. 胡適，《胡適日記》（第 3 冊）〔M〕，安徽教育出版社，2001 年。

38. 張京華，《古史辨派與中國現代學術走向》〔M〕，廈門：廈門大學出版社，2009 年。

39. 余嘉錫，《余嘉錫論學雜著》（上、下）〔M〕，北京：中華書局，1963 年。

40. 顧潮，《顧頡剛年譜》〔M〕，北京：中國社會科學出版社，1993 年。

41. 顧頡剛，《古史辨第 1 冊》〔M〕，北京：樸社，1926 年。

42. 顧頡剛，《中國辨偽史略》〔M〕，上海：上海亞東圖書館，1934 年。

43. 顧頡剛，《古史辨第 5 冊》〔M〕，上海：上海古籍出版社，1982 年。

44. 洪治剛，《顧頡剛經典文存》〔M〕，上海：上海大學出版社，2003 年。

45. 錢鍾書，《談藝錄》〔M〕，北京：中華書局，1984 年。

46. 余英時，《士與中國文化》〔M〕，上海：上海人民出版社，2003 年。

47. 余英時，《錢穆與中國文化》〔M〕，上海：上海遠東出版社，1994 年。

48. 余英時，《中國思想傳統的現代闡釋》〔M〕，南京：江蘇人民出版社，1998 年。

49. 余英時，《文史傳統與文化重建》〔M〕，北京：三聯書店，2004 年。

50. 余英時，《重尋胡適歷程：胡適生平與思想再認識》〔M〕，桂林：廣西師範大學出版社，2004 年。

51. 余英時，《論戴震與章學誠》〔M〕，北京：三聯書店，2005 年。

52. 余英時，《中國知識人之史的考察》〔M〕，桂林：廣西師範大學出版社，2004 年。

53. 余英時，《論士衡史》〔M〕，上海：上海文藝出版社，1999 年。

54. 侯外廬、趙紀彬、杜國癢，《中國思想史》（全 1～5 卷）〔M〕，北京：人民出版社，2005 年。

55. 侯外廬，《侯外廬史學論文選集》（上、下）〔M〕，人民出版社，1988 年。

56. 范文瀾，《范文瀾歷史論文選集》〔M〕，北京：中國社會科學出版社，1979 年。

57. 范文瀾，《中國通史簡編》（全四冊）〔M〕，北京：人民出版社，1964 年。

58. 范文瀾，《中國近代史》（上冊）〔M〕，人民出版社，1955 年。

59. 范文瀾，《群經概論》〔M〕，北平：北平樸社，1933 年。

60. 陳祖武，《清初學術思辨錄》〔M〕，北京：中國社會科學出版社，1992 年。

61. 張孟倫，《中國史學史》〔M〕，蘭州：甘肅出版社，1983 年。

62. 尹達，《中國史學發展史》〔M〕，鄭州：中州古籍出版社，1985 年。

63. 白壽彝，《中國史學史》〔M〕，上海：上海人民出版社，1986 年。

64. 鄒賢俊，《中國古代史學史綱》〔M〕，武漢：華中師範大學出版社，1989 年。

65. 陳少明，《被解釋的傳統》〔M〕，廣州：中山大學出版社，1995 年。

66. 宋衍生，《中國古代史學史綱》〔M〕，長春：東北師範大學出版社，1996 年。

67. 王樹民，《中國古代史學史綱》〔M〕，北京：中華書局，1997 年。

68. 陳平原，《中國現代學術之建立——以章太炎、胡適爲中心》〔M〕，北京：北京大學出版社，1998 年。

69. 王宇信、方光華、李健超、張豈之，《中國近代史學學術史》〔M〕，北京：中國社會科學出版社，1996 年。

70. 周文玖，《史學史導論》〔M〕，北京：學苑出版社，2006 年。

71. 俞樟華，《中國學術編年》（上、中、下）〔M〕，上海：華東師範大學出版，2013 年。

72. 俞樟華，《中國學術編年》（上、中、下）〔M〕，上海：華東師範大學出版，2013 年。

73. 王學典，《20 世紀中國史學編年 1950～2000》（上、下）〔M〕，北京：商務印書館，2014 年。

74. 王學典，《20 世紀中國史學編年 1900～1949》（上、下）〔M〕，北京：商務印書館，2014 年。

75. 劉師培，《清儒得失論》〔M〕，北京：中國人民大學出版社，2004 年。

76. 陳祖武，《清儒學術拾零》〔M〕，長沙：湖南人民出版社，2002 年。

77. 陳祖武、朱彤窗，《乾嘉學術編年》〔M〕，石家莊：河北人民出版社，2005 年。

78. 陳祖武、朱彤窗，《乾嘉學派研究》〔M〕，石家莊：河北人民出版社，2005 年。

79. 羅炳良，《清代乾嘉史學理論與方法論》〔M〕，蘭州：蘭州大學出版社，2004 年。

80. 張學書，《中國現代史學思潮研究》〔M〕，長沙：湖南教育出版社，1998 年。

81. 羅炳良，《18 世紀中國史學的理論成就》〔M〕，北京：北京師範大學出版社，2000 年。

82. 羅炳良，《傳統史學理論的終結與嬗變》〔M〕，濟南：泰山出版社，2005 年。

83. 吳懷祺，《中國史學思想史》〔M〕，臺北：臺灣文史哲出版社，2005 年。

84. 杜維運，《清代史學與史家》〔M〕，北京：中華書局，1988 年。

85. 杜維運，《中國史學史》（1～3 卷）〔M〕，商務印書館，2007 年。

86. 白壽彝主編，向燕南、張越、羅炳良，《中國史學史：明清時期（1840 年前）中國古代史學的嬗變》（第 5 卷）〔M〕，上海：上海人民出版社，2006 年。

87. 趙梅春，《二十世紀中國通史編纂研究》〔M〕，北京：中國社會科學出版社，2007 年。

88. 謝保誠，《中國史學史》（1～3）〔M〕，北京：商務印書，2006 年。

89. 柳詒徵，《中國文化史》（上、下）〔M〕，上海：上海三聯書店，2007 年。

90. 陳登原，《中國文化史》（上、下）〔M〕，北京：商務印書館，2014 年。

91. 王學典、陳峰，《二十世紀中國歷史學》〔M〕，北京：北京大學出版社，

2009 年。

92. 瞿林東，《20 世紀中國史學發展分析》〔M〕，北京師範大學出版社，2009年。

93. 瞿林東，《中國史學史綱》〔M〕，北京師範大學出版社，2010 年。

94. 桑兵，《晚清民國的學人與學術》〔M〕，北京：中華書局，2008 年。

95. 桑兵，《晚清民國的國學研究》〔M〕，上海：上海古籍出版社，2001 年。

96. 陳以愛，《中國現代學術機構的興起》〔M〕，南昌：江西教育出版社，2002 年。

97. 張越，《史學史通論與近現代中國史學研究》〔M〕，北京：北京師範大學出版社，2011 年。

98. 王汎森，《權力的毛細管作用》〔M〕，臺北：聯經出版事業股份有限公司，2013 年。

（五）論文集部分

1. 蔣志浩、唐元明，《紀念章學誠逝世 190 週年》〔C〕，上虞縣志編纂委員會辦公室，1991 年。

2. 中國歷史文獻研究會，《章學誠國際學術研討會文集》〔C〕，北京：北京圖書館出版社，2004 年。

3. 陳祖武，《明清浙東文化研究》〔C〕，北京：中國社會科學出版社、寧波出版社，2004 年。

4. 劉俊文，《日本學者研究中國史論著選譯》〔C〕，北京：中華書局，1993年。

5. 〔日〕山口久和，《城市知識分子的二重世界：中國現代性的歷史視域》〔C〕，上海：上海古籍出版社，2005 年。

6. 臺灣中央研究院中國文哲研究所編委會，《清代經學國際研討會論文集》〔C〕，臺灣中央研究院中國文哲研究所印行，1994 年。

7. 國立中山大學清代學術研究中心，《清代學術論叢》（1～6 輯）〔C〕，臺北：臺灣文津出版社，2001～2004 年。

8. 陳士華，《章學誠研究論叢》（第四屆中國文獻學學術研討會論文集）〔C〕，臺北：臺灣學生書局，2005 年。

9. 林慶彰、伍善儀，《乾嘉學者的義理學》（上、下）〔C〕，臺灣中央研究院中國文哲研究所，2003 年。

10. 陳祖武，《明清浙東學術文化研究》〔C〕，北京：中國社會科學出版社，2094 年。

11. 陳勇，《民國史家與史學（1912～1949）》〔C〕，上海：上海大學出版社，2014 年。

（六）論文部分（學術期刊論文，學術總論部分）

1. 鄧實，〈章學誠述學駁議〉〔J〕，《國粹學報》，1908 年第 11 冊。

2. 郭紹虞，〈袁簡齋與章實齋之思想與文論〉〔J〕，《學林》第 8 期，1941 年 6 月。

3. 孫次舟，〈章實齋著作流傳譜〉〔J〕，《說文月刊》，1939 年第 1 期。

4. 周予同、湯志鈞，〈章學誠「六經皆史說」初探〉〔J〕，《中華文史論叢》，1962 年。

5. 王知常，〈論章學誠學術思想中的政治觀點——《文史通義》原道篇研究〉〔J〕，《學術月刊》，1963 年第 10 期。

5. 劉益安，〈論章學誠對乾嘉考據學的批判〉〔J〕，《學術月刊》，1964 年第 5 期。

6. 傅振倫，〈章學誠在史學上的貢獻〉〔J〕，《史學月刊》，1964 年第 9 期。

7. 倉修良，〈也談章學誠六經皆史〉〔J〕，《史學月刊》，1981 年第 2 期。

8. 倉修良，〈章學誠的歷史哲學——章學誠史學研究之一〉〔J〕，《杭州大學學報》，1978 年第 9 期。

9. 倉修良，〈章實齋評戴東原——章學誠史學研究之二〉〔J〕，《河南師範大學學報》，1979 年第 9 期。

10. 倉修良，〈論章學誠的《文史通義》——章學誠史學研究之三〉〔J〕，《杭州大學學報》，1979 年第 1～2 期。

11. 倉修良，〈章學誠的方志學——章學誠史學研究之五〉〔J〕，《文史哲》，1980 年第 4 期。

12. 倉修良，〈也談章學誠的六經皆史〉〔J〕，《史學月刊》，1981 年第 2 期。

13. 倉修良，〈章學誠的「成一家之言」〉〔J〕，《史學史研究》，1994 年第 2 期。

14. 施丁，〈章學誠的史學思想〉〔J〕，《史學史研究》，1981 年第 3 期。

15. 施丁，〈章學誠的歷史文學理論〉〔J〕，《學術月刊》，1984 年第 5 期。

16. 俞兆鵬，〈章學誠的認識論〉〔J〕，《南昌大學學報》，1983 年第 3 期。

17. 饒展雄、高國抗，〈章學誠的「史德」論辨析〉〔J〕，《暨南學報》，1983 年第 2 期。

18. 張孟倫，〈章學誠的史學〉〔J〕，《華南師範大學學報》，1984 年第 3 期。

19. 劉漢屏，〈章學誠是清中葉啓蒙思想家的前驅〉〔J〕，《史學月刊》，1984 年第 1 期。

20. 孫欽善，〈章學誠的古文獻學思想和成就〉〔J〕，《北京大學學報》，1989 年第 5 期。

21. 喬治忠，〈章學誠的史學總體觀念〉〔J〕，《歷史教學》，1989 年第 7 期。

22. 孟留喜，〈究大道以爲世用——章學誠的文章觀兼議文章的根本特質〉〔J〕，《北京師範學院學報》，1989 年第 1 期。

23. 陸偉芳、余大慶，〈歷史研究必須致用於社會——淺談柯林武德與章學誠的史學價值觀〉〔J〕，《揚州師範學院學報》，1990 年第 4 期。

24. 陶清，〈試論章學誠史學理論的哲學基礎〉〔J〕，《阜陽師範學報》，1991 年第 4 期。

25. 許凌雲、王朝彬，〈論章學誠的學術淵源〉〔J〕，《孔子研究》，1992 年第 2 期。

26. 汪傑，〈論劉知幾、章學誠關於歷史文學的理論〉〔J〕，《西南師範大學學報》，1992 年第 1 期。

27. 趙春梅，〈章學誠「史德」理論新探〉〔J〕，《蘭州大學學報》，1992 年第 2 期。

28. 董淮平，〈章學誠與柯林武德史學思想比較散論〉〔J〕，《四川大學學報》，1992 年第 1 期。

29. 葉建華，〈試論章學誠的社會政治思想〉〔J〕，《史學月刊》，1994 年第 5 期。

30. 暴鴻昌，〈章學誠與乾嘉考據學派〉〔J〕，《北方論叢》，1994 年第 4 期。

31. 暴鴻昌，〈章學誠與挑揀東學派關係考辨〉〔J〕，《齊魯學刊》，1994 年第 3 期。

31. 方祖猷，〈章學誠對清初浙東學派思想的繼承與管窺〉〔J〕，《寧波大學學報》，1995 年第 1 期。

32. 宋永培，〈「訓詁」的本義與「六經皆史」的內涵〉〔J〕，《湖北民族學院學報》，1995 年第 3 期。

33. 蔡國相，〈章學誠史書修撰思想簡論〉〔J〕，《錦州師範學院學報》，1997 年第 2 期。

34. 王志綱，〈章學誠的史學重建和社會理想〉〔J〕，《山西大學學報》，1999 年第 3 期。

35. 張立新，〈章學誠「史意」概念發微〉〔J〕，《貴陽師專學院學報》，1999 年第 4 期。

36. 陳銳，〈章學誠與維柯歷史哲學之比較〉〔J〕，《杭州師範學院學報》，1999 年第 9 期。

36. 季慶陽，〈章學誠從經世明道到主體史觀的思想演進〉〔J〕，《唐都學刊》，2001 年第 10 期。

37. 向燕南，〈從「榮經陋史」到「六經皆史」——宋明經史關係說的演化及

意義〉〔J〕,《史學理論研究》,2001 年第 10 期。

38. 吳士勇,〈章學誠「史德」釋義〉〔J〕,《昭通師範高等專科學校學報》,
2002 年第 8 期。

39. 王記錄,〈六經的意義與史學變革〉〔J〕,《山西師範大學學報》,2002 年
第 10 期。

40. 蔡克驕,〈浙東史學再認識〉〔J〕,《史學理論研究》,2002 年第 1 期。

41. 陳志揚,〈從隱晦走向昌明——章學誠的價值定位嬗變〉〔J〕,《中國社會
科學研究生院學報》,2003 年第 1 期。

42. 許麗莉,〈《文史通義》釋「下學上達」疏證——兼論章學誠與朱熹、王
陽明學術思想之關係〉〔J〕,《瓊州大學學報》,2003 年第 8 期。

43. 貫新奇,〈章學誠學術倫理思想初探〉〔J〕,《玉溪師範學院學報》,2004
年第 1 期。

44. 田河、趙顏昌,〈六經皆史源流考論〉〔J〕,《社會科學戰線》,2004 年第
3 期。

45. 何曉濤,〈《周官》與章學誠方志思想的發展〉〔J〕,《贛南師範學院學
報》,2004 年第 4 期。

46. 方同義,〈「隨時撰述以究大道」——論章學誠的學術思想〉〔J〕,《寧波
大學學報》,2005 年第 11 期。

47. 梁一群,〈章學誠與戴震之間學術思想影響述議〉〔J〕,《寧波大學學報》,
2005 年第 11 期。

48. 李江輝,〈章學誠與浙東學派〉〔J〕,《西安電子科技大學學報》,2006 年
第 9 期。

49. 張廣生,〈周公、孔子與「文明化成」：章學誠的儒學之道〉〔J〕,《清史
研究》,2006 年第 1 期。

50. 蔡方鹿,〈蒙文通對六經皆史說的批評及其經史觀的時代意義〉〔J〕,《中
國社會科學院研究生院學報》,2006 年第 3 期。

51. 羅炳良,〈18 世紀中國史學理論的新成就——論章學誠關於史學性質的
認識〉〔J〕,《哈爾濱工業大學學報》,2000 年第 9 期。

52. 羅炳良,〈評章學誠的史學觀念〉〔J〕,《史學史研究》,2001 年第 2 期。

53. 羅炳良,〈論章學誠的樸素辯證歷史觀〉〔J〕,《河北學刊》,2002 年第 5
期。

54. 羅炳良,〈論章學誠的以史明道觀念〉〔J〕,《甘肅社會科學》,2005 年第
1 期。

55. 羅炳良,〈論章學誠的樸素歷史主義思想〉〔J〕,《蘭州大學學報》,2005
年第 2 期。

56. 梁繼紅，〈「劉言史法，吾言史意」——章學誠與劉知幾史學歧異探析〉〔J〕，《古籍整理研究學刊》，2003 年第 3 期。

57. 梁繼紅，〈章學誠「釋通」與「答客問」寫作時間考訂〉〔J〕，《史學史研究》，2007 年第 2 期。

58. 章益國，〈章學誠的「才智類型」論〉〔J〕，《史林》，2007 年第 6 期。

59. 章益國，〈章學誠的「史德」說新解〉〔J〕，《學術月刊》，2007 年第 12 期。

60. 劉巍，〈章學誠「六經皆史」說的本源與意蘊〉〔J〕，《歷史研究》，2007 年第 1 期。

61. 劉延苗，〈章學誠與康德哲學之幾點比較〉〔J〕，《西北工業大學學報》，2007 年第 9 期。

62. 何曉明，〈章學誠「史意」說對文化思想研究的啓示〉〔J〕，《史學史研究》，2007 年第 1 期。

63. 〔日〕山口久和，〈解構章學誠與王力——新考證學的可能性〉〔J〕，《華東師範大學學報》，2007 年第 11 期。

64. 高瑞泉，〈異數與正道——章學誠的學與思〉〔J〕，《華東師範大學學報》，2007 年第 7 期。

65. 許蘇民，〈「隨其思之所在，即爲我之所在」——章學誠哲學的第一原理與道統論批判的理論前提〉〔J〕，《華東師範大學學報》，2007 年第 7 期。

66. 蔡志棟，〈學於眾人，斯爲聖人——章學誠得道方式研究〉〔J〕，《華東師範大學學報》，2007 年第 7 期。

67. 付長珍，〈章學誠儒學之道的宋學向度〉〔J〕，《華東師範大學學報》，2007 年第 7 期。

68. 吳根友，〈重評章學誠對戴震的批評〉〔J〕，《華東師範大學學報》，2007 年第 7 期。

69. 吳根友，〈從來前賢畏後生——重評章學誠對戴震的批評〉〔J〕，《安徽大學學報》，2008 年第 3 期。

70. 楊遇青，〈德性視野中文學書寫——章學誠《文史通義》中的德性與文學關係論釋〉〔J〕，《寧夏社會科學》，2008 年第 1 期。

71. 張榮華，〈章太炎與章學誠〉〔J〕，《復旦大學學報》，2005 年第 3 期。

72. 王標，〈章太炎與章學誠〉〔J〕，《杭州師範大學學報》，2009 年第 1 期。

73. 劉巍，〈經典的沒落與六經皆史說的提升〉〔J〕，《近代史研究》，2008 年第 2 期。

74. 葉長青，〈十五年來之校讎學〉〔J〕，《學術世界》，1935 年第 1 期。

75. 王重民，〈論章學誠的目錄學〉〔J〕，《光明日報》，1963 年 7 月 17 日。

76. 謝德雄，〈我國第一部目錄學理論專著《校讎略》〉〔J〕，《學術月刊》，1981 年第 8 期。

77. 周連寬，〈論古典目錄、校讎學、板本學三者的關係〉〔J〕，《廣東圖書館學刊》，1984 年第 4 期。

78. 李曉明，〈20 世紀上半期有關校讎學定義的辨析〉〔J〕，《華中科技大學學報》（社科版），2009 年第 2 期。

79. 王燕均，〈章學誠校讎學商探〉〔J〕，《圖書館學研究》，1985 年第 6 期。

80. 白壽彝，〈說六通〉〔J〕，《史學史研究》，1983 年第 4 期。

81. 白壽彝，〈成「一家之言」〉〔J〕，《歷史研究》，1994 年第 1 期。

82. 白壽彝，〈《文史通義校注》書後〉〔J〕，《史學史研究》，1998 年第 2 期。

83. 付金柱，〈章學誠與《史籍考》〉〔J〕，《圖書館雜誌》，2003 年第 11 期。

84. 施懿超、王曉琪，〈章學誠《史籍考》敘錄述評——也談史籍分類〉〔J〕，《四川圖書館學報》，1998 年第 4 期。

85. 林存陽，〈《史籍考》編纂始末辨析〉〔J〕，《故宮博物院院刊》，2006 年第 1 期。

86. 喬治忠，〈《史籍考》編纂問題的幾點考析〉〔J〕，《史學史研究》，2009 年第 2 期。

87. 王新才，〈從會通到辨章學術考鏡源流到書目控制論〉〔J〕，《圖書館》，1995 年第 5 期。

88. 賈慶軍，〈自由主義學者眼中的章學誠——倪德衛的章學誠研究解析〉〔J〕，《雲夢學刊》，2010 年第 6 期第 31 卷。

89. 朱政惠、陳勇，〈章學誠的史學批評理論及其借鑒意義〉〔J〕，《史學史研究》，2010 年第 1 期，總 137 期。

90. 鄭吉維，〈論戴震與章學誠的學術因緣〉〔J〕，《文史哲》，2011 年第 3 期。

91. 張春田、孔健，〈關於章學誠的古文創作理論〉〔J〕，《南京師範大學文學院學報》，2011 年第 1 期。

92. 楊遇春，〈章學誠的袁枚批評考述——以乾隆六十年至嘉慶三年為中心〉〔J〕，2011 年第 6 期第 41 卷。

93. 吳震，〈章學誠是「近代」意義上的「學者」嗎——評山口久和《章學誠的知識論》〉〔J〕，《南國學術》，2014 年第 1 期。

博士、碩士論文

1. 梁繼紅，《章學誠學術研究》〔D〕，北京大學博士論文，2003 年。

2. 何曉濤，《經學與章學誠的史學》〔D〕，北京師範大學博士論文，2004 年。

3. 劉延苗,《章學誠的史學哲學研究》〔D〕,西北大學博士論文,2008 年。

4. 周餘姣,《鄭樵與章學誠的校讎學研究》〔D〕,北京大學博士論文,2013 年。

5. 林釗誠,《清章實齋六經皆史說研究》〔D〕,國立高雄師範大學碩士論文,1974 年。

6. 鄭吉雄,《經史與經世──清代浙東學者的學術思想》》〔D〕,臺灣大學中文研究所碩士論文,1979 年。

7. 張光前,《章學誠的知識理論》〔D〕,輔仁大學中文研究所碩士論文,1981 年。

附　錄

原史興衰與諸子興替
——章學誠「官師合一」論解證

　　「官師合一」論是章學誠辨章古代學術，考鏡古老政學關係學說的重要
組成部分。後世學者於此多有闡釋，然而，將之置諸原史文化語境中加以考
察，進而有所推闡解證者，以筆者涉獵所及，實為鮮見。是以不揣淺陋，捧
之美芹，獻諸大方。

　　原史是史學界對人類早期歷史的一種描述，所有文明古國或後進的地區
都曾經歷過這一時期。一般而言，這一較早的歷史時期「既包含有一些距文
明時代可能較為久遠，但卻為周圍進步族群或民族文獻記載所涉獵的後進民
族的史前歷史，同時也包括一些缺乏直接文字資料而又臨近文明時代、傳統
上多歸於『傳說時代』的民族歷史。」〔註1〕原史時代的歷史形態決定了原史
史官與後世史官的差異，不僅表現在時代先後上，而且表現在身份特徵、文
獻方式和文化功能諸多方面。根據這些差異質素，將司馬遷（字子長，前145
年～前90年）作為一個標誌，是一種可供參考的劃分方法。史遷（包括史遷）
之前的史官屬於原史，「東漢時期，非史官世家出身的班固被漢明帝任命為
史官」，則意味著原史時代的終結〔註2〕。原史時期，史官經歷了從巫史混成
到巫史分離，從王官世襲，到諸子並出的興替過程。伴隨原史身份的演變，
史職經歷了從「存道守法」、坐而不論、以備顧問的「府藏」時期；向備問

〔註1〕錢耀鵬：《中國原史時代論綱》，《文博》，2002年第2期。
〔註2〕過常寶：《原史文化及文獻研究‧緒言》，北京：北京大學出版社，2008年，
　　　　第1頁。

宣達、解釋神人之應,進而解釋前史、闡述人事,漸爲王者所重的過渡時期;周公革命,制禮作樂,巫史分離,史官介入世俗治務日漸廣泛而深入,地位也與日俱升;隨著社會穩定,史職細分,史權衰落,終致王官出而諸子興這樣一個發展變化的過程。隨著史官身份和史職的演變,史官和王者及其卿士大夫之間的關係,也隨之發生相應的變化。這種變化反應在史權上,表現爲:早期祭祀操作儀式、引導儀程、記錄典要、保存典籍、以備諮詢的巫史;漸變爲以宗教概念、思維和儀式運思世俗事務的史巫;周公制禮作樂終致巫史兩分,啓政教分離之漸;政教分離,史職分化,至纖至悉、無所不至,造極而衰,終至王官出而諸子興。原史無論其身份高下尊卑,皆是「王」及「卿士大夫」濟治施教的資鑒。在原史文化的發展過程中,史官由巫史即巫師,到巫史即史巫,至王官即王政之司,至王官出而諸子勃興,爭相競爲王者師。伴隨這一過程的是由言出於公,學出於官,私門無著述,向官失其守,學出私門,著述據以爲己。世事有變,史權有漸,時勢總是比人強,不可足一而論。章氏「官師合一」之論,在某種意義上正是對這一原史史官文化演漸的概觀與推闡。是以,其「官師合一」說之「官」乃原史之史官,其「師」乃原史職司及功能之謂。「官師合一」說在本質上不同於後之「君師合一」論〔註3〕,是史官文化視閾下的一種學術史建構。

一、「官師合一」之「官」乃原史史官

章氏「官師合一」論,隱含對古史傳說中三代的原史與典籍關係、典籍符號與權力話語及原史之文化功能的闡說。其論之「官」非後世一般政司職掌之人,而是掌管典籍、熟諳典籍符號、擁有專屬權力話語的巫官。從章氏的有關闡述中,雖然很難找到他關於原史演變全部過程的詳盡描述,但從他以《周官》爲闡述對象的論析,借助已有的研究成果,完型這一過程的蛛絲馬迹亦誠可嘗試之事。

1、「史字本誼,乃官名也」。章學誠說:

《周官》與府史之史與內史、外史、太史、小史、御史之史,

〔註3〕 筆者以爲:「君師合一」論也有兩解:一種是人類學、社會史視閾下的「君師合一」論,主要是對人類社會組織何以形成、早期世俗權力取向及更替規則演變的闡述;一種是對儒家「內聖外王」政治倫理的直觀描述,體現儒家「治教合一」,「道統」、「治統」和「學統」合一政治理想的理論。近世學者章士釗在其竣訖於上個世紀70年代《柳文旨要》跋中,描述其時所處社會之政學關係,即使用「君師合一」這一概念。

有異義乎？曰：無異義也。府史之史，庶人在官，供書役者，今之所謂書吏也。五史則卿大夫士爲之，所掌圖書紀載命令法式之事，今之所謂内閣六科翰林中書之屬是也。官役之分，高下之隔，流別之判，如霄壤矣。然而無異義者，則皆守掌故，而以法存先王之道也。〔註4〕

　　姚名達解詮斯文之意切中肯綮。他說：「史字本誼，乃是官名。以史官所掌之文字爲史，以史家所作之書籍爲史，以治史之學科爲史，以過去之事實爲史，皆其後起之誼。」〔註5〕是以，以「史」易「官」，則「官師合一」即「史師合一」也。依章氏之意，作爲史官，無論是「卿大夫士爲之」「五史」，還是「供書役者」之「庶人」，雖然所存「官役之分，高下之隔，流別之判，如霄壤矣」，然而，他們與前《周官》時代之「府史」的職權和功能是沒有差異的，「皆守掌故，而以法存先王之道也。」〔註6〕可見史的身份並沒有差異。金毓黻說：「官師合一」有別一種解說，言指古代史學始於史官，因爲「史學寓乎史籍，史籍撰自史家。語其發生之序，則史家最先，史籍次之，史學居末。而吾國最古之史家，即爲史官。蓋史籍掌於史官，亦惟史官乃能通乎史學，故考古代之史學，應自史官始。」〔註7〕至於《史通》之《史官建置》曰以「苟史不絕，竹帛長存。則其已亡，杳成空寂。而其事如在，皎同星漢」，所以，置史「乃人生之急務，爲國家之要道」云云，皆爲「史」之「史用」論，非釋「史」之義。張舜徽案語曰：「唐以前學者，率以史之爲用，不外兩端：一乃多識前言往行以畜其德，……其次，爲明習舊事以知政治之得失利弊。」〔註8〕前者由《周易・大畜・象辭》引申而來；後者由《周官・地官・師氏》引申而至。皆因以推闡「史」之於個己德修和國家政治之要，不可忽怠。而非考溯史源之出，史流之漸。章氏說：「三代盛時，天下之學無不以吏爲師。《周官》三百六十，天人之學備矣。其守官舉職，而墜於天工者，皆天下之師資也。」〔註9〕其所論《周官》之制，皆緣於事，世事三百六十，則置

〔註4〕 章學誠：《史釋》，《章學誠遺書》，北京：文物出版社，1985年，第41頁。

〔註5〕 姚名達：《章實齋之史學》，見羅春鼟、姚果源選編《姚名達文集》，南京：江蘇人民出版社，2012年上，第100頁。

〔註6〕 姚名達：《章實齋之史學》，見羅春鼟、姚果源選編《姚名達文集》，南京：江蘇人民出版社，2012年上，第100頁。

〔註7〕 金毓黻：《中國史學史》，石家莊：河北教育出版社，2002年，第7頁。

〔註8〕 張舜徽：《史學三書評議》，武漢：華中師範大學出版社，2005年，第441頁。

〔註9〕 章學誠：《史釋》，《章學誠遺書》，北京：文物出版社，1985年，第41頁。

官三百又六十，則文獻部次亦三百又六十。所謂「官司其守」，其官無一非史；其政皆學，官司其學。此所謂「官師合一」也。是以，「書吏所存掌故，實國家之制度所存，亦即堯、舜以來因革損益之實迹也。故無志於學則已，君子苟有志於學，則必求當代典章，以切於人倫日用；必求官師掌故，而通於經術精微。」〔註10〕

2、原史之責：「存道」、「守法」、「備問」，坐而不論。章氏認為，早期史的職能只是「存先王之道」，而不可「論先王之道」。論道是卿士大夫之事，他說：「五史以卿士大夫之選，推論精微，史則守其文誥圖籍章程故事，而不敢自專」，「卿士大夫能論其道，而府史僅守其法」，「然而問掌故之委折，必曰史也」。換言之，「存道」「守法」，「備問」「委折」，是「史」之職司，只有卿士大夫可以論道。這不是擔任史職的史官有沒有能力論道的問題，而是制度性設計允不允許的權責問題。這說明此時「史」之地位卑下近乎巫祝〔註11〕。楊念群認為：「殷商敗滅以後，巫祝之事在人文大潮的衝擊下已呈衰竭之象」，且引《禮記・王制》「凡執技以事上者，祝史射御卜及百工。凡執技以事上者，不貳事，不移官，出鄉不與士齒；仕於家者，出鄉不與仕齒」為證〔註12〕。章氏說《周官》之「史」職，只有記載、保存典籍之職，尚無解釋之權。這還不是真正意義上的「史」。在章氏看來，真正意義上的「史」，「不僅當守其法，且當進論其道，非然者，不足與言史矣。」〔註13〕由此可知，章學誠已然認識到原史史官在身份、責權和文化功能諸多方面與後世史官存在的差異。專家考證確認：「春秋以前（甚至是戰國以前）⋯⋯雖然已經有了史官，但是當時史官是為上層及祭祀占卜服務的，其性質仍不同於後世的史職。『史』的概念還在萌芽的階段，真正為記錄歷史的歷史記錄還沒有出

〔註10〕 章學誠：《史釋》，《章學誠遺書》，北京：文物出版社，1985年，第41頁。

〔註11〕 司馬遷在《報任安書》中，向自己的好朋友講敘自己為李凌陳情而遭腐刑的不幸時尚有言：「僕之先非有剖符丹書之功，文史星曆，近乎卜祝之間，固主上所弄，倡畜，流俗之所輕也。」其實，司馬遷在此是有點打悲情牌。劉知幾：《史通》外篇（卷五），《史官建置第一》曰：「漢興之世，武帝又置太史公，位在丞相上。以司馬談為之。漢法：天下計書，先上太史，副上丞相。敘事如《春秋》。及談卒，子遷嗣。遷卒，宣帝以其官為令，行太史公文書而已。」見張舜徽：《史學三書平議》，武漢：華中師範大學出版社，2005年，第443頁。

〔註12〕 楊念群：《儒學地域化的近代形態——三大知識群體互動的比較研究》，北京：三聯書店，1997年，第38～39頁。

〔註13〕 章學誠：《史釋》，《章學誠遺書》，北京：文物出版社，1985年，第41頁。

現。」〔註14〕是所謂「家爲巫史」。甲骨卜辭、鑄鼎銘象和上古歌謠是原史早期最典型的文獻。可是無論是可視的卜辭、銘象，還是以聲傳意的吟唱，「它們的主要功能（都）是見證天命鬼神的意志」〔註15〕。所謂「絕地天通」，巫史特殊的地位是由其與典籍特殊的關係所決定的。在某種意義上，巫史既是祭祀儀式的設計者、操持者，又是祭祀儀程及結果的記錄者、勘驗者和管理者。換言之，既是典籍的製作者、又是神喻的傳達者和典籍的管理者〔註16〕。掌管文獻典籍的人還不是完全意義上的史官，而是巫史合一的原史。隨著社會的變化，史官文化也會發生相應的變化。周的興起及所促成的社會轉型是史官文化的轉捩期。

3、「治教無二，官師合一」：史官職司最直接的體現。章學誠在論及這一歷史現象時說：

> 聖人即身示法，因事立教，而未嘗敷政出治之外，別有所謂教法也：虞廷之教，則有專官矣，司徒之所以敬敷典樂之所咨命，以至學校之設通於四代，司成師保之知詳與周官，然既列與有司，則肄業存於掌故；其所司者，修齊治平之道；而所師者，守官典法之人。治教無二，官師合一。〔註17〕

〔註14〕 吳曉筠：《中國的「原史時代」》，《華夏考古》，2005 年第 1 期。
〔註15〕 過常寶：《原史文化及文獻研究》，北京：北京大學出版社，2008 年，第 1 頁。
〔註16〕 （1）王國維論曰：「史爲掌書之官，自古爲要職，殷商以前，其官之尊卑雖不可知，然大小官名及職事之名，多由史出，則史之位尊地要可知矣……古之官名多由史出。殷周間王室執政之官，經傳作『卿士』；而毛公鼎、小子師敦、番生敦作『卿事』；殷虛卜辭作『卿史』，是卿士本名史也。又天子、諸侯之執政通稱『卿事』，而殷虛卜辭則稱御史，是御事亦名史也。又古之六卿，《書‧甘誓》謂之『六事』業。司徒、司馬、司空，《詩‧小雅》謂之『三事』，又謂之『三有事』，《春秋左氏傳》謂之『三吏』，此皆大官之稱事，若史則稱史者也……史之本義，爲持書之人，引申而爲大官及庶官之稱，又引申而爲職事之稱。其後三者各需專字，於是史、吏、事三字於小篆中截然有別，持書者謂之史，治人者謂之吏，職事者謂之事。此蓋出於秦漢之際，而《詩》《書》之文尚不甚區別，由上文所徵引者知之矣。」王國維：《釋史》，見《觀堂集林》卷 6，北京：中華書局，1959 年影印本，第 269～270 頁。（2）郭沫若釋《尚書‧多士》「惟殷先人，有冊有典」曰：「『叀冊用』與『叀祝用』爲對貞，祝與冊之別，蓋祝以辭告，冊以策告也。」見郭沫若《殷契粹編》，北京：科學出版社，1965 年，第 343 頁。認爲巫史作冊乃其主要職責之一。（3）過常寶釋「史」，認爲「史」可訓爲「使」（協調「中央政權和諸方國的關係」）、「事」（「祭祀和戰爭」），說明巫史在王朝事務中的重要職責。
〔註17〕 章學誠：《原道中》，《章學誠遺書》，北京：文物出版社，1985 年，第 11 頁。

周承殷制，且襲且易，變在其中。《禮記・表記》云：「伊人尊神，率民以事神，先鬼而後禮」，「周人尊禮而尚施，事鬼神而遠之」。這種變化在政治、文化方面的表現就是立官分守，巫史互濟。章學誠說：

> 《周官》掌外史，掌三皇五帝之書，今存虞、夏、商、周之策而已，五帝僅有二，而三皇無聞焉。

虞、夏、商、周皆屬「傳說時代」，然亦不宜說全不可信，史家以「半信史時代」稱謂之〔註18〕。這一時期，在章氏看來，又可以一分爲二：「三皇無聞」，「五帝僅有二」。對於這一時期典籍的情況，只能「以三王之誓、誥、貢、範諸篇，推測三皇諸帝之義例」。三皇諸帝義例之「誓」、「誥」、「貢」、「範」等，皆宗教祭祀活動中的記錄〔註19〕，因「上古簡質，結繩未遠，文字肇興」，文獻內容不可能完整，更不可能豐富，所以，「書取足以達微隱，通形名而已矣。」其「義例」也只能是「因事命篇」，「不得如後史之方圓求備，拘於一定之名義者也。」至於「世儒」「謂史家之初祖實在《尚書》，因取後代一成之史法紛紛擬《書》」，章氏斬截評論道：「皆妄也」。〔註20〕實際的情況是原史「史官所記錄的誥、誓、命、誡等，爲《尚書》的編纂奠定了基礎。」〔註21〕而非如「世儒」所說。章氏這一闡釋更深層的意義還在於說明這些宗教記錄的文獻及體式，不僅成了《尚書》編纂的基礎，而且慢慢演變成爲西周、春秋時期處理人事關係記錄的文獻形式和體式。這就啓發我們如果從典籍構成形態上考察史之身份及權力演變的時候，千萬不可忽略了不同時期貌似相近的典籍形式下，可能潛藏著的史事、史權的變化這一歷史的真相。

4、周公革命：史權盛極而衰。雖然事物的發展變化總是以漸進的方式呈

〔註18〕 隨著上個世紀傅斯年創立之史語所所作之考古發掘的成績，疑古思潮中所提出的很多古史之疑，在地下資料的面前得以釋惑。是以，以胡適爲中心，以顧頡剛、傅斯年爲疑、證兩端的史學思潮，整體上看，是由疑古而走向證古的古史重建。今之學者李學勤等倡言中國古史研究當以走出疑古時代爲宜。在某種意義上，正是對上個世紀古史研究的宏觀之後，獲得的結論。

〔註19〕 《周禮・大祝》云：「大祝掌六祝之辭，以事鬼神示，祈福祥，求永貞……掌六祈，以同鬼神示……作六辭，以通上下親疏遠近，一曰祠，二曰命，三曰誥，四曰會，五曰禱，六曰誄。」見鄭玄注，賈公顏疏：《周禮注疏》，北京：北京大學出版，1999 年，第 658～661 頁。

〔註20〕 章學誠：《書教上》，《章學誠遺書》，北京：文物出版社，1985 年，第 2 頁。

〔註21〕 過常寶：《原史文化及文獻研究・緒言》，北京：北京大學出版社，2008 年，第 3 頁。

現，然而，當我們來描述這一時期史官角色、史權和文化功能變化的時候，還是不得不尋找某些關鍵性的事件作爲顯示事物變化的標誌。周公改制是神與人權力意識發生變化，或者說神與人在權力倫理秩序中重組的重大事變。因此，可以視爲人的主體意識覺醒和神的主宰意識退隱的分水嶺。章學誠說：

> 「祖述堯、舜」，周公之志也；「憲章文、武」，周公之業也。
> 〔註22〕

又說：

> 周公成文、武之德，適當帝全王備，殷因夏監，至於無可復加之際，故得藉製作典章，而以周道集古聖之成，斯乃所謂集大成也。〔註23〕

復述：

> 周公集義、軒、堯、舜以來之道法，同於前聖所傳，損益盡其美善，玉振之收於其後也。〔註24〕

章氏所論概而論之凡三：一是周公個人的才賦德能對改制的非凡意義；二是強調周公改制在於順應時勢；三是周公改制之後，「君師分而治教不能合於一」的歷史現實，並且認爲這種變化是社會歷史發展的必然，既賴人力又非人力所能易。章氏所論雖約，然而其意蘊也豐。

《國語·周語上》說周公內外兼修：不僅內通神性，「其智慧上下比義，其聖能光遠宣朗，其明能光照之，其聰能聽徹之」；而且外紹遠世之功，「知山川之號、高祖之主、宗廟之事、昭穆之世、齊敬之勤」。〔註25〕司馬遷認爲周公本身具有巫、史之才，《史記·魯周公世家》載：當武王病重之時，「周公於是乃自以爲質，設三壇，周公北面立，戴璧秉圭，告於太王、王季、文王。」〔註26〕周公的內具外才是他能夠發動一場制度變革和文化革命的重要

〔註22〕章學誠：《原道上》，《章學誠遺書》，北京：文物出版社，1985年，第10頁。

〔註23〕章學誠：《原道上》，《章學誠遺書》，北京：文物出版社，1985年，第10頁。

〔註24〕章學誠：《原道上》，《章學誠遺書》，北京：文物出版社，1985年，第10頁。

〔註25〕左丘明著、韋昭注：《國語》，上海：上海古籍出版社，1978年，第559～560頁。

〔註26〕周公此祝載於《尚書·金縢》，其祝云：「惟爾元孫某，遘厲虐疾。若爾三王，是有丕子之責於天，以旦代某之身。予仁若考，能多材多藝，能事鬼神。乃元孫不若旦多材多藝，不能事鬼神。乃命於帝庭，敷祐四方。用能定爾子孫於下地，四方之民，罔不祗畏。嗚呼！無墜天命之降寶命，我先王亦永有依

原因。他希望憑藉其無以能比的才能和勤勉完成一次「政教分離」的嘗試，且最大限度地消彌傳統宗教精神和世俗政治需要之間的衝突。雖然這次革命非如《禮記・明堂位》記載的那樣一帆風順〔註27〕，但他的「制禮作樂」，確實是一次偉大的實踐：既是對祭祀禮儀的制度化和強化，又是深具現實意義、滿足現實需求的改革。有學者論曰：「對於悠久的巫史傳統來說，周公是一個有著特殊地位的人物。他的攝政稱王、制禮作樂，被看著是為萬世開太平的事業，是巫史傳統的頂峰之作。更為重要的是，他的『政教分離』的實踐，啟發了後世『道統』、『治統』兩分的理論。」〔註28〕王國維在比較夏商鼎革與殷周變革對中國歷史影響的時候說：「夏殷間政治與文物之變革，不似殷周間之劇烈矣。殷周間之大變革，自其表言之，不過一姓一家之興亡與都邑之轉移。自其裏言之，則舊制度廢而新制度興，舊文化廢而新文化興。又自其表言之，則古聖人之所以取天下及所以守之者，若無以異與後世之帝王。而自其裏言之，則其制度文物與其立制之本意，乃出於萬世治安之大計，其心術與規模，迥非後世帝王所能夢見也。」〔註29〕「殷周革變」作為中國社會形態之大變，立久而不變。隨著這一社會形態和文化制度的革變，史官角色、史職權力和史官功能發生變化也勢所必然。然而又帶有鮮明的過渡性特點。一方面，史官巫祝的宗教職能使其繼續享有權威並獲得信任，其掌管典籍文獻，提供諮詢的權力漸漸贏得了對歷史事務及因果的解釋權，以至於慢慢擴大到社會事務的各個方面；另一方面，隨著史官隊伍的不斷擴大，終致成為政府組織和社會生活中的一支重要力量。

這一社會變革也促使原史的角色、職能、職權也發生相應的轉變。這種轉變漸漸的，然而從一個較長的時段來看，則是巨大的。具體而言，原史史官實現了由「絕地天通」的見證者到以世俗事務介入為主的轉變，由文獻的管理者到闡釋者的轉變，由儀式的主持者、史事的見證者到事變的解釋者的

歸⋯⋯」。見孔安國傳、孔穎達疏：《尚書正義》，北京：北京大學出版社，1999年，第333～334頁。

〔註27〕《禮記・明堂位》載：「周公踐天子之位，以治天下。六年，朝諸侯於明堂，制禮作樂，頒度量，而天下大服。」鄭玄注，孔穎達疏：《禮記正義》，北京：北京大學出版社，1999年，第934頁。

〔註28〕過常寶：《原史文化及文獻研究》，北京：北京大學出版社，2008年，第65頁。

〔註29〕王國維：《殷周制度論》，見《觀堂集林》卷10，北京：中華書局，1959年影印本，第453頁。

轉變。且在不斷的轉變中，不斷增殖、不斷分化，以至於不斷衰落。章學誠說：「周衰文弊，六藝道息，而諸子爭鳴」〔註30〕。史官文化的漸衰，開拉了諸子文化的序幕。

二、官師分而諸子百家之言起

章學誠就官師分與百家興的關係論述說：

> 古人之學，不遺事物。蓋亦治教未分，官師合一，而後爲之較易也。司徒敷五教，典樂教冑子，以及三代之學校皆見於制度。

又說：

> 是以三代之隆，學出於一，所謂「學」者，……未有以「學」屬乎人。而區爲品詣之名者。官師分而諸子百家之言起，於是學始因人品詣以名矣，所謂某甲家之學、某乙家之學是也。〔註31〕

章學誠認爲官師分是「學」走向歧途的開始。儘管他對於「學因人而異名，學斯舛矣」〔註32〕似有戚焉，但他還是客觀描述了這一過程，有各「教」之興的論述。

1.「詩亡而《春秋》作」，「屬辭比事，《春秋》教也」。「春秋史官文化的所謂變更，包含著對西周史官文化總結的意義，更是史官文化受到士子文化的第一場衝擊。」〔註33〕在周代，史官作爲一種傳統和意識形態象徵的地位發生變化，在某種意義上是因爲史職的分化，這種分化首先表現爲史職的細化。《周官》官制構成「以官府之六屬舉邦治」〔註34〕。研究周代官制的學者認爲：（在周王朝中央）「早期大史下之史官只有史及右史，中期增設了省史、

〔註30〕 章學誠：《詩教上》，《章學誠遺書》，北京：文物出版社，1985 年，第 2 頁。
〔註31〕 章學誠：《原學中》，《章學誠遺書》，北京：文物出版社，1985 年，第 13 頁。
〔註32〕 章學誠：《原學中》，《章學誠遺書》，北京：文物出版社，1985 年，第 13 頁。
〔註33〕 郭東明：《先秦史官文化及其文學意蘊》，《文史哲》，1993 年第 2 期。
〔註34〕 《周官》：「以官府之六屬舉邦治。一曰天官，其屬六十，掌邦治。大事則從長，小事則專達。二曰地官，其屬六十，掌邦教。大事則從其長，小事則專達。三曰春官，其屬六十，掌邦禮。大事則從長，小事則專達。四曰夏官，共屬六十，掌邦政。大事則從其長，小事則專達。五曰秋官，其屬六十，掌邦刑。大事則從其長，小事則專達。六曰冬官，其屬六十，掌邦事。大事則從其長，小事則專達。」鄭玄注：「六官之屬三百六十，舉天地四時、日月星辰之度數，天道備矣。前此者成王作《周官》，其志有述天授位之儀，故周公設官分職以法之。」轉引自《徐復觀論經學史二種》，上海：上海書店出版社，2002 年，第 228～229 頁。

中史、書史……諸侯史官也增設了御史……等」;「中晚期史官、師的分工較早期更加精細、周密」〔註35〕。章學誠說:

> 《周官》三百六十,具天下之纖析矣。然法具於官而官守其書,觀於六卿聯事之義,而知古人之於典籍,不憚繁複周悉,以爲記注之備也。即如六典之文,繁委如是,太宰掌之,小宰副之,司會、司書、太史又爲各掌其貳,則六典之文,蓋五倍其副貳,而存之於掌故焉。〔註36〕

周公希望通過官制來表達一種政治理想,官司職能的設置是實現這一理想的基礎。而史職分化,既意味著史官隊伍的擴大,在政治生活和社會事務中史官話語權力的擴大,地位的提升〔註37〕。然而,在一個以血緣親疏分配權力大小的宗法社會,作爲血緣關係系統之外的史官分享管理政治和社會事務的權力並非隨之而擴大,史官的解釋權和論道的自由是以禮制的秩序爲前提的。在某種意義上言說的豐富反而意味著權力的分散和權力的削弱。換言之,影響的強弱不在言說者自身,而在於接受者周王及卿士大夫。誠如有的學者所說:「史官作爲一種傳統和一種意識形態的象徵,主要是爲了維護周王朝中央政府的天命秩序,爲了維持一種層級化的社會圖景,但這一切都建立周廷有效的統治基礎上的。西周初期,社會政權正處在一個建設和發展的階段,史官的作用就比較明顯,表現得比較活躍。而一旦社會步入正常有序的階段時,史官的作用就有限了。」〔註38〕史官作用的受限既表現爲史職的不斷分化,也表現在部分史官職能的轉化上。比如內史,「在西周初期是在冊命儀式上專行代王宣讀策命的史官,由於他居王左右,成爲周王的喉舌,所以很容易獲得周王的信賴,中期也可以充當作冊,所以有作冊內史、作命內史等職名的出現,西周晚期的內史尹,也就是內史之長,可以行使代宣王命的職權。內史由此發展成爲執行王命的行政官員。從內史性質的轉變,我們確

〔註35〕 張亞初、劉雨:《西周金文官制研究》,北京:中華書局,1986 年,第 106、111 頁。

〔註36〕 章學誠:《書教上》,《章學誠遺書》,北京:文物出版社,1985 年,第 2 頁。

〔註37〕 參見許倬云:《西周史》,北京:三聯書店,1994 年,第 219 頁。許兆昌:《周代史官職官功能的結構分析》,《吉林大學社會科學學報》,1999 年第 2 期。楊寬:《西周王朝公卿的官爵制度》,《人文雜誌》叢刊第 2 輯《西周史研究》,1984 年 8 月版,第 117 頁。

〔註38〕 過常寶:《原史文化及文獻研究》,北京:北京大學出版社,2008 年,第 51 頁。

實看到史權在西周已被分化，並漸漸衰落。」〔註39〕章學誠說：

> 劉歆蓋深明乎古人官師合一之道，而有以知私門無著述之故
> 也。何則？其敘六藝而後，次及諸子百家，必云某家者流，蓋出於
> 古者某官之掌，其流而某氏之學，失而爲某氏之弊。其云某官之掌，
> 即法具於官，官守其書之義也；其云流而爲某家之學，即官司失職
> 而師弟傳業之義也；其云失而且爲某氏之弊，即孟子所謂生心發政
> 作政害事；辨而別之，蓋欲庶幾於知言之學者也。〔註40〕

又說：

> 愚之所見，以爲盈天地間，凡涉著作之林，皆是史學，六經特
> 聖人取此六種之史以垂訓者耳。子集諸家，其源皆出於史。末流忘
> 其所自出，自生分別，故於天地之間，別爲一種不可收拾、不可部
> 次之物，不得不分四種門戶矣。〔註41〕

由上可推知，所謂諸子出於王官，皆出於史官。諸子之興，興於世事之
繁，官司細分，職守細化，必須有專門的學習和研究才能應敷其職。這是世
俗政治及社會生活發展的必然，「周文衰弊」不過是不敷其事的表現罷了，所
謂盛極而衰。諸子之興，興於文化權力由高度集中而走向開放；由官方壟斷
的教育教化權力也走向開放，治教分離、官師合一瓦解。章氏說：

> 三代以還，官師政教不能合而爲一，學業不得不隨一時盛衰而
> 爲風氣。當其盛也，蓋世豪傑，竭才而不能測其有餘；及其衰也，
> 中下之資，抵掌而可以議其不足。〔註42〕

在此之前，周公是治統與道統合一的象徵；在此之後，孔子作爲道統的
象徵，成爲繼周公之後的道統象徵產生了。所謂「周公集治統之成，而孔子
明立教之極」〔註43〕。道統與治統的博弈與互濟也自此展開。在章學誠看來，
兩統雖分，然而周、孔同宗，所以，「文、武之道」並未中落，因爲「文、武
之道」，「皆夫子之所師也」。

〔註39〕過常寶：《原史文化及文獻研究》，北京：北京大學出版社，2008 年，第 52
頁。

〔註40〕章學誠：《原道上》，《章學誠遺書》，北京：文物出版社，1985 年，第 10 頁。

〔註41〕章學誠：《報孫淵如書》，《章學誠遺書》，北京：文物出版社，1985 年，第 86
頁。

〔註42〕章學誠：《答沈楓墀論學》，《章學誠遺書》，北京：文物出版社，1985 年，第
85 頁。

〔註43〕章學誠：《原道上》，《章學誠遺書》，北京：文物出版社，1985 年，第 10 頁。

2.「文、武之道」,「皆夫子之所師也」。章氏引子貢曰:「『文、武之道,
未墜於地,賢者識大,不賢者識小。』皆夫子之師也。」〔註44〕章氏在反覆
強調周公「天縱生知之聖」繼統集成的同時,也反覆闡述,其所作為「皆時
會使然」,「非周公之聖智慧使之然也」〔註45〕,周公的偉大在於順應了「時
會」。與此同時,他幾乎是用對舉的方式,比較周、孔,目的在於說明,孔子
同樣具有天縱之才,同樣具有德性,所不同於周公者,「有德而無位」,沒有
「制作之權」。「非孔子之聖遜於周公也,時會使然也」,是故,「自古聖人
其聖雖同,而其所以為聖不必盡同,時會使然也。」〔註46〕「孔子之大成,
亦非孟子所謂也。蓋與周公同其集羲、農、軒、頊、唐、虞、三代之成,而
非集夷、尹、柳下之成也。蓋君師分而治教不能合於一,氣數之出於天者也。」
「故隋唐以前,學校並祀周、孔,以周公為先聖,孔子為先師,蓋言制作之
為聖,而立教之為師」〔註47〕。諸子之興非始於孔子,然而,孔子成為諸
子的代表,標誌著道統之緒,同時也標誌學統也發生了變化。總之,周、孔
並立意味著官師異纛,政教分離。

三、原史與後史之異

「周公集治統之成」〔註48〕是原史史官集身份、權力和影響至於巔峰的
標誌。周公以其才能、膽識和氣魄,順應時勢,集宗教和世俗權力於一身,
而致力於政教分離的社會變革。治教分離對於後世學術的影響可謂大矣。章
氏通過對舉的方式,將「治教」、「官師」「合一」及「治教」、「官師」「分離」
前後的諸多變化進行了比較闡述。總的來說,「官師合一」與「官師之分」都
是社會發展的產物,是不同歷史形態下的政、學關係的反應。「蓋官師治教
合,而天下聰明範於一,故即器存道,而人心無越思,官師治教分,而聰明
才智不入於範圍,則一陰一陽入於受性之偏,而各以所見為固然,亦勢也。」
〔註49〕勢異則治教離合之態兩分。具體而言,呈現如下的差異。

1.「古人之言,所以為公」,後世「矜於文辭面據為己」。「言公」與「據

〔註44〕 章學誠:《答沈楓墀論學》,《章學誠遺書》,北京:文物出版社,1985 年,第
85 頁。
〔註45〕 章學誠:《原道上》,《章學誠遺書》,北京:文物出版社,1985 年,第 10 頁。
〔註46〕 章學誠:《原道上》,《章學誠遺書》,北京:文物出版社,1985 年,第 10 頁。
〔註47〕 章學誠:《原道上》,《章學誠遺書》,北京:文物出版社,1985 年,第 10 頁。
〔註48〕 章學誠:《原道上》,《章學誠遺書》,北京:文物出版社,1985 年,第 10 頁。
〔註49〕 章學誠:《原學中》,《章學誠遺書》,北京:文物出版社,1985 年,第 13 頁。

私」，由於立言動機不同，則立言宗旨和言語姿態也大不相同。兩相比較，前後存在「喻世」與「欺世」、「淑人」與「炫己」之別，自然也就存在「公私難易」之辨〔註50〕。章學誠說：「想見三代盛時，《禮》以宗伯爲師，樂以司樂爲師，師以太師爲師，《書》以外史爲師，三《易》《春秋》，亦若是而已矣，又安有私門著述哉？」〔註51〕在《言公上》中，章氏幾乎是以歷時性例舉的方式，從「周公將王之命」，「成王允而行之」，「君臣未嘗分居立言之功」；《詩三百》「大抵賢聖發憤所爲作」，志在「裨於風教之萬一」，而無爭於「藝術之工巧」；夫子「述而不作」，「《論語》爲聖言之薈萃，創新述故，未嘗有所庸心」；諸子爭鳴「以其所謂道者爭天下之莫可加，而語言文字未嘗私其所出也」；以及史遷之「裁裂《尚書》《左氏》《國語》《國策》之文」，班固不設《文苑傳》〔註52〕等六個時段的演變，屢舉累證古人所以言公，而後之矜於文辭以據爲己有的史官文化傳統是如何變遷的，與之相協的典籍形式又是如何發生變化的。章氏從「言」之「公」「私」來考察古代官師職分的歷史。他說：

> 文字之用，爲治爲察，古人未嘗取以爲著述也，以文字爲著述，
> 起於官師之分職，治教之分途也。〔註53〕

「文」的「公」「私」之用，是『官』『師』分職、『治』『教』分途的一個標誌。由公器而轉化爲私具，是文化順應社會發展的不得不然之勢。有學者認爲：「在整部《文史通義》中，我們見到章氏時時在區別兩個時代，一個是戰國以前，一個是戰國以後。在前一個時代，『文』是公器，在後一個時代，『文』爲私有」，「章氏本人主張前者優於後者，前者是理想，後者是墮落。正因爲章氏認爲古代的世界是一個不重文辭、不重思辨、不重言語，而看重實際的『事』、『物』的世界，故他的書中充滿一批相對的概念：聲音生於文字、事重於言、典章事實重於文章、質重於文、道重於文、理重於辭、義理重於文辭。」〔註54〕這種評論涉及事實和價值兩個層面，實事求是地

〔註50〕 章學誠：《言公中》，《章學誠遺書》，北京：文物出版社，1985年，第30頁。
〔註51〕 章學誠著、王重民通解：《校讎通義通解》，上海：上海古籍出版社，1987年，第2頁。
〔註52〕 章學誠：《言公上》，《章學誠遺書》，北京：文物出版社，1985年，第29頁。
〔註53〕 章學誠：《原道下》，《章學誠遺書》，北京：文物出版社，1985年，第12頁。
〔註54〕 王汎森：《權力的毛細管作用——清代的思想、學術與心態》（修訂本），臺北：聯經出版事業股份有限公司，2014年，第505頁。

講：「文」之作爲「公」、「私」器具的功能有別是事實；對舉戰國前後社會之「文」的變化是事實；文辭、文章應該服務於義理也是事實。但不能由章氏以對舉方式強調一方面，就判斷其主張另一方面不甚重要。這種以部分否定整體，以特殊語境中的強調而否定一般語境下的普遍結論推論不盡符合章氏思想。章學誠所要強調的是「古人不空言著述」，言必有事、言必有據。他關於「文」的重要性論述貫穿於全部《文史通義》，拙文《〈文史通義〉之「文」論辨析》有專門討論。此外，章氏文論的歷史表現理論、文學批評理論都是他注重「文」的功能的重要體現，其以「文史通義」總題其述，「文」與「史」實爲並重，皆可以「通義」，且皆當「通義」。相反，章學誠反覆申述其主張的是治學者，包括治史者，當知其所以然，而非知其所當然。他不是崇古賤今，食古不化的書呆子，而是崇古重今，強調「時會」，主張效法「時王」的用世者、濟世者。所以，以爲章氏輕「文」之說不乏盲人摸象之虞。

2.「文道一貫」，「言事同條」與道器合體，「空言著述」。章學誠說：（古者）「志期於道，言以明志，文以足言」，因此，「文與道爲一貫，言與事爲同條，猶八音相須而樂和，不可分屬一器之良也；五味相調而鼎和，不可標識一物之甘也。」〔註55〕。迨「世教之衰也，道不足而爭於文」〔註56〕。棄道而爭名，還造成「竊人之所言以爲己有」的惡劣學風。然而，立言爲公與據文爲私，兩者的結果是絕然不同的：「言公於世，則書有時而亡，其學不至遽絕，蓋學成其家而流衍者長，觀者考求而能識別也」，「然則徒善文辭而無當於道」或「無其實而有其文」，猶「適燕與粵，未可知也」。〔註57〕是以，

> 「道器合一之故，必求端於周、孔子之分。此實古代學術之要旨。」「知道器合一，方可言學。」〔註58〕

此即官師之分雖曰時勢使然而不得不然，但一定要在學術史上找到標誌性的人物和事件，那便是周、孔。而由此上溯，方知所謂「道器合一」之「一」者，乃承載「先王之道」的「先王之政典」。六經乃先王之政典，由先王所創制，由史官所掌管，不同的史官司掌不同的政典。

3.「六藝」之教與「六經」之教。「官師合一」之教，其教學空間非太廟

〔註55〕章學誠：《言公上》，《章學誠遺書》，北京：文物出版社，1985年，第29頁。

〔註56〕章學誠：《言公中》，《章學誠遺書》，北京：文物出版社，1985年，第30頁。

〔註57〕章學誠：《言公中》，《章學誠遺書》，北京：文物出版社，1985年，第30頁。

〔註58〕章學誠：《與陳鑑亭論學》，《章學誠遺書》，北京：文物出版社，1985年，第86頁。

即官府。「是以三代之隆，學出於一，所謂學者，皆人之功力也。」〔註59〕所習「六藝」，「禮」、「樂」、「射」、「御」、「書」、「數」，外加出入應對能力的「詩」，皆貴族成人教育，旨在培養知禮儀、懂禮節的君子。是謂養君子之教。孔子是將貴族君子教育轉換爲培養士人教育的典範。《莊子‧天運》載：「孔子謂老聃曰：『丘治《詩》《書》《禮》《樂》《易》《春秋》六經，自以爲久矣』。」（《莊子‧天運》）其教雖貌似循諸「興於《詩》，立於禮，成於樂」（《論語‧泰伯》），然而，「此時的《詩》、禮、樂，成爲一個人格陛進的精神層級的複合體。即此一端，便遠遠超越了春秋時代一般賢士大夫所能達到的水準。」〔註60〕章學誠說：

> 六藝乃周官之舊典也。《易》掌太卜、《書》掌外史、《禮》在宗伯、《樂》隸司樂、《詩》領於太師，《春秋》存於國史。夫子自謂述而不作，明乎官司失守，而師弟子之傳業，於是判焉。

「故夫子之述六經，皆取先王典章，未嘗離事而著理」，然而，由於「後儒以聖師言行爲世法，則亦命其書爲經」，「以意尊之」，「以意僭之」，皆出於意。所以，「自官師之分也，官有政，賤者必不敢強幹之，以有據也；師有教，不屑者輒敢紛紛以自命，以無據也。」〔註61〕說明孔子以六經爲本的教育，既異於前代官學「六藝」之教，也不同後儒捧經執教而不知六經乃先王之政典的教條。

4. 三代學於「時」與諸子學於「學」。「古人之學，不遺事物，蓋亦治教未分，官師合一，而後爲之較易也。司徒敷五教，典樂教冑子，以及三代之學校皆見於制度」。在這種制度下，「從事於學者，入而申其占畢，出而即見政教典章之行事，是以學皆信而有徵，而非空言相爲授受也。」「國家因人功力之名而名其制度，則曰鄉學、國學」，「未有以學屬乎人，而區爲品詣之名者。」「官師分而諸子百家之言起，於是學始因人品詣以名矣，所謂某甲家之學，某乙家之學是也。學因人而異名，學斯舛矣。」「夫治教一而官師未分，求知易而實行已難矣；何況官師分，而學者所肄皆爲前人陳迹哉！」〔註62〕他說：

> 學術之未進於古，正坐儒者流誤欲法六經而師孔子耳。孔子不

〔註59〕章學誠：《原學中》，《章學誠遺書》，北京：文物出版社，1985年，第13頁。
〔註60〕徐復觀：《徐復觀論經學史二種》，上海：上海書店，2002年，第13頁。
〔註61〕章學誠：《經解中》，《章學誠遺書》，北京：文物出版社，1985年，第8頁。
〔註62〕章學誠：《原學中》，《章學誠遺書》，北京：文物出版社，1985年，第13頁。

得位而行道術，述六經以垂教於邁出世，孔子之不得已也……故學孔子之所學，不當學孔子之不得已……集大成者實周公而非孔子，孔子雖大如天，亦可一言而盡，孔子於周公之外更無可言。

綜之章氏上述，其意凡二：一則官師未分，學在官府；官師既分，「官守失傳，而各以思之所至，自爲流別也」；二則三代之學，有而有徵，知行合一；諸子之學，雖持之有故，言之成理，而不能知其行之有病也。

5. 官守之分職與群書之部次。史官文化的變遷在文獻分類及歸屬方面也不無體現。章學誠說：

夫文字之原，古人所以爲治法也。三代之盛，法具於書，書守之官。天下之術業，皆出於官師之掌故，道藝於此焉齊，德行於此焉通，天下所以同文爲治。而《周官》六篇，皆古人所以即守官而存師法也。

又說：

三代而後，文字不隸於職司，於是官府章程，師儒習業，分而爲二，以致人自爲書，家自爲說；蓋泛濫而出於百司掌故之外者，遂紛然矣。書既散在天下，無所統綜，於是著錄部次之法，出而治之，亦勢之所不容已。然自有著錄以來，學者視爲紀數薄籍，求能推究同文爲治，而存六典識職之遺則，惟劉向、劉歆所爲《七略》《別錄》之書而已……夫欲辨古書正僞，以幾於知言，幾於多聞擇善，則必深明官師之掌，而後悉流別之故，竟末流之失。〔註63〕

又說：

有官斯有法，故法具於官；有法斯有書，故官守其書；有書斯有學，故師傳其學；有學斯有業，故弟子習其業。官守學業皆出於一，而天下同文爲治，故私門無著述文字，則官守之分職，即群書之部次。〔註64〕

校讎隨官守之分，是一種最原始的分類方法，劉向、劉歆父子所爲《七略》《別錄》之策，雖然無法不爲後之「四部」所替代，然而，它卻是最能反應早期官守職司和典籍分類對應關係的，既便於上溯古代官制，也便於典籍

〔註63〕章學誠：《和州志·藝文》，《章學誠遺書》，北京：文物出版社，1985 年，第556 頁。

〔註64〕章學誠：《原道第一》，《章學誠遺書》，北京：文物出版社，1985 年，第 95頁。

的查找，它對上至國史，下至方志的治理都是最好的分類方法。章學誠說：「郡縣異於封建，則掌故皆出於朝廷之制度耳。六曹職掌，在上頒而行之，在下承而奉之，較之國史，具體而微。」〔註65〕更重要的是，它充分體現了學術經世的理想，資治道最切。在談到學問和政治的關係問題時，章學誠說，掌故的設立是依據了《周官》府史的職掌，他說：「簿書案牘，不入雅裁。而府史所職，《周官》不廢。」賈誼嘗言：「『古人之治天下，至纖至悉。』先儒以謂深於官禮之言。今曹司史典之程，錢穀甲兵之數，志家詳之，則嫌蕪穢，略之又懼缺遺，分吏、戶、禮、兵、刑、工，以爲掌故六門，凡六十六篇，所以昭典例也。」〔註66〕

針對章氏所說，金毓黻評論道：「所謂官師合一，即古人學在王官之證。古人之要典，皆由百司之史掌之。故百家之學，悉在王官……多爲公卿子弟，就百官之史學之，故其學不能下逮於民。迨周之衰，王官失守，散而爲諸子百家，民間亦得以其業私相傳授。而劉班二氏溯其源曰某家者流出於古者某官，雖其所說未必盡讎，而古人官師合一之旨，藉是以明，章氏所說，最得古人之也。」〔註67〕

更有學者評論：此論「發前人之所未發矣。」〔註68〕一論而涉三域，即官制、學制與部次之法。「是則史也者，掌一代之學者也。一代之學，即一國政教之本，而一代王者之所開也。……故一代之興，即以史官司典籍。試觀夏之亡也，太史終古去國；殷之亡也，辛甲抱器歸周；周之亡也，老聃去周適秦。史爲一代盛衰之所繫，即爲一代學術之總歸。」〔註69〕這些作爲對章氏「官師合一」說的評論皆切實中肯之論。

〔註65〕章學誠：《亳州志掌故例議下》，《章學誠遺書》，北京：文物出版社，1985年，第137頁。

〔註66〕章學誠：《爲畢制府撰湖北通志序》，《章學誠遺書》，北京：文物出版社，1985年，第243頁。

〔註67〕金毓黻：《中國史學史》，北京：商務印書館，1999年，第24頁。

〔註68〕金毓黻：《中國史學史》，石家莊：河北教育出版社，2002年，第338頁。

〔註69〕劉師培：《古學出於官守論》，《劉師培全集》第三冊《左盦外集》，第281頁。

章學誠「時務六書」論政的啓示

　　乾嘉交際，清政府面臨「教匪」橫行、地方普遍「虧空」、吏治深度敗壞三大危機。章學誠以在野學者身份輾轉上奏「時務六書」，提出並舉增容，廣開言路；「國家大計」，「問先政治之得失」；「弭寇先須清吏治」，吏治之清在於袪「威」「權」復「禮」「義」等「治安三策」。章氏政論所述是在不變更政治頂層設計、不致社會動蕩前提下解決當時社會、經濟和政治危機最切實可行而又不失長治久安的一攬子方案，其中一些具體的舉措在某種意義上已經頗具近代政治思想色彩，堪稱學者政論之典範。這對於我們今天的學者該如何論政不無啓示：學者論政不僅應稟持立誠爲公的價值向度、執兩用中的理性界度，把握問題意識與系統設計的契度、批判性與建設性的平衡度，注意社情觀察與學理考察相濟以拓展深廣度，而且還應在論政的時機把控、問題選擇等技術性方面作如何增加可接受的考量。

　　乾嘉時期士大夫群體發生的一個值得關注的變化是出現了一些無意官場、專事學問而又具有強烈政治關懷的學者，章學誠就是其中的一個代表。無意官場而又具有強烈的政治關懷，常常讓他們與職場官員在共同感興趣的重大政治問題上有同時論政議政的機緣，但由於受體制之限，兩者在論政議政的途徑、方式、視點、立場及議論的姿態諸多方面都呈現出不同的特點。本文但取乾嘉交際時期章學誠上書論政一例，從當今學者論政這一角度來考察其論政的特點，爲學者論政提供借鑒，也爲執政者如何正確對待學者論政的書生意氣取樣立照作一參考。學者談論學者論政難免惺惺相惜，加之一例相析，偏頗之處難免，敬請方家批評。

一、王朝安穩危機引發輿情興奮

　　乾嘉交際，清王朝盛世已成過去，各種矛盾已然呈現，多事之秋的新政府在社會、經濟、政治域面出現了三大危機：一是橫行川陝的「教匪」大有漫延之勢；二是全國地方錢糧普遍「虧空」；三是各級吏治深度敗壞〔註1〕。諸事交乘，嚴重威脅著整個王朝的安全和穩定。面對危局，朝廷上下百計營謀以紓困。嘉慶四年己未（1799）正月初三，高宗甫一離世，五日仁宗即頒詔求言，懇切中不無焦慮與無奈：「朕仰承皇考託付之重……凡九卿科道，有奏事之責者，於用人行政，一切事宜，皆得封章密奏……諸臣務須宅心虛公……各抒誠悃，據實敷陳，佐朕不逮，用副集思廣益至意。」〔註2〕「聖主神明朗鑒，亦必有知其概者。」〔註3〕「廷臣斐然興起見，於議可施行，天下莫不雍雍向風」，一時有識之士多慷慨激昂之議，「可謂極一時之盛」〔註4〕。洶洶政議中最引人注目的莫過於言官（科道給事中）王念孫和實錄館纂修洪亮吉兩例。兩者同屬官員議政，然而結果卻否泰如天地。王念孫不僅因上《敬陳剿賊事宜摺》於上奏當日即致「位居台輔，爵列上公」的大學士和珅下獄候審，而且旋即被朝廷委以重任：三月奉命巡視淮安漕務，九月又奉命巡視濟寧漕務，年底即被授封直隸永定河道；洪亮吉卻因上《平邪教疏》批評吏治腐敗及上書成親王等暢言時事而獲罪謫戍伊犁。民間議論時務者的結果也一如官場而各有彼此。「江蘇監生周玠具摺言事……妄言國政」被「著即……交地方官約束。」〔註5〕章學誠雖「廁甲科曾叨廷對」，然而因「未登仕版」，只能「分同子衿，義當謹守臥碑」，但在「天子虛己求言」的感召和「掾吏末流、青衿賤士」亦「當有所呈獻，以備采風」的責任感驅使下〔註6〕，一連撰寫了《上執政論時務書》《上韓城相公書》《再上韓城相公書》《三上韓城相公書》《上尹楚珍閣書》《與曹定軒侍御論貢舉書》6篇政論（以下爲行文便宜簡

〔註1〕　章學誠：《上執政論時務書》：「今之要程：匪寇一也；虧空二也；吏治三也。」《章學誠遺書》，北京：文物出版社，1985年，第328頁。

〔註2〕　《仁宗實錄》卷三七嘉慶四年正月甲子條記。

〔註3〕　章學誠：《上執政論時務書》，《章學誠遺書》，北京：文物出版社，1985年，第328頁。

〔註4〕　章學誠：《上韓城相公書》，《章學誠遺書》，北京：文物出版社，1985年，第329頁。

〔註5〕　《仁宗實錄》卷三七嘉慶四年六月甲辰條記。

〔註6〕　章學誠：《上執政論時務書》，《章學誠遺書》，北京：文物出版社，1985年，第327頁。

稱「時務六書」)。這「時務六書」於時務於章氏個人發生了怎樣的影響，就筆者掌握的史料來觀似乎沒有產生任何漣漪。但於我們考察彼時學者論政的取向、特點以及執政者如何正確看待學者論政卻不失爲很好的例證，亦可爲今之學者論政提供了頗有價值的啓示。

與那些身居廟堂的職官密摺奏聞就事論事的職務行爲直接影響最高統治者的決策和自己命運的情況不同，處江湖之遠的知識分子只能通過自己在政府中的師友或知己等人脈關係輾轉發表意見。章氏上書的言路也不例外。然而其所論雖亦由時事焦點問題引發，持論卻更注重深析事件之原委，穿梭諸事之關聯，力求正本清源、標本兼治以求長久解決問題。總體上表現出更關注制度設置與問題發生的關聯性考察，在提供解決問題的方法層面，也更注重從制度建設和制度改革的方面著眼，體現出學者論政與官員議政不同的著眼點與解決問題的出發點之殊別。章氏在上述「時務六書」中不僅批評了朝政腐敗，而且提出了應對危機，紓解困局以圖長治久安的諸多措施。筆者將之概括爲三個方面：其一，「建白非易事」，言路開放應去其「隘」，並舉增容乃去隘之道；其二，「國家大計」「問先政治之得失」，政治之得失在於吏治之清濁；其三，「弭寇先須清吏治」，吏治之重在「督撫」，吏治之清在於祛「威」「權」復「禮」「義」〔註7〕。爲論述便宜計，簡括爲「治安三策」。「三策」雖並舉而條陳，實存極強之內在邏輯，作爲紓解三大危機的一攬子解決方案，乃針對三大危機致因所作之標本兼治，長遠根治之策，所以「三策」之間，既呈因果之理，又具急緩之序，不可隨意組接，任意顛倒。

二、章氏「時務六書」之「治安三策」

章氏「時務六書」雖然是寫給三個不同對象的，但所談論的問題卻既呈專題性，又顯交叉性；既有平面觀照，又不乏縱深掘進。這種文本特點，既是作者述論方智神圓一貫風格的體現，也是由作者研判三大危機「事雖分三，尋原本一」〔註8〕的總體認知所決定的。在章學誠看來，三大危機，皆因政治不修，以致官場「威」「權」大於「禮」「義」，官紀失秩而致督撫專權愚弄上下，以致「設法」之權宜猖行而朝廷之明文虛設，吏治敗壞由斯而不可收拾，

〔註7〕 章學誠：《再上韓城相公書》，《章學誠遺書》，北京：文物出版社，1985年，第330頁。

〔註8〕 章學誠：《上執政論時務書》，《章學誠遺書》，北京：文物出版社，1985年，第328頁。

以致民不堪命,是以「教匪」藉口「官逼民反」而橫行滋漫,天下危殆而乘言「擴充軍資」以「弭匪」、「彌補虧空」以「濟民」,是爲「設法」重生,如此而往復遂致朝廷無法收拾。基於這種認識而所上「治安三策」則深具內在因果而互爲輔成、環環相扣,是基於根本解決危機的一攬子綜合方案,既有分別實施之必要,又有整體推進之必須。此處條分縷析,只爲行文便宜而已。

治安第一策:「建白非易事」,言路開放應去其「隘」,並舉增容乃去「隘」之道。章學誠在「時務六書」中反覆肯定了仁宗虛己納言的胸懷與誠意,但也多次重申言路開放僅限言官無濟於事,言路開放不夠可能事與願違。因此,廣開言路的必要性與言路開放的可能性空間問題,成爲章學誠「治安三策」中的一個首要議題。

關於廣開言路的必要性,章氏闡述既具學理性也深孚實情事理。他對於朝廷的輿情管制措施很不以爲然,提出有議政能力者皆有言事之責的主張。對仁宗將言事對象限域「凡九卿科道,有奏事之責」者〔註9〕的言事層級限制,他針鋒相對地指出:「今當大開言路之時,則科道一途,尙嫌其隘。」〔註10〕並明確提出「言路可以稍清」〔註11〕。他以自己「擬爲論時務書,反覆三千餘言,無門可獻」的實情,直陳若言路開放只限言官,則「言路諸臣,不免疑阻」,「恐難於集議也」的憂慮〔註12〕。他甚至說:「科道以建白爲事功,其擢之也僅以資俸,其任之也惟事註銷,國計民生常時素未究心。一旦求詔下,掇取經生策套,摭拾影響傳聞,豈其立心不忠。蓋經濟世務,貴有學識,非可取具於朝夕也」〔註13〕。這種批評已然超出了針對一人一事一職的是非之論,而是上升到了「天下應無伏言,而不能不慮其有所伏言」〔註14〕的制度性考量,既是對朝廷開放言路過窄的批評,同時也是對言官制度下言官官僚作風從事其職效的質疑,其所著眼者是對制度先天性缺失的認知和

〔註 9〕 章學誠:《仁宗實錄》卷三七嘉慶四年正月甲子條記。

〔註10〕 章學誠:《上尹楚珍閣學書》,《章學誠遺書》,北京:文物出版社,1985 年,第 331 頁。

〔註11〕 章學誠:《上尹楚珍閣學書》,《章學誠遺書》,北京:文物出版社,1985 年,第 331 頁。

〔註12〕 章學誠:《上韓城相公書》,《章學誠遺書》,北京:文物出版社,1985 年,第 329 頁。

〔註13〕 章學誠:《上尹楚珍閣學書》,《章學誠遺書》,北京:文物出版社,1985 年,第 331 頁。

〔註14〕 章學誠:《上尹楚珍閣學書》,《章學誠遺書》,北京:文物出版社,1985 年,第 331 頁。

警惕，事理陳情邏輯之周延，令人難以駁辯。

　　至於開放言路的可能性空間，章學誠提供了三條並舉增容相輔相成的途徑：其一是擴大除言官以外各方面職官的言事權力，以爲「天子虛己求言」，「宜令部院京堂，督府學政，保舉明習治體，經濟世務之儒，略仿直言科目，寬收而嚴別之」〔註 15〕。其二是向民間開放言路，雖不可能向士農、工、商四民一體開放，但至少可問政於下吏和寒士。他說：「大臣亦集思廣益，則掾吏末流、青衿賤士」也應該「有所呈獻」，且「師友淵源、知交氣誼，雖朝野異處，而苟有見聞，相與尺牘諏商，則於義分不爲逾越」〔註 16〕。這兩項主張言事擴權的範圍已經從體制內的官員擴大至體制外的士大夫。其三是提出通過改革科舉科目的方式選拔敢於「直諫」的「新銳」之士。他認爲，鑒於眼前「聖主正殷求治理，虛己招賢」，而「言者多未厭於聖心」的情況，不如改恩科爲選拔「直諫之科」。理由是恩科「廣作人之雅化」，徒令「寒士奔波」亦「不過多添千餘爛八股耳」。「國家有此覃恩，但於正科倍取」，「不特寒士免跋涉之頻」，「是亦足省勞費。」〔註 17〕可見改革於朝廷徵召急用之才之公義，於寒士免無謂勞苦之私情都是兩利之事，還可爲國家節省選舉所需的額外開支，可謂一石三鳥。如果此項改革建議得以採納，則考試技術方面的問題更易解決。「如移此舉而開直諫之科，責令九卿節領，訪過明達怡體，深通時務之儒，聖上親策於廷，使條舉方今利弊」，「試之以事，總不十得其五，亦必較尋常科舉中人稍有新銳之氣」〔註 18〕。因爲只有「新銳之氣」者，方能高屋建瓴，唯「國是」是務。

　　治安第二策：「國家大計」「問先政治之得失」，政治之得失在於吏治之清濁。針對通過「設法」「彌補虧空」來化解當前危機的建言，章氏斬截提出：「國家大計，未聞財賦之盈虧，先問政治之得失」，「無政事，則財用不足，然則理財亦以治政爲先。」〔註 19〕他直言「吏治之弊由於設法彌補倉庫」，「設

〔註 15〕章學誠：《上尹楚珍閣學書》，《章學誠遺書》，北京：文物出版社，1985 年，第 331 頁。

〔註 16〕章學誠：《上執政論時務書》，《章學誠遺書》，北京：文物出版社，1985 年，第 327 頁。

〔註 17〕章學誠：《與曹定軒侍御論貢舉書》，《章學誠遺書》，北京：文物出版社，1985 年，第 331 頁。

〔註 18〕章學誠：《與曹定軒侍御論頁舉書》，《章學誠遺書》，北京：文物出版社，1985 年，第 331 頁。

〔註 19〕章學誠：《再上韓城相公書》，《章學誠遺書》，北京：文物出版社，1985 年，第 329 頁。

法彌補倉庫」是上有政策下有對策「本不可以著爲明文」而「爲患甚大」之
「陋規」〔註20〕。他說：所謂「設法者，巧取於民之別名耳。」〔註21〕對此，
他一方面援引乾隆十三年高宗皇帝「重抵」前湖南巡撫以「設法彌補」虧空
而病民的成案以明前車之鑒〔註22〕，另一方面又詳細陳羅今之官吏利用「設
法」既「損上」又「損下」之「種種意料難測，筆墨難罄」的醜惡行徑：「國
家重民瘼，水旱災蝗，不惜千萬帑金，以拯民難，官吏藉端浮冒。上司通同
徇隱，以爲設法不得不然，往往有倍蓰實賑之數者矣。國家重民事水利堤
閘、守衛城垣、祈保祠宇，一切工程，不惜千萬帑金，以利民生，官吏往往
先爲設法起見，度其可以侵漁若干，然後奏請興舉……亦云設法不得不
然……」〔註23〕兩相對照，則乾隆時期僅個別地方設法彌補虧空，高宗即高
度警惕，「重抵」初犯，爲的是防微杜漸，毋使支漫；及至今日（嘉慶初年，
本文著者注，下同）全國地方普遍虧空，「有司方藉設法彌補以爲利己之謀」
之時，「則虧空轉不易彌補」，虧空成了一個無論如何也彌補不了的無底洞。
「今之虧空方塡，而後之虧空又起」，「或旋補而旋虧，或將盈而缺。以其設
法，原無程限」〔註24〕。由此則如若任由督撫州縣胥吏「設法彌補」，「所設
之法，聚斂於民十之七八，侵盜於國亦十二三」〔註25〕，最終將致朝廷空
虛、民不聊生，整個國家經濟陷於崩潰，而由此引發的「寇匪」則勢必無可
疏撫。是以兩害相權取其輕：「與有聚斂之臣，寧有盜臣」〔註26〕。他堅決反
對通過「設法」來解決所謂「地方虧空」，甚至認爲倡此議者別有用心。因爲
它不但無補於虧空之事，而且反增督撫貪賄之機，招致更大範圍更猛烈的民
變。「虧空之與寇匪，皆緣吏治不修而起」。所以，無論消除「寇匪」，還是解

〔註20〕 章學誠：《再上韓城相公書》，《章學誠遺書》，北京：文物出版社，1985年，
　　　　第329頁。
〔註21〕 章學誠：《上執政論時務書》，《章學誠遺書》，北京：文物出版社，1985年，
　　　　第327頁。
〔註22〕 章學誠：《上執政論時務書》，《章學誠遺書》，北京：文物出版社，1985年，
　　　　第327頁。
〔註23〕 章學誠：《上執政論時務書》，《章學誠遺書》，北京：文物出版社，1985年，
　　　　第328頁。
〔註24〕 章學誠：《上執政論時務書》，《章學誠遺書》，北京：文物出版社，1985年，
　　　　第330頁。
〔註25〕 章學誠：《上執政論時務書》，《章學誠遺書》，北京：文物出版社，1985年，
　　　　第328頁。
〔註26〕 章學誠：《上執政論時務書》，《章學誠遺書》，北京：文物出版社，1985年，
　　　　第328頁。

決「虧空」，都必須「但以吏治為急」〔註27〕。如果吏治敗壞的問題得不到解決，國家任何惠民的舉措都會淪為官吏貪瀆良機，所以，在吏治未清之前，「國家亦慎惜恩膏」〔註28〕，因為朝廷輕賦的惠民良政，則必然造成官吏累民而中飽私囊的良機。

治安第三策：「弭寇先須清吏治」，而吏治之重在督撫，吏治之清在於袪「威」「權」而復「禮」「義」。對於橫行川陝，朝廷視為腹心之患的「教匪」，章學誠在很大程度上是認同「官逼民反」這一社會動盪成因的，正是基於這一認識，針對那些倡言增加軍資以彌寇的先軍弭寇濫言，章氏旗幟鮮明地提出「弭寇先須清吏治」，而吏治之清在督撫的主張。為了說明自己主張的正確性，他深入分析了「吏治之壞」與「教匪」橫行之間的因果輔成關係：「近年以來，內患莫甚於蒙蔽，外患莫大於教匪。事雖二致，理實相因。」「逆賊揚言官逼民反」，「夫由官逼民反反觀之，則吏治一日不清，逆賊一日得藉口以惑眾也」〔註29〕。從章學誠的吏匪因果論，其立場雖然站在朝廷一邊，然而其立論策略卻是採用了歸謬之術，假如「逆賊」所謂「官逼民反」是藉口，那麼讓逆賊無口可藉，無由以脅，良民又哪裏有脅可從呢？所以問題的根本解決在於吏治。他認為，仁宗詔行天下，虛己納言以解決社會穩定問題卻絲毫沒有成效的原因，從根本上講是「言路諸公」根本沒有找到「教匪」橫行之致因。他說：「今蒙蔽既決於崇朝，則教匪宜除於不日，而強半年以來，未見鑿然可以解宵旰憂者，恐言路諸公未有以教匪所致之由。」〔註30〕在章氏看來，不僅先軍弭寇之策無助於解除「教匪」之患，反致匪情漫延，增加社會的動盪，而且「設法彌補」地方虧空之策，也只會增加官吏的貪瀆機會，增加其「病民」「殘民」的機會，導致更大的匪患。如果兩策重行，則國家之患無以復加。所以，當務之急在於吏治之清，而吏治之清，重在督撫。

章氏認為，當時整個官風都存在問題，而州縣官吏貪贓，實際上是因督

〔註27〕章學誠：《上執政論時務書》，《章學誠遺書》，北京：文物出版社，1985 年，第 328 頁。

〔註28〕章學誠：《上韓城相公書》，《章學誠遺書》，北京：文物出版社，1985 年，第 329 頁。

〔註29〕章學誠：《上執政論時務書》，《章學誠遺書》，北京：文物出版社，1985 年，第 327 頁。

〔註30〕章學誠：《上執政論時務書》，《章學誠遺書》，北京：文物出版社，1985 年，第 327 頁。

撫而起。因為督撫手中掌握著兩大權利：一是「設法之權操於督撫」。「既講設法，上下不能不講通融。州縣有千金之通融，則胥役得乘而牟萬金之利，督撫有萬金之通融，州縣乘而牟十萬之利」，即「孟子所云：何以利國，必至利身利家」〔註31〕。二是州縣之「甄別斥陟之權授之督撫」。當督撫以「設法之巧拙定為人地之相宜」的時候，則「為屬吏者亦多以善於設法為獲上有道」，結果自然是「有用之才，不肯盡心於吏治民生為急務也。」官場如此氣象，不染之屬吏能當幾何？他說：「天下中才為多，習染易於變易，況州縣多由科目出身，讀書初入仕朝，正如素絲，全視所染」，官場之「羈勒」，最後使得無論強弱之州縣都只有「俯就羈勒，馳驅於習俗之中，久且心與之化。」〔註32〕章學誠從權力結構和職能的角度闡述了吏治之清的關鍵在督撫這樣的封疆大吏。正是基於這樣一個權力結構和職能的分析，他認為，州縣貪瀆在某種意義上可以說是被「脅從」和被「染化」的。為此，他作了一個很有趣的類比：就如「逆賊」藉口「官逼民反」一樣，州縣官吏貪瀆也是因為督撫大員逼良為娼。他說：「以良民脅從推之，則吏治之壞，恐亦有類於脅從者也。蓋事有必至，理有固然，天下之患莫患於知其不可，而群趨於不得不然之勢。今之州縣是也。既曰群趨，則賢者拔擢無由，而不肖者轉因之以滋利。既曰不得不然，則犯者有以藉口中，而監臨董率之者不得不相原諒，而為之委曲調劑以自蓋其愆。」〔註33〕可見州縣吏治之敗壞已是難以言喻。在「大吏酷以濟貪」的權力結構下，「州縣之畏督撫，過於畏皇法矣。督撫驕而不敢執儀注；督撫刻而不敢遵律例；督撫貪而甘捨其身為之鷹犬爪牙。雖至身敗名裂，死而不悟」〔註34〕。眾所周知，權力及其被賦予的職能本來是為整個國家的政治有序運轉而作的制度性設計，然而是什麼使其異化成了危害整個國家政治正常、清廉、有效運行的槓桿呢？在以皇帝為首的專制制度作為整個政治制度頂層設計的文化背景下，章學誠作了文化上的深入分析。他在《三上韓城相公書》中說：「蓋聞設官定制，上下尊卑，國家所以立制體也」。這

〔註31〕 章學誠：《上執政論時務書》，《章學誠遺書》，北京：文物出版社，1985 年，第 327 頁。

〔註32〕 章學誠：《上執政論時務書》，《章學誠遺書》，北京：文物出版社，1985 年，第 327 頁。

〔註33〕 章學誠：《上執政論時務書》，《章學誠遺書》，北京：文物出版社，1985 年，第 327 頁。

〔註34〕 章學誠：《三上韓城相公書》，《章學誠遺書》，北京：文物出版社，1985 年，第 330 頁。

種上下尊卑之分，原本只是職分和言權的區分，不同的人對不同的人說不同的話，做不同的事而已。後來就演變成「至治之世，班聯有上下之分，而在公無挾附之私。上使下以禮，而不爲威權，下之奉上以義，而不爲阿附。昔者憲皇帝整飭官方，小廉大法。彼時以督撫之威嚴，至不能彈一執法縣令，罟誤之吏，但使操持可信，大吏雖欲擠之死，而皇帝能燭其微。」〔註35〕章學誠雖然以極大的勇氣，將官秩職能失範的原因歸之於最高統治者個人的能力稟賦，然而，以今天的眼光來看，這種歸因自然是不正確的。但它無損於章學誠作爲學者和思想家的人格形象和思想魅力，而他的困惑與苦惱只能說明在中國社會進入近現代社會的前夜，傳統政治制度的危機，已經引發了章學誠的思考，這種思考已經觸及這個制度的頂層。他雖然沒有找到問題的答案，但他已經把問題尖銳地擺在了後來思想者的面前。

三、「治安三策」的論政特點及啓示

每一個時代的人們都會有一些他們自己要解決的問題，但歷史又常常以驚人相似的問題來詰難不同時代的人們。東西方的哲人都曾有過這樣的思考。馬克思說：「歷史常常有驚人相似的一幕」，中國晉代詩人有「誰謂古今殊，異代可同調」的詠歎。它們都從歷史情境和問題可能重演重現的角度，提醒後來的人們或應銘記前事不忘後事之師的道理，或應善於學習前賢智慧，站在前人的肩膀上開創新的局面。身處中國由前近代社會向近代社會轉變前夜時期的章學誠，其史學理論和思想的現代性已經獲得了舉世公認，而其作爲傑出學者和思想家的政論實踐，又能給身處社會轉型時期，整體公民意識尚未成熟，精英主導輿情背景下，有願參政議政或有興趣論政議政的學者們怎樣的啓示呢？

（一）立誠為公的價值向度

個人利益、公共利益、社會利益、族群利益和國家利益等應該是社會各個階層、各個政治集團和利益集團博弈的結果。而不是個別人、個別階層、個別政治集團和利益集團的價值追求的體現。論政議政的知識分子既生活在一定的社會環境中，又要有超越環境的胸懷、意識，還應具備超越環境的能力，努力使自己成爲公共利益的代言人，而非某一階層，甚至是利益集團利

〔註35〕 章學誠：《三上韓城相公書》，《章學誠遺書》，北京：文物出版社，1985 年，第 330 頁。

益訴求的背書者。章學誠「治安三策」中首策對朝廷開放言路限制的批評，從某種意義上來說就是要將社會安穩、社稷安危這種彼時最大的價值追求，作出儘量最大限度公共化體現。所以，他批評言官論政可能因為制度性缺陷、本位主義、利己主義和知識結構單一而導致罔顧「國家大計」。主張向體制內的所有官員開放言路、向體制外的下吏、寒士開放言路、通過改革選舉制度設置新的選拔科目選拔伏才。其目的之一就是希望通過言路增容，讓各個階層、各個利益團體的代言者就各自的利益訴求充分交鋒、博弈以求得公共利益的充分體現，同時在這一過程中在一定程度上對整個國家面臨的危機形成共識。這表面上看來無助於「弭寇」、無益於「彌補虧空」、無濟於肅清吏治。但只要認真分析，不難發現這才是一石三鳥的「上之上者」。從某種意義上講，真正的博弈不是各方的對抗，而是集體的對話，是價值交換，是彼此觀察、試探、瞭解、評議的過程，是增進理解、增加體諒、增強互信、達成共識，產生凝聚力的過程。在博弈的過程中，在各種價值鏡像的觀照下，那些或謂「除內賊以肅朝寧」〔註36〕，「或謂寬陋規以補虧空，或謂裕軍資以彌寇患」〔註37〕的所謂策略，顯得要麼必要而不充分（如前者），要麼別有用心，要麼頭痛醫頭，腳痛醫腳，只知其一，不知根本。當然，章氏此策只能為言者提供一個寬鬆論政的可能性，如果這種可能性能夠變成現實（其實是很難的），則學者論政的價值與其能否立誠為公的論政取向在某種意義上則是正向關聯的。即使以今天的眼光來衡量，章氏此論價值的現代性也是無可置疑的。他的這種識見，除了與知識結構、睿智、洞察力等等能力方面的因素不可分之外，與他心底無私的情操也是密不可分的。他在「時務六書」多次談及其位卑微而其心無私，而其誠彌篤。他自陳其情：「少壯已無宦情，中朝故舊多疏，今垂老之年，華髮盈額，兩耳重聽。惟以文墨渡窮，豈別有希冀。可為世用自可諒無干進之嫌。」〔註38〕令人仰佩。

（二）執兩用中的理性界度

官員論政與學者論政各有優長弊短，從總體上而言，官員論政易陷於就事論事，得過且過；學者論政易溺於罔顧實際，好高騖遠，空言難託。因此，

〔註36〕 王念孫：《敬陳剿賊事宜摺》。

〔註37〕 章學誠：《上執政論時務書》，《章學誠遺書》，北京：文物出版社，1985年，第328頁。

〔註38〕 章學誠：《上韓城相公書》，《章學誠遺書》，北京：文物出版社，1985年，第329頁。

論政學者當知彼知己，自我警惕，揚長避短，把握執兩用中的理性界度。官員論政限於體制、身份、職份、僚緣、專業等因素，可能多有忌憚和局限，所以，容易就事論事，依職論事，甚至看人論事、敷衍委事。對於事關全局的「國家大計」「公卿依日月之光，科道少風霜之節」〔註39〕，要麼韜光養晦，要麼毫無承擔。這就是 1799 年大清政府的朝臣們面對時局的種種表現。嘉靖皇帝的「特詔興禁之事，無不洞中利弊，深關治忽」。然而，「廷臣條奏，即其可施行者，亦多微文末節，無當要害」。〔註40〕面對「聖天子深懲壅蔽，虛挹求言」，而「廷臣斐然興起見，於議可施行，天下莫不雍雍向風」，雖「盛極一時」，「然未有以第一要義」的迴局，章學誠既「心竊惑之」〔註41〕，又深懷理解之同情。其所謂「卿曹各有職守，封疆各專方面」，「翰林以文字爲職業」，而「科道以建白爲事功，其擢之也僅以資俸，其任之也惟事註銷。國計民生常時素未究心」〔註42〕的憂慮即爲明證。章學誠不僅洞悉官員論政之弊，而且深知學者論政之短。所以，他自明從學之旨要：「讀書著文，恥爲無實空言。所述通義，雖以文史標題，而於世教民彝，人心風俗，未尚不三致意。」〔註43〕正是這樣的經世情懷，方才使其學也博淵，其論政也恰適。自覺官員論政與學者論政各自的優長弊短，在論政的過程中，切實取長補短、揚長避短，取其中庸，既是一個總的原則，也存在一系列要程律規的操練。官員論政之短長都只是學者發揮其論政之優長的一個參照。學者論政，不僅要有官員論政的問題意識，而且要有官員所不具備的系統設計的知識背景、長遠眼光和小事而大法的前瞻。在具體的論政過程中，核心的問題是無論制度設計及其項目規劃，還是陳棄改良，都要處理好理想的可能性空間與現實基礎支持之間的關係，做到既堅持理想，不放棄原則，又能腳踏實地，循序漸進。這就既要有問題意識，又要有系統設計，並且還要做到問題意識與系

〔註39〕 章學誠：《上尹楚珍閣學書》，《章學誠遺書》，北京：文物出版社，1985 年，第 330 頁。

〔註40〕 章學誠：《上尹楚珍閣學書》，《章學誠遺書》，北京：文物出版社，1985 年，第 330 頁。

〔註41〕 章學誠：《上韓城相公書》，《章學誠遺書》，北京：文物出版社，1985 年，第 328 頁。

〔註42〕 章學誠：《上尹楚珍閣學書》，《章學誠遺書》，北京：文物出版社，1985 年，第 331 頁。

〔註43〕 章學誠：《上尹楚珍閣學書》，《章學誠遺書》，北京：文物出版社，1985 年，第 331 頁。

統設計的深度契合。否則，一切均爲空談。

（三）問題意識與系統設計的契度

1799 年清政府所面臨的三大危機，不只最高統治者看到了，滿朝文武、民間知識分子，甚至黎民百姓都已看到了，問題是如何找到既不給已經空虛的國庫雪上加霜，亦不至於引發新的更大的社會動盪；更不至於動搖現存統治基礎的終極解決方法才是關鍵。「除內賊以肅朝寧」、「裕軍資以彌寇患」、「寬陋規以補虧空」都不能一舉而解三危。就此而論，章學誠的「治安三策」就是一個系統設計，在他看來，三大問題實際上是一個問題，所謂「事雖三分，理實歸一」：「此時要務，莫重於教匪，而致寇之端，全由吏治，吏治之壞，由於倉庫虧空，講求設法彌補，設法彌補實與寇匪相爲呼吸」〔註 44〕。若此找到了問題的癥結，便找到了問題的切入點，所以，只有「整肅官常，禁止設法彌補」，才能使「貪吏之囊可籍，慶賞之恩可節，工賑之冒可除」，也只有如此，才能實現消除「國計必無憂不足」的隱患〔註 45〕。

需要說明的是，作爲一種具體可操行的系統設計，不僅要在關乎全局的問題上切中其要害，做到大系統周延，大系統之下的子系統不僅支持大系統，而且其本身也是必須周延得體的。比如在「整肅吏治」這樣一個子系統中，既要做到抓大（重治督撫），也要做到不放小。小到每一個細節也不放過。他說：「所謂整飭吏治，乃除一切極弊。如漕規斗斛倍蓰，丁糧之銀錢倍折，採買之短價抑勒，公事之藉端橫斂，印官上任，書役饋送，必數千金。此皆日朘月削」，「非蕩滌振刷」，「閭閻不可旦夕安者。」〔註 46〕在整肅吏治的過程中，要把握「治體宜尙寬大，而追籍貪污官吏，搜查隱匿，不得不嚴，此本國帑民膏，嚴括貪囊。盡得一分，則體恤民隱；寬得一分……以之量抵虧空」〔註 47〕的原則，務使貪退而國進，貪退而民進。又如前述所論「建白非易事」，言路開放應去其「隘」，並舉增容乃去「隘」之道。言路增容的

〔註 44〕 章學誠：《上韓城相公書》，《章學誠遺書》，北京：文物出版社，1985 年，第 329 頁。

〔註 45〕 章學誠：《上韓城相公書》，《章學誠遺書》，北京：文物出版社，1985 年，第 330 頁。

〔註 46〕 章學誠：《上韓城相公書》，《章學誠遺書》，北京：文物出版社，1985 年，第 329 頁。

〔註 47〕 章學誠：《上韓城相公書》，《章學誠遺書》，北京：文物出版社，1985 年，第 329 頁。

多種渠道。總之，基於關鍵問題的系統設計一定要做完善且可操作，而且互相支持而非牴觸。

（四）批判與建設的平衡度

從某種意義上講，沒有批判就沒有超越、沒有建設。雖說在積極的時務政論中批判總不是爲了批判，而是應著眼於建設。然而，批判的對象、批判的力度、深度、廣度與可接受度同建設性政議的可接受度間，又存在某種「度」的關係，這個度把握不好，政論的價值就無從產生。從章氏「時務六書」的文本來看，其批判的對象是多方面的，既有對朝廷言路開放不夠的批評，也有對言官制度先天性不足的批判；既有對吏治敗壞情況的揭露，也有對既有輿情掩蓋吏治敗壞實情的批判。當然，更多的是對方方面面議政時策隔靴搔癢、無補於事，甚至是誤導最高決策者的批判。這些都是合理的，是建設性策略生成的基礎，可接受的前提。可以說，章氏「時務六書」中基於每一個方面的批判，都是爲其提出建設性的「治安三策」所作的鋪墊。而其總體建設性的「治安三策」下的每一個細小的方面，他也都作了盡可能系統的設計。比如在《上尹楚珍閣學書》中他就比較集中地就怎樣打開言路，言路廣開之後，又怎樣收集、處理、實證信息，使「良謨出而莠言除」作了很好闡述。他不僅提出了「求之必有其道」、「擇之必有其方」、「按之必有其實」的三項建設性原則，而且在這些原則之下，按照什麼樣的程序實施，都有系統的設計。有些在今天看來仍然能拾之可用。比如他對「按之必有其實」，強調落實的重要性和如何落實作進一步闡述時說：「官邪民隱，幸得上聞，又幸獲准施行。觀者翹首而望效矣。乃文書一行，仍爲具文故事。此則建言與不建言同；議准與不議准同。所謂不壅蔽之壅政，其害尤甚於壅蔽；壅蔽有時可望其開。此則終古不可開矣。」如何讓集議而「準當實施者」眞正落到實處，發揮作用呢？他說：「即令條奏之員，熟察外間果否實力奉行，或簡員勘驗，或因參議，且責成原奏之員，隨時糾劾，量加甄敘，以旌諾言。則封事皆非傳播空文，可以收實效也。」〔註48〕這樣的論述確實很好地將批判性和建設性做到幾近完善的結合，其可接受度也因之而大大增加。當然，這一切都必須建立在論政而知政上，學者論政只有在知現實之政情，知既往之政典政例，知政制之學理，統籌兼顧的基礎上，其論政方才既合常理，又具效度。

〔註48〕章學誠：《上尹楚珍閣學書》，《章學誠遺書》，北京：文物出版社，1985 年，第 331 頁。

（五）社情觀察與學理考察相濟以增加效度

在章學誠看來「草野無稽之說，簡編塵腐之言」〔註49〕不可也不能採信，而他「以貧賤之故，周流南北，於民生吏治，聞見頗眞。」〔註50〕這樣特殊的社會考察，加之以對「邸鈔」的反覆推敲，卻正是他持論正確必不可少的基礎。誠然，僅止於此還是不夠的，要使所述成爲信論，還必須參以古今類事，關鍵問題甚至應做到不厭其詳，從諸如情勢、往從、政典、史案、學理等各個方面統籌整合以增加信度和效度。比如在批判以「設法彌補虧空」以解當務之急的奏策時，章氏即詳考「設法」之來歷、演變之趨態、細陳現今之情勢，且歷舉康熙、乾隆兩朝成案說法，讓「設法」實非法，「彌補」上損朝廷下病黎民，壞州縣而誤人才，肥貪官而促「寇患」，有百弊而無一利之危害事在理具，無可逃於天下。在提醒朝廷「國家亦愼惜恩膏」時，章學誠已自覺地利用政府統計資料來說明問題，並且指出對於當今官吏貪瀆朝廷「工賑」的情況，因爲「無由仰窺工部戶部架閣，未知乾隆四十五年以來比雍正年間如何」而只能作「倍徙」的推斷。

學者論政最大的優勢就在於「學」，學既意味著知識、方法，也意味著理論高度，有的時候還意味著信息掌握。這些東西從某種意義上講都是相對靜止的論政資源，如果不與實際的政治問題結合起來考察，其價值只能以可能性潛存而無法實現。然而，政治是管理眾人之事。眾人是思想群體，其價值取向及行爲方式，既受歷史現實條件的制約，又創造歷史與現實。所以，在涉及重大政治問題上發聲的政論廣泛的社會調查研究固不可少，對問題的成因、歷史面貌及解決的方法、過程、成果和教訓的考察同樣不可少，最好還有橫向的參照。只有將幾個方面結合起來形成的政論方才具有深廣度，才能張顯其價值。

章氏「時務六書」在學者論政方面給我們啓示遠非拙文所述其大者，在具體的政論撰述技術方面也同樣有很豐富的內容值得挖掘。比如學者論政當「按時切勢，酌理斟情」〔註51〕，論政時機把握和可接受性不得不講究的問

〔註49〕章學誠：《上執政論時務書》，《章學誠遺書》，北京：文物出版社，1985年，第327頁。

〔註50〕章學誠：《上韓城相公書》，《章學誠遺書》，北京：文物出版社，1985年，第329頁。

〔註51〕章學誠：《再上韓城相公書》，《章學誠遺書》，北京：文物出版社，1985年，第329頁。

題。又比如「建白自當擇其大且要者，所謂得綱領而餘可推也。」〔註52〕至於「一切補弊救偏，已見次第興禁，即有未盡之善，未去之弊，自當有九列之咨諏，或兩衙之條舉」，則「無庸汲汲爲杞憂」〔註53〕。等等。這就是政論撰作時寫什麼、怎麼寫和寫到什麼程度不得不面對的問題。章氏主張是抓大放小，務急放緩。所謂「但求治誠，不可以過急，而除患則不可以稍延」，「斯非一切庶務可以從容待次第者比也」〔註54〕。這些技術方面的問題同樣也關係到政論的價值及價值實現。

在我們的社會日益走向開放和民主的進程中，需要越來越多的知識分子參政議政論政，推進社會主義政治文明建設，是全體國民的權力，更是知識分子義不容辭的責任和義務。從這個角度來看，則章氏「時務六書」除了給我們論政知識和智慧的惠賜外，其浸潤在字裏行間的中國知識分子「進亦憂，退亦憂」的憂患意識、「先天下之憂而憂」的悲憫情懷和「位卑未敢忘憂國」的責任感，對於今天的知識分子來說更是一筆寶貴的精神財富。

學者論的思想效應和歷史效應常常是兩碼回事，這已不新鮮。章學誠政論中一攬子幾近完善的政改思想在當時並沒有發生應有的歷史效應，這既是他個人的不幸，也是國民之不幸、國家之不幸。然而這樣不幸的事實，對我們思考執政者應該如何對待來自政府體制之外民間智慧的問題也應該有所啓發。對於執政者來說「下問成大智，上德企中行」也是無數歷史證明了的事實。畢竟上帝的歸上帝，凱撒的歸凱撒。誠然，這已非文本所可述也。

〔註52〕 章學誠：《上尹楚珍閣學書》，《章學誠遺書》，北京：文物出版社，1985年，第330頁。
〔註53〕 章學誠：《上執政論時務書》，《章學誠遺書》，北京：文物出版社，1985年，第327頁。
〔註54〕 章學誠：《上執政論時務書》，《章學誠遺書》，北京：文物出版社，1985年，第327頁。

比較研究中的文化利用與評價——
以余英時之章學誠柯林武德比較研究及其所受批評爲例

　　在異質文化的比較研究中，文化利用是相當普遍的現象，並且形成了學術研究潤飾宗教傳播、政治協同、軍事佔領、思想啓蒙的特徵。比較研究者總是站在一定的文化立場上來選擇比較視點、比較範圍、比較對象和比較方法，而被選擇來進行比較者在某種意義上也都是具有特定價值的文化利用對象。無論比較研究者是選擇重基本共性、相似性、親緣關係的影響研究，還是強調現象獨特，內容與形式各具特點的平行研究，文化利用都是其共同的基素。如果忽視這一點，就有可能在比較研究的批評中失之過崇或求全的偏頗。

　　余時英之章學誠與柯林武德歷史思想比較，是借用西方近代歷史哲學闡述中國前近代歷史學家章學誠歷史思想的一次有益的嘗試，鑒於余氏的學術影響，對他這項學術工作的評價就不只具有個案評價的意義。在一個文化交流日益頻繁且多樣化的時代，比較研究和比較研究批評對於文化利用都有著超出學術研究本身的價值意義。

一、問題的提出

　　梁啓超在評價清代史學大家章學誠貢獻時說：「章氏生劉、鄭之後，較其短長以自出機杼，自更易爲功。彼於學術大原，實自有一種融會貫通之特別見地。故所論與近代西方之史家言多有冥契。」〔註1〕

〔註1〕梁啓超：《中國歷史研究法》，上海：華東師範大學出版社，1995年，第33頁。

　　梁氏斯論發表於 1921 年，他對章學誠史學理論「融會貫通」的「特別見地」及「所論與近代西方之史家多有冥契」的評價，給後學者提供了多向比較研究的可能性空間。

　　在此論半個世紀之後的 1956 年，余英時在他的《章學誠與柯靈烏的歷史思想——中西歷史哲學的一點比較》一文中，將章學誠與英國史學家柯靈武德的歷史思想進行了深入的比較研究。頗具戲劇性的是，余氏的這項學術工作在半個多世紀之後引發復旦大學歷史系和哲學系的兩位教授陳新先生、張汝倫先生絕然相反的評價。

　　陳氏在《二十世紀以來中西史學理論比較史研究》這篇頗具綜述性質的論文中，將余氏的這項研究納入到中國現代中西史學理論比較研究一個世紀的學術史範疇內進行闡述，認為其在「借西釋中」的「概念史觀」之比較中，「系統地比較兩位分別站在中西史學理論高峰的學者，也第一次真正自覺地在概念和史觀的層次上，進行了中西史學理論之比較。」〔註2〕陳文對余氏的比較研究無論在邏輯層面，還是從方法、價值層面都給以了無以復加的高度肯定。

　　張氏在《存異與求同——以章學誠和柯林伍德的比較研究為例》《章學誠與柯林伍德的歷史觀念差異比較——與余英時先生商榷》兩文中說：「中國的思想傳統和學術傳統使得章實齋的歷史觀念不可能與柯林伍德的歷史觀念『如此地不謀而合』，更談不上『這兩人的相似之處可以說是十分驚人』。」認為余文的比較是缺乏學術規範的「比附」，因為「比較哲學要求比較者對被比較者雙方的特徵都有深入細緻的瞭解，以相對超然的態度進行比較。由各自的歷史性造成思想間巨大的差異，是任何嚴格的比較研究不能不注意的。」〔註3〕以張氏之言，則余氏的章、柯歷史學思想比較研究是為比較而進行的比較。這種比較既無法滿足一般比較所要求的邏輯上的統一，又忽視了歷史思想比較所要求的歷史的統一，更無法滿足邏輯與歷史的雙重統一。如果要進行比較也只存在兩者「歷史觀念差異比較」的可能性〔註4〕。

〔註2〕　陳新：《二十世紀以來中西史學理論比較史研究》，《清華大學學報（哲學社會科學版）》，2010 年第 6 期。
〔註3〕　張汝倫：《存異與求同——以章學誠和柯林伍德的比較研究為例》，載《人民論壇》，2011 年第 34 期。
〔註4〕　張汝倫：《存異與求同——以章學誠和柯林伍德的比較研究為例》《章學誠與柯林伍德的歷史觀念差異比較》，《人民論壇》，2011 年第 33、34 期。

筆者以爲，兩位對余氏章、柯歷史思想比較研究工作的評價，各執一詞，泰否天地，除去各自行文，自話自說的表象之外，也許尚有更深層的學理原因，即由於比較研究的評價原則和不同比較範式所能收穫的比較結果及評價標準缺乏相對統一的學理規範所致。自話自說，沒有交集，自然難以形成視界融合，或有價值的「爭鳴」。沒有前提或共識的評價很可能導致奉之則近崇，責之則求全的結果。至於涉及比較研究個案的評價則當考察比較研究者預設的對象、範圍、方法等是否合理，以及促使結論生成合目的性之手段正當與否，邏輯與事實的統一與否。陳、張兩位先生的不爭而論，同事見歧，正好說明在比較研究日益深廣的當下，超乎具體比較研究之上的比較學獨立成學成科之必要，這對於比較研究工作和比較研究工作的評價大概都是不可或缺的。然而，這並非本文所能爲也。筆者不揣淺陋，不過借學習余氏章、柯比較研究及陳、張兩位先生的指點，就比較研究中的文化利用問題及余氏之章、柯比較和評價作覆瓿之論，敬祈兩位先生和方家賜教。

二、文化利用的普遍性及比較研究中的文化利用

從某種意義上講，異質文化的比較研究是以差異性爲前提，以文化利用爲目的，根據比較研究者的理論立場和目標預設，求同求異，尋求共識，尊重差異，促進創新的一種學術手段。艾略特在談及不同國家的文學生存狀態時說，「在一定的時代裏，它們當中每一種都依次在外來的影響下重新復蘇……；如果希望使某一文化成爲不朽的，那就必須使這一文化去同其他國家的文化進行交流。」〔註5〕「學術會晤、拜師交友、人員往來、遊歷異國」，還有作爲交流「傳遞物」的「書籍」翻譯等等〔註6〕，都是歷史上文化交流的途徑，今天的文化交流更是有物物交換、政要往來、學人訪學、博物流展、影視翻譯、食物博覽等等更開放的形式。與上述種種相較，比較研究不過是其中最學理化、客觀性的方式之一。交流的形式雖然千差萬別，但目的之一亦不排除「在外來的影響下」使已有的「重新復蘇」，以至「不朽」，或「試圖在更廣闊的時空間，尋找社會批判與社會重建的標杆」〔註7〕的企圖。所謂「外來的影響」，就是一種文化利用；所謂「不朽」謂之深入人心，以至長久

〔註5〕 艾略特：《詩歌的社會功能》，載《美國作家論文學》，三聯書店，1984年，第193頁。
〔註6〕 王曉平：《日本中國學述聞》，北京：中華書局，2008年，第27頁。
〔註7〕 何曉明：《中國文化與歐洲啓蒙運動》，《社會科學戰線》，1997年第3期。

不衰；至於以之作為「社會批判與社會重建的標杆」則是更為直接的以人律己，見賢思齊的文化利用。只不過「一個文化對另一個文化的利用是極其複雜的，它不僅體現在不同政治、經濟和社會間的相互影響的過程中，而且體現在兩個不同民族間思想和意願的微妙的交流中」〔註8〕。

而比較研究工作的要旨之一，是在比較研究中使預設比較的一方或明確其獨立之價值，或根據特定的歷史語境，使之被理解與接受，或使之能被激活、融化及至創新，使之成為具有獨立價值的文化思想而成為世界文化的一部分。余氏之章、柯比較，是其在中西文化交通背景下重建中國歷史文化的工作之一。在這樣的比較研究中被設置為比較對象的雙方，常常無法滿足比較理論上之等量齊觀的設想而具有主從性。被用來說明、解釋的一方總是具有如下的兩種屬性：一是具有一定從屬的、被利用的性質；二是具有某種先驗性，因以作為標準成為衡量、評判或解釋的工具。所以，在余氏的比較中採取以西釋中，以柯氏之說釋章氏之論的策略，是一種自覺的文化利用。

不獨余氏，幾乎所有的比較研究都是一種自覺的文化利用。比較研究者總是站在一定的文化立場上來選擇比較視點和比較對象，被選擇用來進行的比較者，在某種意義上也都是具有某種特殊價值的文化利用對象———一個有用的他者。古今中外，少有例外。

日本學者中村元在解釋這種現象時，以德國學者的印度研究為例說，就「好比我們日本人為研究古代日本，必須同琉球或朝鮮文化進行比較一樣，要認識西方文化也必須去瞭解印度文化」，「西方人對東方的研究是由於他們要進入東方，同東方各民族產生交往，除此之外，使這一研究得以推進的精神動力還在於他們企圖揭示印度民族與歐洲民族的根源。」〔註9〕德國的比較研究學者在闡述他們對印度文化情有獨鍾的比較衝動時，也毫不諱言，是「為了認識我們自己文化的來源」，所以，「有必要到保存有印度日耳曼民族最古老文獻的印度去。」〔註10〕眾所周知的伏爾泰關於中國歷史上專制問題的討論，其實是與抨擊法王路易十五的專制統治不無關聯的。伏氏在其以中國開

〔註8〕 〔美〕史景遷：《文化類同與文化利用》，北京：北京大學出版社，1997年，第12～13頁。
〔註9〕 〔日〕中村元著《比較思想論》，吳震譯，杭州：浙江人民出版社，1987年，第8頁。
〔註10〕 轉引自（日）中村元著《比較思想論》，吳震譯，杭州：浙江人民出版社，1987年，第8頁。

篇的《世界史》中對中國文化的很多方面的論述，在某種意義上都不是我們有些學者一廂情願所理解的對中國歷史文化的愛好與癡迷。這樣的評價忽略了在這種關注的表象下存在著一個潛在的比較對象，那就是法國當時社會的政治思想、宗教文化的現實，中國歷史文化這個被言說的對象，其實不過是一個被用來說明啓蒙思想之必要的可利用的參照。其《世界史》就是一部法人睜眼看世界的比較史，誠如有的西方學者所評論的：「伏爾泰對中國的這個看法是與其對教會的攻擊緊密相聯的，他非常機智地使用了這個手段來抨擊天主教會、法國國王路易十五以及整個歐洲的專制制度」〔註 11〕，是一種高明的文化利用。

　　文化利用除了受比較研究者青睞外，也是宗教家、政治家、軍事家鍾情的手段。於是就出現了比較研究與宗教、比較研究與政治、比較研究與戰爭之間微妙的互動關係。這種關係頗有中國古代「以經術潤飾吏事」〔註 12〕、「以儒術飾吏制」的意味〔註 13〕。在傳教士利瑪竇的《中國文化》之前，西方人對於神秘中國的認識，基本上都是基於那些未曾踏上中土的西方文士的文學想像，或冒險者的日記。就連 1585 年西班牙人門多薩（Mendoza）的《大中華帝國史》這部「七年內竟以七種歐洲主要語言，出版了四十六版」〔註 14〕的編年史歷史著作也不例外。而當旅居中國 28 年，廣泛接觸中國社會各個階層，上至王公顯貴下至販夫走卒，對中國社會有深入研究的利瑪竇欲將中國的大明王朝皇權專制、吏治腐敗、民不聊生的眞實情形告訴歐洲人，為歐洲人關於中國的知識輸入理性認知的時候，卻適逢天主教教會準備派遣更多傳教士前往中國的時期。教會考慮到利瑪竇眞實的中國介紹會影響歐洲社會對教會計劃的支持，而遭遇募捐的困難，所以，《中國文化》在歐洲出版的時候，「刪掉了利瑪竇在書中對中國所做的坦率的批評」〔註 15〕。一項嚴肅的學術工作卻因宗教的原因而被閹割，而教會的這種「潔本」舉措，正是出於文化利用的宗教目的。

〔註 11〕　〔美〕史景遷：《文化類同與文化利用》，北京：北京大學出版社，1997 年，第 75 頁。

〔註 12〕　《漢書‧循吏傳》第五十九。

〔註 13〕　《明史‧列傳》卷二百八十一，第一百六十五。

〔註 14〕　樂黛雲：《世界文化總體對話中的中國形象》，載史景遷《文化類同與文化利用》，北京：北京大學出版社，1997 年第二版，第 2 頁。

〔註 15〕　史景遷：《文化類同與文化利用》，北京：北京大學出版社，1997 年，第 26～27 頁。

　　文化利用被用來為戰爭服務和佔領服務的現代經典之作，是美國的兩位女性人類學者，密德和本尼迪克特的比較研究工作。前者在消除二戰初期入英美軍與英國人的摩擦和化解二戰後期美軍進入亞洲的英屬殖民地後與當地土著人的矛盾立下了汗馬功勞。她的工作就是利用文化類型差異說服雙方求同存異，達到減少分歧、協同作戰之目的。後者的《菊與刀》對日本民族文化的類型分析與應對策略，更是被美國政府作為佔領日本的決策依據。這部人類學著作本來就是應美國政府之約而展開的比較研究的結果，而利用這一學者成果的美國政府，在看待其文化類型的分析時，實際上也是以德國文化和美國文化的類型作潛在比較對象的。這也是戰後美國統治日本策略的文化依據〔註16〕。

　　中國是世界上很早就遭遇多種文化思想衝突的國家，也是很早就產生了比較思想的國度。儒、道、佛的激烈爭論，深深地影響了每一家文化思想的發展，也深深地影響了中國文化的質態。朱熹曾評說陸九淵之學道：「近聞陸子靜言論風者之一二，全是禪學，但變其名耳。」〔註 17〕《四庫全書》在評價明季學人方以智之《藥地炮莊》時說：「大旨詮以佛理，借滉洋恣肆之談以自擴其意，蓋有託而言，非《莊子》當如是解，亦非以智所見真謂如是解也。」〔註18〕近現代中國的比較研究，主要表現為「東西方文化之爭」，這種爭論並不表現為一般學論的所謂西化派與文化保守主義者之間陣線分明，而是各有彼此，互有參差。即使是同一個學人也會因其所處人生的不同階段，置身社會政治背景的差異以及關於世界文化的認識，表現出前後矛盾的文化訴求。梁啓超如此、章太炎如此，胡適之、傅斯年亦如此。而梁漱溟因為其印度哲學的學術背景，其對世界文化的展望在某種意義上更是超越了一般學人的中西文化之論。因為中國當時的一般學者在進行比較研究的時候，是沒有將印度文化納入比較參照系的。梁氏的《東西方文化及其哲學》闡述的世界文化發展路徑圖是，中國現在之孜孜以求的西方現代文明，將來會為中國文明所

〔註16〕比較研究之文化利用服務於政治與軍事的目的，並不是始於上述兩個美國學者，在西方，著名的案例可以追溯到凱撒的《高盧戰紀》。在這部著作中，凱撒專章敘述了高盧人的歷史、文化及社會風俗，這些看似與「戰紀」無甚關聯的要素，最竟成為決定戰爭和佔領策略不可或缺的重要參考因素。

〔註17〕黎靖德：《朱子語類》卷一二四，《四庫全書》，臺北：臺灣商務印書館，1986年，第 702 頁。

〔註18〕《四庫全書總目》卷一四七。

取代，而印度文明將取代中國文明而成爲人類文明的未來。所以，同樣一個中國傳統的文化，在近現代中國，在不同的學人和不同的時期，遭遇的幾乎是冰火兩重天。每一個人文社會科學門類的學者，在各自的學術領域，幾乎都做出過程度不同的文化選擇。而在風瀾雨狂的史學領域內，有多少是西風美雨，又有多少是回歸到前近代去尋找「秦時明月漢時關」來輸血打氣，以求復興和重建的信心，如果可以用一個個案來做研究的話，從章實齋的不斷被提起，不斷被比較、被言說、被解釋是可以窺斑見豹的。近現代中國的學人在面臨「三千年未有之大變局」而尋找應對策略的時候，始終是徘徊於向昔與向西的兩個向度，這本身就是一種比較的心態與姿態。在這種心態與姿態下的一切學術，又有多少學人能超越文化利用的實用哲學而存有純粹超然的學術立場，而在經世致用的傳統和救亡壓倒一切大變局的時代，一切不應時需的學術又哪能有一席之地。倡行宗教是要「用宗教發起信心，增進國民的道德」；提倡國粹是要「用國粹激動種姓，增進愛國的熱腸」〔註19〕。更不用說純粹革命者那「你越是恨它，越要向它學」的泣血之籲。

　　總之，文化利用是異質文化之間無論表現爲激烈的衝突，還是平等的交往，都無法迴避，也不用迴避的一個問題。這種利用具體到每個從事比較研究的學者和比較研究的個案，則因人因時因事以各有取捨而呈現你媚我怨的差異來，但如果對比較研究進行範式分類的話，常見者大概有兩種：一種是影響研究，一種是平行研究。

三、比較研究範式及評價差異

　　影響研究、平行研究兩種比較研究範式，原其發生，前者始於法國，後者始於美國，後者是在批判前者的基礎上發展起來的。這樣兩種比較研究範式因作比較之目的不同，而選擇的對象和方法也不相同的。對待它們的評價也應視其取趨不同當有所區別，而不能完全不考慮其比較目的、對象及方法的選擇而一味作趨崇或責全之求。

　　影響研究強調比較對象之間本質上的相互關係，以期達到兩個目的：一是說明比較對象在理論、方法、概念甚至結撰形式等等方面的相通關係；二是發現比較對象之間十分複雜的借鑒情況。因爲眞正的借鑒不是簡單搬用，機械臨摹，而是必須經過咀嚼、消化之後才能滲透到新的文化血液之中去發

〔註19〕《章太炎政論選集》，北京：中華書局，1977年，第272頁。

生作用，所以，影響研究特別注重歷史的方法。平行研究較之影響研究的歷史方法可稱之爲理想的方法，它強調要發現事物的眞相，必須從事物的哲學理念出發。比較者只要認爲兩種異質文化之間存在相似之點和不同之處即可進行比較，不必非有實際的關聯。這種比較研究被俄國比較研究學者維斯洛夫斯基稱做「平行迴現論」。其基本精神是打破時空選取比較對象、移用西方的理論。對照上述比較研究範式，如果對余氏的章、柯歷史思想比較歸類的話，當屬平行研究一類。這樣就產生了一個怎樣評價和運用比較研究結果的問題，如果沒有理念上的共識和共信，就只能產生爭鳴而無法形成共識，而爭鳴也會變成「沒有什麼可以論證的」自話自說〔註20〕。因此，比較中的平行研究特別強調共同的理解和共信的前提。借用英人柯爾律治的「論證循環」理論來說，就叫「我信仰，所以理解」。

這樣兩種比較研究的範式，使得「在人文社會科學的所有主要學科領域，尤其如語言學、人類學、社會學和史學，存在著兩種基本的傾向。一種注重基本共性、相似性、親緣關係的研究，另一種則主要研究客體與現象的獨特內容及形式。」於是就產生了「所謂『同一論者』、『普遍主義者』、『一般論者』的比較研究實踐與『相對論者』、『差異論者』的實踐相對立。」〔註21〕比如，美國 Dartmouth College 的陳榮捷教授編纂的有關中國哲學的研究書目《東西方哲學》，及其後來的《東西方的統一》（The Unity of East and West），都是側重於兩者之間的相似性、類同性比較，而諾斯羅普的《東西方之相遇》（The Meeting of East and West）則致力於從對比中找出兩者的不同。在中國學者中，馮友蘭的《中國哲學和未來的世界哲學》〔註22〕認爲在存在論方面，孔子與柏拉圖有相似性，在認識論方面，老子與康德有相似性，而胡適之《我們對西洋近代文明的態度》〔註23〕一書則強調中西文化的差異。

比較研究實踐的對立並不能說明兩者沒有文化利用的共同點。只是雙方各自的前提和出發點各有側重而已。「按照普遍主義者的思維方式，認識論方面的共性早已存在」，「這一思維方式喜歡使用超越時空的先驗論類型。關於

〔註20〕轉引自陸建德《破碎思想的殘編》，北京：北京大學出版社，2001 年，第 17 頁。

〔註21〕皮埃爾·洛雷特《普遍性與可比性》，載《問題與觀點》，天津：百花文藝出版社，2000 年，第 62～63 頁。

〔註22〕《哲學研究》，1957 年，總第 57 期。

〔註23〕1926 年 7 月 10 日《現代評論》第 4 卷第 83 期。

人及文化的某種觀念呈現於統一的精神之中。它所論證的中心問題包括結構模式、整體模式、完整的分類學、普遍有效的一般特徵等等。而『相對主義者』或『差異論者』則把客體與現象的獨特性內容以及當時的背景等，放在首要地位。」〔註 24〕因此，在比較研究中，「各個國家、各個民族總是根據本國本民族的社會需要，以自己獨特的眼光，對外來文化進行選擇，而後，在利用的過程中，又常常摒棄其『細節』，攝取其於己有用的精神意境，加以曲解，並與本民族原有的審美系統相化合，以致於創造出與『原型』不同的別一乾坤。」〔註 25〕這裡雖是就影響比較而論的，其實，平行研究也存在同樣的情形，文化利用在任何形式的比較研究中都會如影隨形地存在。假如不充分考慮比較研究中存在的文化利用這一自我遮蔽和自覺選擇的問題，則從事比較研究者可以為我所用，為所欲為，致比較研究工作失之為文學想像，而對比較研究工作得失的批評也會不顧及比較者無法超越的主體意識和客觀限制，在批評的時候缺乏應有的警惕或應有的同情之理解，而致欲奉之辭或欲加之罪各走極端，這種放縱同樣有失批評應有的謹嚴和溫良。

　　比較研究不過是一種手段和方法，其目的在於文化利用。而說到手段時則無論擇與不擇，正當與否，每一種手段都存在其無法克服的弊端。19 世紀英國著名文學家、思想家柯爾律治（Samuel Taylor Coleridge）在評價社會科學的三種方法時曾指出，以定義開始一環一環論證的方法，可能因為定義的差之毫釐，而結論謬以千里，而理想的定義又不可能存在，因為人們的知識不可能完美無缺；歷史的方法，又難逃「甲取一類事實；乙取另一類事實：雙方所證明的不無道理，但都不能證明唯一的真理……」；而從事物哲學理念出發的方法，則必須建立在所關心者必須承認共同的理念這一基礎之上〔註 26〕。任何方法都有局限，討論問題者並非一定要達成共識，但討論必須有一定的前提，或者在某一範圍內進行，這卻是討論者必須有的共識。否則，就會出現象艾略特所說的：「在我們的時代，關於真正重要問題的爭論我看是徒勞無益的。爭論要有所收穫，首先要有共同的理解。爭論需要共同的前提；也許那些感覺到的前提比那些能夠清楚表述的前提更重要。目前很多爭論非

〔註 24〕皮埃爾・洛雷特《普遍性與可比性》，載《問題與觀點》，天津：百花文藝出版社，2000 年，第 63 頁。

〔註 25〕王曉平：《日本中國學述聞》，北京：中華書局，2008 年，第 271 頁。

〔註 26〕陸建德：《破碎思想體系的殘編》，北京：北京大學出版社，2001 年，第 13頁。

常尖刻激烈，這表明差異是如此之大，實在沒有什麼可以論證的⋯⋯」〔註27〕
艾氏不無激憤的言訴，正是對所有學術批評失範的批評，而比較研究批評較
之一般學術批評的混亂更是有過之而無不及。正因為如此，文化學者中關於
「文化交流」「通則」的研究及在此基礎上關於比較研究批評「公約」的研究，
就顯得尤為必要。前者在國外可資借鑒的比如思想史家斯金納（Quentin
Skinner）關於論證影響關係的三條件說〔註28〕，在國內何曉明先生的「文化
交流的若干通則」議〔註29〕；後者在國內的如劉家和先生的「比較研究的一
般邏輯」〔註30〕。這些中西學人要麼是基於個案研究基礎上的「通則」抽象，
要麼是基於批評整體現實的言說，但不論其中有何區別都是基於批評有序、
批評有益的一種建設。

　　粗略梳理比較研究的兩種範式，以及由此而產生的學術分野，和比較研
究評價可資借鑒的規約研究，不難發現，余英時先生的章、柯歷史思想比較
研究是基於什麼樣的一種比較理念和比較策略，也有助於正確看待陳、張兩
位教授對余氏的比較研究所持之臧否。

四、余氏的章、柯比較釐析及對陳、張所持批評意見的評價

　　「現代中國人文學科的歷史從某種意義上可以理解為中國和西方思維方
式碰撞的歷史」〔註31〕，由於在這一「碰撞」的過程中，「中國在與西方關係
中有很長的一段時間是處在師從的地位，從而造就了這樣一類學者：他們不
僅精通本國的傳統，而且十分熟悉西方的理論。」〔註32〕余氏大概就是屬於
這樣一類學者的代表之一。他是兼受東西方嚴格學術訓練，具有雙重文化視
野的學者，其《章學誠與柯靈烏歷史思想比較》是否受梁氏論章學誠歷史思
想「所論與近代西方之史家言多有冥契」啟發，是否因其師之「研治中國思

〔註27〕轉引自陸建德《破碎思想體系的殘編》，第 16～17 頁。
〔註28〕Quentin Skinner: Meaning and Contexst: Quentin Skinner and His Critics, Cambridge plolity, 1998.
〔註29〕何曉明：《中國文化與歐洲啟蒙運動》，載於《社會科學戰線》，1997 年第 3 期。
〔註30〕劉家和：《歷史比較初論：比較研究的一般邏輯》《北京師範大學學報》（哲社版），2005 年第 5 期。
〔註31〕〔德〕卜松山《與中國作跨文化對話》，劉慧儒、張國剛等譯，北京：中華書局，2000 年，第 18 頁。
〔註32〕〔德〕卜松山《與中國作跨文化對話》，劉慧儒、張國剛等譯，北京：中華書局，2000 年，第 20 頁。

想史，最好能旁通西方思想，始可探討異同，比較長短」〔註 33〕之鉢傳，都不重要，因為上述學論已為學界共識。但在文章中，他從東西方兩位史家生活的特殊歷史境遇出發，對「章、柯兩人何以地懸萬里，時隔百年而運思竟能大端密合至此」〔註 34〕所做解釋引發的異見，則非只有個案的意義。陳氏是將之納入中西比較的百年學術史中來論述褒揚的；張氏則是從比較研究的學術規範角度和持論正確與否來置評的。雖然褒貶殊異，但共同的一點是皆以余氏之學術影響非同尋常，其比較研究又極具「典範」價值，因此要闡頌，因此要責備。所以，如何看待余氏的章、柯比較研究和陳、張兩位對其研究得失的學術異見，也就不僅僅是一個偶或的學術個案問題，而是在東西方乃至全球範圍內文化交流日益深廣的今天，如何科學地開展比較文化研究，如何看待比較文化研究和如何運用比較研究結果等具有的普遍性問題。

　　細考余氏之文，不難發現，余顯然意識到了進行章、柯歷史思想比較的難為之處，不在於比較研究本身，而在於中國本土學人對他這項比較工作的理解。於是文章在正文之前綴附了不短的「引言」來敘述著述的動機和相關西方史學背景以期獲得知情共識、同情之理解。他說：因為慮及「『歷史哲學』一詞在中國已流行了幾十年之久，但一般知識界對它的瞭解似乎還是很模糊」，接受影響的學者不是「主要受黑格爾那部《歷史哲學》的影響」，便是「頗震於湯氏的淵博，並從他的《歷史之研究》中所包括的史料之豐富而斷定他為注重經驗的歷史科學家，以為與黑氏不同」，其實這「完全是一種誤會」。余氏認為，中國學者由於片面接受西方的歷史學理論，為其表面的「一點分別」所惑，缺乏對其理論全體的觀照和本質的認識。黑氏與湯氏本來同屬「玄想的歷史哲學」，黑氏是「哲學為體，歷史為用」，湯氏是「先玄想了一套理論架子，然後再動手找材料的」，其著述是「作為歷史著作，它的取證仍嫌貧乏，但作為哲學系統，又似累贅而不稱」的非驢非馬的東西。與此同時，「引言」還對斯賓格勒偏於文學想像的歷史學也投了不信任票。言下之意，無論黑氏理論、湯氏理論，還是斯氏理論，都不是西方主流歷史界所推崇的歷史哲學，而真正能夠代表西方近代歷史理論發展的是學分兩派的「批評的歷史哲學」。

〔註33〕《錢賓四先生全集》，第 24、16 頁。
〔註34〕余英時：《章學誠與柯靈烏歷史思想》，北京：三聯書店，2000 年。

　　文章還就「批評的歷史哲學」和「玄想的歷史哲學」之殊別進行了闡釋，指出前者是發現歷史事件之間的關聯，而後者是基於主觀的推想，「前者所注重的乃在於歷史知識之成立如何可能」，「後者則注重歷史事件之本身在整個發展過程中具有何種意義，並如何能解釋全部歷史進程為一必然之趨勢。」〔註35〕

　　余氏的縷述至少在客觀上給讀者一種強烈的暗示：正是基於對西方歷史哲學真實情況的瞭解，在選擇章學誠歷史思想比較對象的時候，才選擇了「批評歷史的哲學」中「理想主義一派」的柯林武德的思想，而不是那種在不瞭解情況下的胡亂比附，所以，在「結語」部分才自信地自我評價：「我相信我所做的比較工作並沒有很牽強附會的地方。」〔註36〕這樣縷述，並不是說因為余氏的自評，今之評論其比較工作的論者就不可以再就此發表意見，而是想表達討論應該更深入、更有意義。比如指陳其所論非是，而不能無視其周詳陳述於不顧，而誨之以「比較哲學要求比較者對被比較雙方的特徵都有深入細緻的瞭解」而後方能「進行比較」的常識，況且，瞭解余氏個人學術背景者不會忽略余氏撰述此文前一年（1956年），嘗潛心研究柯氏歷史哲學思想，並撰有《一個人文主義的歷史觀——介紹柯靈烏的歷史哲學》。至於對章學誠史學思想的瞭解，20年後（1976年）的《論戴震與章學誠》一書，又歷經20年（1996年）之後修訂再版時的《增訂本自序》中釐述其治學歷程與學術理路變化時均有清楚的交待〔註37〕。余氏在「引言」中申明其於正文前的「引言」是為了達成兩個目的：一個是「為了使讀者對此一知識領域的全貌略有所窺」；一個是避免讀者因為不瞭解「全貌」，而「責難我所討論的問題根本就不屬於『歷史哲學』的範圍」〔註38〕。富有戲劇性的是，擔心什麼就有什麼，「責難」終於在半個世紀後發生了。

　　余氏的比較研究並不是「探討異同，比較長短」，而是利用他熟悉的西方學術思想背景和治學方法，進行了力所能及的「以西釋中」的工作。《章學誠

〔註35〕余英時：《論戴震與章學誠》，外篇，《章學誠與柯靈烏歷史哲學之比較》，北京：三聯書店，2000年。
〔註36〕余英時：《論戴震與章學誠》之外篇《章學誠與柯靈烏的歷史思想》，北京：三聯書店出版社，2000年，第234～239頁。
〔註37〕余英時：《論戴震與章學誠》，北京：三聯書店出版社，2000年。
〔註38〕余英時：《論戴震與章學誠》之外篇《章學誠與柯靈烏的歷史思想》，北京：三聯書店出版社，2000年，第234～239頁。

與柯靈烏的歷史哲學》不過是其中的一項。在《論戴震與章學誠》一書中，他在比較章學誠與戴震學術思想異同的時候，爲了讓讀者對乾嘉時代的這樣兩位學術巨擘的學術理路差異及思想形成有所認識，也同樣採用了「以西釋中」的方式。他借用柏林「刺蝟」與「狐狸」的理論來闡釋章學誠與戴震治學的區別；同時借用西方心理學理論的「認同感」來解說章學誠的「性情論」；用威廉·詹姆士的「軟心腸」與「硬心腸」來比較說明章學誠的「高明」與「沉潛」〔註39〕。余氏之長於用西方的思想、概念和方法來闡釋中國學者的思想、概念和方法，在筆者看來不外乎這樣幾重原因：

一是眾所周知的近代以來「中國在與西方關係中有很長的一段時間是處在師從的地位」，「以西律中」、「以西釋中」實由文化勢位決定的事實，這不是我們今天有些學人自信能與西方文化展開交往對話就能迴避的歷史事實；二是余氏個人的學術經歷使然。他早年師從錢穆先生，並深得其德慧術智，接受了很好的中國傳統治學方式訓練，深受錢氏治學理念的影響，後來又到美國大學接受嚴格的西方學術訓練，所以，在他的學術工作中，兼採東西學術之長，形成了自己的學術理路；三是余氏保守的文化立場也使得他很大一部分學術工作是致力於闡揚中國傳統文化，特別是儒學傳統的現代轉換。於是，在他的中西比較研究中，更多地是要推介中國傳統文化思想和文化人，用已經爲世界廣泛接受了的主流的西方思想、概念和方法來解釋中國傳統的思想、概念和方法，以尋找和闡述中華文化傳統－現代性轉換的可能性空間。他認爲，「通過與西方學術做比較能更好明瞭章氏學術思想的流變」，並且認爲「這便是『比較思想史』的意義所在」〔註40〕。進行這樣一項工作的學人非獨余氏，幾乎大部分現代和當代的新儒家們都有這樣的轉換情結。

余氏的章、柯比較，基本上是就中國史學中「人文傳統」、「言與事之合一」、「筆削之義與一家之言」三個主題在柯林伍德的理論中尋找對應的思想，誠如陳氏所言：「這三個主題分別指向了柯林武德作品中的歷史性質、歷史事實和歷史意義這三個核心要素，而在細節上，余英時關注的是，中西史學理論中圍繞這些主題都分別運用了些什麼樣的概念。」〔註41〕這些概念是否與

〔註39〕徐國利、張笑龍：《錢穆、余英時的章學誠學術思想研究》，《史學月刊》，2010年第 5 期。

〔註40〕徐國利、張笑龍：《錢穆、余英時的章學誠學術思想研究》，《史學月刊》，2010年第 5 期。

〔註41〕陳新：《二十世紀以來中西史學理論比較史研究》，《清華大學學報（哲社版）》，2010 年第 6 期。

柯氏概念具有互通性，這也是張氏質疑的一個問題。這涉及章氏歷史哲學概念解釋之必要與否，及闡釋的可能性空間問題。

　　章氏其人及史學思想生前被邊緣化，死後被發現、被接受、被海內外文史學人反覆言說，除其思想本身博大精深外，還因涉及中國傳統學術之漢學、宋學，經學、史學，文學、史學，目錄及文獻校勘等等諸多領域，加之其著述生前尚未來得及整理、校勘，多有遺失、散落、改纂，連《文史通義》和《校讎通義》之關係亦尚待更進一步研究釐析，更何況因其諸多概念神圓含混，無論其書之名「文史通義」，還是「六經皆史」之論，及「史德」、「史法」、「史義」之「別出心裁」，還是余氏在文中比較闡釋的「史學中言與事」、「筆削之義」、「一家之言」等等，都存在巨大的可闡釋空間，因此成為文史學者們「注我」、「我注」的極好平臺，余氏的比較研究不過只是闡釋之一。他清楚地意識到「由於中、西史學的發展各有其不同的具體問題，他們的討論在文字的層面上是有相當的距離的」，而自己的工作「並不是對章氏的歷史哲學作全面的檢討，而只是將章氏哲學中可以與柯氏的觀點相對照的部分加以剔出，並略作分析和比較，以使《文史通義》一書中某些觀念因此而益為明晰。」〔註42〕而這種解釋工作如果借用余氏自己在其文「引言」的用語來描述，只是 explanation，而非 interpretation.這一點還可以從其文「結語」的重申獲證〔註43〕。

　　張氏在評論余文時，認為進行章、柯歷史思想的比較，只應在「歷史觀念差異」之域內進行。平行比較研究不唯證同，亦兼辨異。如果余氏的比較工作事先沒有就比較範圍、方法及思維有所交待或限定，只作類同比較而無視「差異」存在，那麼，自然是可以質疑的。反之，如果做了說明和交待，無形之中就等於劃定了一個停火區。誠如柯林伍德所言，「每一種學說都是對某一問題的回答，要瞭解那學說的主旨必須明確它所針對的問

〔註42〕余英時：《章學誠與柯靈烏的歷史思想——中西歷史哲學的一點比較》，見《論戴震與章學誠》，北京：三聯書店，2000年，第240頁。

〔註43〕「就本文的性質言，我所做的工作僅是一種歷史性的工作」，「盡可能地」「作客觀的陳述與比較」。當然，評論者可以質疑這種「客觀」，但是否達到了學術研究所要求的「超然」程度，這又是一個「客觀」的存在評價難度的問題。事實上只能說「盡可能」是一個實事求是的態度。因為任何從事比較研究工作者，「要跳出文化系統的認識基素或基本符碼，要擺脫歷史先驗成分的限制，幾乎都是不可能的事情」，所以，「完全不受歷史和意識形態條件影響、純『客觀』或『正確』的理解，大概是沒有的。」

題的實質。」〔註44〕所以，評價張氏批評余氏的得失就要看張先生所責所難是在余氏所劃定的安全區內，還是處在新的可以交火地帶。對此，有興趣的讀者只要將兩文稍作比較則不言自明。

　　章學誠史學思想與西方史家之史學思想「不謀而合」非唯柯氏，而且呈現一與多的對應與契合，對此西方比較學者亦有闡述。「法蘭西學院的杜密維爾教授評價章學誠是能與伊本・霍爾東或歐洲最偉大的歷史編纂家相媲美的、具有第一流創造性的歷史天才。斯坦福大學的尼維林教授評價道：『章學誠關於歷史和國家的機械論觀點與黑格爾的思想相似，他是在令人偶而聯想到維科的文化理論的基礎上構築並發展這種觀點的。』」〔註45〕

　　陳氏的《二十世紀以來中西史學理論比較史研究》將一個多世紀的時段裏，中華學人的史學理論比較研究概述爲「以西律中」、「以西釋中」、「求異志同」，是在中西文化衝撞這樣一個大的學術生態背景下所做的一個整體概觀和歷時性劃分，並且縷析了每一學術時段，中華學人受啓於海外的不同方面，從「重目的方法之比」到「重史觀之比」，進而「重思維類型之比」，由表及裏，由用及體。看似比較客觀地反映了中華學人在比較歷史學中文化利用的自覺及日漸增長的文化自信。這種線性的歷史描述不難看出進化史觀的影響，但卻多少有點將這一百年來中西文化交往的歷史簡單化了。縱觀二十世紀中國史學思潮的演變，歷時性看來，大概經歷了什麼是歷史，怎樣研究歷史，怎樣看待歷史這樣一個演進，史學比較研究亦當與大的史學變革思潮相影隨。其實就比較史學理論的研究而言，未必後來者就一定超過了前輩學人。比如陳寅恪的《四聲三問》由語言入手而研究歷史文化，說明在中西歷史文化比較研究中，避名取實，通過西中古今的體用資相循誘，進而拓展中華文化價值結構的以中化西之必要，既說明了不同文化之間影響的歷史性，也說明了這種影響的複雜性。這難道還不算是由表及裏、深入到了概念層面的比較嗎？如果說這是一種更高的文化利用的境界的話，則余氏章學誠與柯林武德歷史思想的比較，不過以比較爲手段借助柯氏史學理論之概念、體系闡釋實齋之史學思想，彰顯章氏這位中國前近代歷史學家史學理論建樹的返本開新之功，雖有其不俗的貢獻，然較其前輩學人的同類工作是否如陳氏所言「余

〔註44〕陸建德：《破碎思想體系的殘編》，北京：北京大學出版社，2001年，第7頁。
〔註45〕〔日〕島田虔次：《六經皆史說》，《日本學者研究中國史論著選譯》，第七卷，
　　　　北京：中華書局，1993年，第185頁。

英時開闢出了對於中西史學理論系統比較的道路」呢？〔註46〕

　　頌之近崇，宜以當否？如果反觀余氏文前「引言」和文後「結語」的自我評價，似更爲中肯切實，並非完全出於謙遜。張氏在強調不同歷史文化傳統和具體歷史語下不可能產生類同思想的理念下，自然對余氏的比較研究工作有求全之責。無論過崇或是求全，無不說明對比較研究中文化利用這一評價基質的忽略，同時也說明在一個文化交流日益深廣的今天，比較研究要作爲一種推動文化交流向更深廣、更科學、更本質方向發展的不可或缺的手段，增進人類瞭解，促進文化利用，加強比較研究學和比較研究評價學建設的必要性和重要性。

〔註46〕陳新：《二十世紀以來中西史學理論比較史研究》，《清華大學學報（哲學社會科學版）》，2010 年第 6 期。

致　謝

　　筆行至此，即近休止。瞬間，四年的學習生活情景卻紛至眼前，只是不便叨述。做一篇「章學誠學術思想的形成」，也許是我餘生的一個願望，而眼前這篇《章學誠學術思想闡釋史研究》不過這一學術追求初步的操練而已。「思發在花前，歸人落雁後」，又何止於歸鄉？人生之事，大多如是。行動總是受到諸多意想不到的困擾，最當然的自然是一個史學基礎薄弱，志大才疏者在進入課題之後碰到的理所當然的挑戰。應對這些挑戰必賴於方方面面的幫助。

　　我要把首要的尊敬獻給章學誠。倪德衛說他在和章學誠的接觸中始終將他當作一個朋友。我雖心嚮往之，但隨著閱讀的深入，我越來越抱持「敬」與「恕」的態度。因爲他太博大、太精深，我相信這並非我個人的感受。他身後 200 年來受到海內外與日俱增的關注和越來越深入的研究即是明證。他對待人生困境的態度和對待學問的執著，足以讓我一次又一次產生人類最優秀的與你同在的力量感，鼓舞我去面對人生的困厄。作爲鄂籍生民的一分子，有的時候想到實齋其人其事，我甚至有一絲說不清是欣慰還是愧疚的情感。章實齋隨父在湖北應城度過了他的少年時代；進入學術訓練的首次實訓是助渠父編修《天門縣志》以濟柴米，然而，小荷初展，光華已現；他最成熟的史學思想付諸實踐是主持編修《湖北通志》，飽受刁擾，命途多舛，成而未存，只留下一部《湖北通志檢字稿》供後學者遙想推考。他最後的方志編修是《荊州府志》和《麻城縣志》。斯人已圥，斯文猶在，此何人哉！

　　我要感謝那些研究章學誠學術思想的中外學者和學術前輩們。在論文中，我無法把我能收集到、閱讀到的所有的學者的名字和他們的成果一一闡

述，只能擇選他們其中的 12 位來呈現我的學習和思考，不過所接觸的十分之一。正是在研讀他們的研究中，傾聽、審思、參與、對話，才形成了我對章學誠學術思想主要問題的一些思考構成了論文的下篇。

我要感謝在四年學習中所幸遇到的老師和同學們。

感謝湖北大學周積明教授對我論文選題的指導。入學之初，他即讓我寫一篇「戴震學的形成」的批判，我雖應諾，在研究章學誠及其學術思想的過程中，也必需時時關注戴震的有關學術思想，但要完成這篇文章，僅有目前的接觸還是不夠的。而無論是就興趣，還是承諾，我都會希望自己在一定的時間內努力完成。因為他的堅持，才有了論文的上篇，雖然可能遠遠沒能達到他所提出的要求，卻無疑給了我一個很好的訓練。相信在接下來的修改中會有更翔實的材料和思考充實其中。在四年的學習期間，他的每一次提問，都能讓我把問題想得更深一步。他不是那種居高臨下的發問，而是疑義相析的步步深入。那些問與答的場景，讓人終身難忘。有的時候在他的辦公室裏，有的時候在深夜陪他回家的車上，有的時候在校園的小徑道，有的時候在餐桌旁。

感謝郭瑩教授在文化所經費甚為緊張的情況下，為我們提供高質量的課程支持。因此，我們有機會聆聽來自世界各方學者的傳道授業，接受來自美國的周錫瑞（Joew. Esherick）教授、日本長崎大學華裔日籍學者齊建民教授、香港中文大學的科大衛教授、賀喜教授，臺灣清華大學的黃一農教授、臺灣大學鄭吉雄教授和北京大學的趙世瑜教授、中國社會科學研究院的劉志琴教授、中山大學劉志偉教授以及中國政法大學的張小也教授等學者的親炙。從他們那裡開闊學術視野、感受專業精神和體會學人情懷，實乃人生之幸事。郭老師的嚴師之行與君子之心，讓到文化所來求學的每一位學生，無論毛頭小丫，還是灰毛中秋，不敢無故缺一堂課，錯過一次講座。在這個浮躁而又任性泛濫的時代，這讓大家守住了時間，這個我們唯一與人共有的、日益寶貴的財富。感謝華中師大學羅福惠教授在論文答辯期間給予的褒揚和鼓勵；感謝華中科學技術大學羅家祥教授在論文答辯前對文字方面的諸多指正。二位先生為人的謙遜、治學的嚴謹，值得永遠學習。

感謝我的導師何曉明教授對我的關心和教誨。2011 年 9 月，新生入學報到，適值周積明老師染病住院，探視之餘，兩位導師即就所裏新晉博士生們的課題方向一一診商。何老師調看我以前的論文，考慮到我長期的基教工

作經歷，又非史學科出身，認爲在教育史方面擇題爲宜。這是我很晚以後才知道的事，那樣於我自然容易很多。經過一段時間的學習，他才以商量的口氣試探我，選一個稍難一點課題如何。斬決的否定、啓發性的質疑和因勢利導的鼓勵，貫穿於我們師生的每一次交流。義理勝於考據是他對我史學功力不足的批評。好在 e 考據的時代（網絡時代，學術資源庫的日臻完善，信息方式與傳播方式的變革，改變了人類生產、生活、科研等一切方式，過去旁經皓白，埋頭紙堆的學問方式也得以改變，本人竊以自命以這樣的方式行考據之實之捷之變爲 e 考據。），使得做學術的環境較我們的前輩優越很多。說的比寫得好是他對我語體轉換不暢的批評、文字表述文學化是他到現在還要提醒我努力改正的不足。他從不當面表達對一個學生學習和生活的關心，但他理解每一個學生的難處。2014 年春節期間，臺灣一架民航客機失事，大陸央視公佈其中 21 名大陸乘客名單中有我的名字，因爲緊隨其後的一名乘客正好是一名何姓女士，這時正是我女兒從臺灣來歸期間。由於第一次電視公佈遇難人員名單時沒有年齡交待。他幾乎是看到電視節目的第一時間打電話給我，問我現在何處。我回答在武漢。因不知情委，我問何事，他說沒什麼，聽到你的聲音就好了，祝你和家人新年好。春天來了，今年的三月雨水特別充足。記得我生日的那天在他的書房，他一字一句地審讀我論文的摘要，我立在他身後，望著煙雨濛濛的窗外，思想年邁失憶的老母孤苦的念叨。那一刻，其實我心不在學。眞希望學習結束之後，在屬於我一個人的節日裏，還有能沐浴春風的時候。

感謝武漢大學馮天瑜教授對我的一面親炙。馮先生是湖大文化所的創始人，湖大文化所也是全國第一個文化所。在我入學前一年深秋的某一個下午，在他的書房，給我講治學先治史、治史先治經的道理。讓人記憶深刻的是，在馮先生給我推薦的眾多書目中，不乏當代學人的著作，卻沒有他自己的。感謝華中師範大學張三夕教授送我他自己的博士論文《批判的史學與史學的批判》，讓我分享他的治學經驗，討論劉知幾和章學誠這兩位史學大家的學術思想。感謝湖北大學彭忠德教授爲我提供他收集的章學誠研究方面的文獻。感謝諸位學弟和學妹給我在文獻查尋方面有求必應的幫助。

感謝《華中師範大學學報（社科版）》的梅老師，在如今學術論文發表難的情況下，發表我這個名不見經傳的學徒 25000 字的文章，讓《古代聖學的終結和近現代歷史科學的發韌》在發表的同時，得以被中國社會科學院近代

史所官方網站全文轉載，後又被人大複印中心全文轉載。感謝華中師範大學出版社的張小新書記在我學習期間贈給由他們出版的價值2000多元的《張舜徽文集》，感謝該社張必東先生贈我該社出版的全套錢基博文叢。感謝我家人對我知天命之年求學所給予的理解和支持。

感謝華中師範大學教育學院的旦武剛教授在春節期間臺機失事後，打電話詢問我的情況，並要求我在QQ群上告訴大家現狀平安。感謝湯伯川先生從美國來電詢問我的近況。我們曾是同事，他曾給過我很多工作上的幫助。感謝我過去的同事伍先君先生用特別的方式探詢我在那一刻的存在；感謝很多的朋友在那一刻或稍後的時間裏通過各種不同方式打聽我的下落。在這個寒冬，在我為那些不幸罹難的同胞深表同情的時候，感受到了別樣的溫暖。

生活告訴我，表達感謝最好的方式就是真誠的生活，辛勤的工作，以德報德。我既悟之，必當行之。是為記。

2015年3月於湖北大學湖沙湖畔

特別致謝

　　感謝台灣花木蘭文化事業有限公司在大陸多如牛毛的學者中給予拙著出版機會。此前，拙著也曾入選大陸長江出版集團數年一度的鄂籍人文社科優秀論著出版資助提名，並通過一審二審，終審間因為有熟悉我的評委認為本人並不需要此項資助以充學術業績，而眾多高校青年才俊可因此一項獎助可獲伍萬元人民幣出版資助，且為學術晉升增添寶貴一分。值此之時，幸賴花木蘭文化事業有限公司駐北京的楊佳樂女士約商出版事宜，因此，讓本來已經出版受挫的《章學誠學術思想闡釋史研究》交了更高質量出世的好運。感謝高小娟社長、杜潔祥總編輯！感謝為拙著出版默默奉獻的幕後編校老師。

2018 年 9 月於武漢市湯遜湖畔